続・恐るべき周易

占例と漢字字源の研究

中橋 慶
Kei Nakahashi

文芸社

はじめに

この本は、前著『恐るべき周易』の続篇として著したもので、内容は周易の占例の紹介を主としたものです。

占考の手法は、周易の原典の『易経』にそのまま依拠しています。周易の占考を深めてゆくことは、突き詰めると経典の〈辞〉を考えることで、中でも略筮《りゃくぜい》では〈爻辞《こうじ》・小象傳〉に特別の注意を払います。

したがって、この漢文で表記されている経文の一字一字にも特別深い関心をよせるようになり、漢字の成り立ち、字源に宿る想念をも考慮することとなります。

漢字の字源的意味については、附録の形で他の研究書、漢和辞典等に記述のない解釈となるものを取り上げてみました。また一つ一つの占例の中でも、そのつど独自の解釈をしております。

一般の読者がこの本をいきなり読んでも、取っ付きにくい部分があるだろうとは思いますが、漢字でしたら普段使っているのですからその部分では納得されるかもしれません。

周易については、その解説書や指南書の類はあっても、易はこうあたっているのだ、ということを実際の例として、実占を中心に検証レベルで詳細に述べた書籍というものがないといっていいと思います。

前著、『恐るべき周易』も実占中心の書ですので、併読していただければ実占の留意点、占筮《せんぜい》の方法、占考の方法等がよく理解できると思います。

では試しに易占をしてみることとして、何が必要かというと、五十本の筮竹《ぜいちく》と易の本があればいいのですが、周易の全文をこの本に盛り込むことはできませんので、別途求めて下さい。文庫本では岩波文庫の『易経』上下巻や朝日文庫の『易』上下巻があり、両書でも本書の筮法である略筮（三変筮）の方法が述べられています。

筮竹はホームセンターなどで売っている竹の串が使えます。筆者も当初は使っていました。鳥籠の竹籤《たけひご》のようなものであればいい筮竹になりそうです。算木はどうしても必要というものではなく、得た卦《け》と爻《こう》をメモすればそれで済むものです。

易がなぜあたるのか、ということを私は明らかにすることはできません。誰がやってみても同じ卦爻《けこう》を得ることができなければ信じられない、という考えも尤もな話です。

こんな本がありました。『あの世の科学・この世の科学』（天外伺朗・桜井邦明、ＰＨＰ研究所）です。

たとえば、コペンハーゲン派の考え方によると、『意識をもった人間が観測すると、波動関数の収縮が起きてそこに物体の存在が確認されるが、意識をもった人間が観測しないと、それは波動関数で表されていて、何が何だか訳のわからない状態になる』ということになります。要するに、「意識をもった人間が観測することによって、物体は局所性をもって観測され、そうでない場合は局所性がまったくないような状態だ」ということです。さらに言い換えると、「意識をもった人間が観測することによって、はじめてそこに現象界が現れてくる」となります。（略）

ちなみに、コペンハーゲン派の親分格であるニールス・ボーアは、晩年、中国の『易経』にのめり込んで、ずっと東洋哲学を研究しているのです。そして彼は、ナイトの称号をもらった時に、『易経』の陰陽のシンボルである「太極図」を自分の紋章にまでしたのです。彼のお墓に行くと、今でもその太極図があります。

私は学のない人間ですので量子論は学んでいませんが、易の点筮をする心の中にそれがあって得卦となって滲み出ているのではないか、点筮のコツは〝意識をもった人間〟になること、ではないかと思っています。

では、どのようにして意識を持った人間になるか、ということですが、大先輩の〝高島《たかしま》呑象《どんしょう》〟は「至誠」と言っています。話が広がるかもしれませんが、宇宙感としていえば、人間、至誠からはみ出した時に言わば、キリスト教的罪が生ずるのではないかと考えたりもします。

世の中には易など一切認めない人もいますがそれはそれでいい、論争はうとましく、したくもありません。しかし、『易経』は東洋哲学の蘊奥《うんのう》を開く書と言われます。同時に占いの書であり、人類の知的遺産の書であります。その価値を認識し継承した者としては、その実占記録を残すことは意義があり義務でさえあると思っています。

漢字の起源については些かの自負もありますが、読者の判断に委ねます。漢字は人の心が作ったものであり、その心を評価するのもまた人の心なのではないでしょうか。

もくじ

第一部　占例

易占の記録を残すことは意義のある仕事だと思っているのだが、私は年齢を重ねるごとにそれが少なくなった。

生活の中では筮竹を使わず、手持ちの腕時計の指す時間によって立卦し、占示を判断するので、この場合は記録する状況にないのが普通なのだ。

しかし本当に知りたい時は、やはり筮竹を使って行うことにしている。今回、占ったのは、〝モーセの十戒の石板の行方〟である。それなりの卦が出ていることを確信している。

十戒の石板

〝十戒の石板〟についてはよく知られているので、ここで改めて述べることもないが、エジプトで奴隷となっていたイスラエルの民六十万余の人々を安住の地カナンへと導く途中、モーセがシナイ山に登り、神から授かった宗教的倫理的な指針が〝十戒〟であり、二枚の石板に刻まれていて、ユダヤ教の細かな戒律の最も基本となる教えであった。

モーセは神からカナンの地へ入ることを許されておらず、エリコの向かい合わせのピスガの頂に登り、約束の地を見渡すことでイスラエルの民を導く仕事を終え、そこで亡くなり、葬られた。その場所はペテ・ペオルの近くのモアブの地の谷、ということである。

この時モーセの年は百二十歳で、ピスガの頂に登ることもでき、気力も衰えていなかった。その葬られた場所は分からず、その墓を知った者もいない（申命記・三四）。

二枚の十戒の刻まれた石板は神から与えられた食物、マナを入れる金の壺とアロンの杖と共に聖櫃の中に入れられて保管され、ソロモン（BC九七六〜九二八年頃）までは存在していたらしい。しかし、その聖櫃も一度は宿敵ペリシテ人に奪われたがペリシテ人には災いをもたらすものと見做され、後に返されることとなる。敵の手中にあった期間は七ヵ月ということだ（サムエル記・六）。

聖櫃には神の力が宿っており、ヨルダン川を渡る時は川の流れをせき止め、エリコの城砦をも打ち壊す神験があったとされるが、ペリシテ人に奪われた時には聖櫃の力を期待してわざわざシロから戦地へ持ってきたというのにイスラエルは敗れ、聖櫃も奪われたのであった。

この時、聖櫃への信頼は傷ついたであろう。なぜならイスラエル人は敗れ、聖櫃もペリシテ人に奪われたのだ。モーセの権威も損なわれたと思われる。

この事件を教義の立場から見れば、即ち十戒の〝自分のために偶像を作ってはならない〟に反し、聖櫃を偶像化し偶像化したものに頼ったことになる。聖櫃をあてにしてお守りにし、「お守り依存の状態」だったのではなかろうか。

イスラエル人は「聖櫃」が戦地に来たからにはペリシテ人に負けるはずがない、と思ったのであろうが、それ以上に「聖櫃」が何かやってくれるはずだ、神験を現してくれるはずだ、という思いから「聖櫃」を頼りにしてしまった。「聖櫃」を頼りにする前になすべきは、自分たちが戦場の現実にきちんと向き合っていることだったのだが、なまじ「聖櫃」があったゆえに油断が生じたのではないかと想像するのである。

　戦争というものにも階梯がある。戦っている時だけが戦争ではない。力士が本場所に向かって調整するように、野球選手がシーズンオフにまた体力をつけるように、戦える状態にすることや戦わずに済ます状態にすることも戦いなのだから、そこにスキがあっては戦争も勝ち目はない。「聖櫃」を頼りにすることでそのような心のスキを作ってはならなかったのである。

　受験戦争で頑張っている受験生が「お守り」を持ったからといって、合格すると信ずることはないだろう。そこは理解が進んでいる。この世でなすべきをなさずして神にばかり頼ることはできないのである。

　だが、それはそれとしてだが、そのことは神の不在をいうものではないだろう。神は人知の果ての果ての話なのだ。早い話が私には易がなぜあたるのか説明できない。説明はできないが占示は現実的な説得性を持っている。そこに神の一部が浸み出してきているのだろう、驚くほかはない。

モーセの十戒、二枚の石板について知りたい。
二〇二二年十二月二十一日〈占〉

得卦

䷏　雷地豫・二爻（注1）

〔雷地豫・䷏〕は「時義五卦」、〝豫〟〝隨〟〝遯〟〝姤〟〝旅〟の中の一つの卦、時義とは「義」が「すじ道、かどめ、理由、意義」の意味だから、時義とは時の意義をいうものである。

したがって〔雷地豫・䷏〕は、モーセの十戒をその時代の意義の中でとらえていることになる。このことは実は大変な示唆をしていることが分かるようになるはずだ。占的《せんてき》に大きな枠組みを与えるものが「卦の象意」である。卦の象意は占的をどのように見立てるべきなのかを告げている。

これまで各所の占例を扱う中で何度も述べてきたことだが、イメージで言えば卦の象意は占的をどのように見立てるのか、という見立て方の網そしてレンズでもある。レンズは焦点を持っており、その焦点を得卦の〈爻〉が示している。したがって占的を直接表現している〈爻〉の象意を、このレンズは拡大して見せてくれるのである。

次に「卦の象意」で大切な「卦の名称」の〝豫〟の字のイメージを、漢字の字義から調べる。字義は「あらかじめ、たのしむ、おこたる、よろこぶ、ためらう」（『漢語林』）。これらの字義もレンズと考える（356頁、第二部・字源考察〝豫〟参照）。

この中で「あらかじめ」は結果を見越して前もって備えることで、他の「たのしむ、おこたる、よろこぶ、ためらう」は怠惰に流れている時の様相と考えられる。

「雑卦傳」では後者の怠惰に流れる様相を見て〈豫怠也。＝豫は怠るなり〉として、〔雷地豫・䷏〕の卦の象意としている。

「序卦傳」では「大有」→「謙」の卦の次に〔雷地豫・䷏〕がくるとして、大いに所有するところがあって謙遜であれば必ず〈豫〉がある、としている。豫は「たのしむ」と読まれているが、所有するところがあって謙遜であるというのは欠乏を知っており、その欠乏に備えているのであるから「あらかじめする」と読まれてもいいだろう。あらかじめ欠乏に備える象、課題があって準備する象が〔雷地豫・䷏〕なのだ。

このほか「繋辞傳」には、〔雷地豫・䷏〕はこんな象がある、としている。

◇重門撃折。以待暴客。蓋取諸豫。

◇重門撃柝。以て暴客を待つ。蓋《けだ》し諸《これ》を豫に取る。

門を二重にし、拍子木を撃ち、暴客の来るのを防ぐのが〝豫〟の卦の象だというのである。課題があって準備する象、その課題は暴客、乱暴者だとしている。

これでほぼ〔雷地豫・䷏〕の象を見渡したのだが、これらの象がモーセの「十戒」をとらえるバックグラウンドになるのであり、対象物「十戒」をとらえる〝レンズ〟になる。

では「繋辞傳」の〝門〟とは何をいうものか、といえば、〝門〟は内に入れてよいものと入れてはいけないものを峻別する場所である。したがってこの〝門〟が〝十戒〟にあたる。「十戒」に適えば門に入ることができるのだし、適わなければ門の中に入ることはできない。

この〝門〟がモーセが率いた六十万余のイスラエルの民の課題に備える門であり、この〝門〟をくぐって入らなければならない、とモーセはシナイ山に登り、神から授かった「十戒」という「戒め」を記した石板を持ち帰ってイスラエルの民に示したのである。

〝門〟については新約聖書の「狭き門より入れ、滅びに至る門は広く大きい。いのちに至る門は小さく、狭く、それを見い出す者は〝まれ〟です」（マタイ・七章・三・一四）という言葉を思い出すが、この言葉は後に考えてみることとして、ここでは占考上の〝門〟のイメージにとどめておこう。

〈雷地豫・䷏〉の卦の象をまとめると、時義五卦の一つであるから「時の意義」の観点から考えることとなり、〝十戒〟、ひいては旧約聖書全般にわたって時の意義、即ち時代の意義の中で考える必要があることを示すものとなる。

「豫」の漢字字義、そして「雑卦傳」からは、怠惰に流れる生活があったと考えられ、エジプト脱出三ヵ月、人々の間にフラストレーションが高まって統治がうまくいかない状況があり、そのための「戒め」が「十戒」という形を取ったのではないか、〈豫怠也。＝豫は怠なり〉の〝怠〟の情況をどのようにしていくのか、そこを表現したものが「十戒」としての「戒め」だったのではないかと考えられる。

「序卦傳」や漢字の「あらかじめ」の「豫」の意味からは、課題に前もって備えること、その意味のままでありその象である。「戒め」は、人間が陥りやすい怠惰や放逸や傲慢な態度や無責任な行為、非人道的なあらゆる行為に対して備えるためのものである。「戒め」は人間の生活、活動のあらゆる領域に関わるものであるが、モーセがイスラエルの民の前に示したのは「十戒」だった。

　イスラエルの民は「十戒」を受け入れた。「十戒」は神の心に適うか適わないかを定めるスケールであり、「十戒」の前に立ち「十戒」を守り、よしとされれば神に受け入れられ、そうでなければ放逐され滅びる。「十戒」の〈門〉を通過できるのかどうか、それが「繋辭傳」の〈門〉の象であった。「十戒」の〝戒め〟は〈門〉の前に立つ人が〝戒め〟の内予《あらかじ》め備える備えが十分なものかどうか、課題に対処するために通らねばならない〝戒め〟の〈門〉はどのような〈門〉であるかについて、〔雷地豫・䷏〕の卦の第二爻〔陰・⚋〕は爻の象意が〈正〉であり〈中〉でもある、ということから、二重の「徳」を持っており、十分だと言っているのである。

それでは六十万余人のイスラエルの人々の前に示された「十戒」とはどのようなものであったのか、これも述べておこう。

十戒

一、あなたにはわたしのほかに神々があってはならない。
一、自分のために偶像を造ってはならない。拝み、仕えてはならない。
一、あなたの神、主の御名をみだりに唱えてはならない。
一、安息日を守って聖なる日とせよ。
一、あなたの父と母を敬え。
一、殺してはならない。
一、姦淫してはならない。
一、盗んではならない。

一、隣人に対し、偽証してはならない。
一、あなたの隣人のものを欲しがってはならない。

これが神の指で書かれたという〝十戒〟であり、二枚の石板に書かれたもので、占辞はこれを〈介于石。＝石に介す〉と、まさにありのままに描出したものであった。（注2）

之卦

䷧　雷水解・二爻　（注3）

「卦の名称」〝解〟の字義は「とく、とける。わかる」

「とく」は解禁、解任、和解、詳解、「とける、わかる」は理解、見解などの熟語に使われる。〝解（篆文《てんぶん》・）〟の字の字形は牛の角を刀で削る字形。固い角を分解する字形だ。

そこですぐに考えられるのは、分解・解消の象だからモーセの二枚の石板、十戒の書かれた石板は壊れてバラバラになってしまったのではないか、瓦礫の中に埋もれてしまったのではないか、ということだ。

しかし易象が伝えたがっているのは、物体としての十戒の石板とは考えにくいフシがいくつもある。それは「十戒の教義」であり、ひいては旧約聖書の教義全般に関わるもので、側にいるのか、そうでなくて外側の人なのかを判定するもので、イスラエルの民の誰もがこの〈門〉を通らねばならず、この〈門〉をくぐらずに神の心に適うことはできない、という〈門〉であったのである。

それでは次の象、肝心の〔雷地豫・䷏・二爻〕の〈爻辞・小象傳〉には何とあるか。私がこの「得卦」に深い信頼を持ったのは、まさにこの二爻の〈爻辞・小象傳〉に驚愕したからにほかならない。

◇介于石。不終日。貞吉。象曰。不終日。貞吉。以中正也。

◇石に介す。日を終えず。貞にして吉。象に曰く。日を終えず、貞にして吉は、中正を以てなり。

〈介于石。＝石に介す〉

〝十戒〟は二枚の石板に刻まれた十ヵ条の戒めである。あたっていないだろうか？　絶対そうではない。これは「十戒の石板」そのものをそのまま言っている言葉だ。〝十戒〟とは石板に「介在」した戒めの言葉なのだ。これは得た卦とその二爻が正確に〝十戒の石板〟を占示せんとする、まさにピンポイントになっているのである。

後は信じて占考の幅を広げることを考えればいいのである。これまで述べてきた〔雷地豫・䷏〕の卦の象意である漢字〝豫〟の字義、「雑卦傳」から〝怠惰に流れる様相〟を見たが、〝十戒〟は石板の戒めであり、「序卦傳」や〝豫〟（あらかじめ）の意味から「人間が陥りやすい怠惰や放逸、傲慢な態度や無責任な行為、非人道的なあらゆる行為に『あらかじめ』備える指針、その言葉が〝十戒〟だ」という占考ができるのである。

〈不終日。貞吉。＝日を終えず。貞にして吉〉

不終日。日を終えず、ということは、なすべきことは予《あらかじ》め手を打っているので、日を終えるまで引きずることはない。即ち戒めを守っていれば問題を作らないので、なすべきことはスムーズに運び予期した結果を得ることが早くなり、日を終えるまでに至らない。

〈象曰。不終日。貞吉。以中正也。＝象に曰く。日を終えず、貞にして吉は、中正を以てなり〉

〈中正〉は〔雷地豫・䷏〕の二爻を中にあるか〔陰・⚋〕〔陽・⚊〕の正位にあるかを説明するもので、二爻と五校は内・外卦の中間の位置で〈中〉、中庸を得ており、初・三・五爻に〔陽・⚊〕。二・四・上爻に〔陰・⚋〕がくればその爻の〔陰・⚋〕〔陽・⚊〕は正位にあることになる。〔雷地豫・䷏〕の第二爻は〈中〉にあり且つ〈正〉であるから、中庸の徳と正位の徳を合わせ持っているのである。

これを〔雷地豫・䷏〕の卦の象意の中で見れば、「怠惰に流れる情況や課題」に対し予《あらかじ》め備える備えが十分なものかどうか、課題に対処するために通らねばならない〝戒め〟の〈門〉はどのような〈門〉であるかについて、〔雷地豫・䷏〕の卦の第二爻〔陰・⚋〕は爻の象意が〈正〉であり〈中〉でもある、ということから、二重の「徳」を持っており、十分だと言っているのである。

それでは六十万余人のイスラエルの人々の前に示された「十戒」とはどのようなものであったのか、これも述べておこう。

十戒

一、あなたにはわたしのほかに神々があってはならない。
一、自分のために偶像を造ってはならない。拝み、仕えてはならない。
一、あなたの神、主の御名をみだりに唱えてはならない。
一、安息日を守って聖なる日とせよ。
一、あなたの父と母を敬え。
一、殺してはならない。
一、姦淫してはならない。
一、盗んではならない。

一、隣人に対し、偽証してはならない。
一、あなたの隣人のものを欲しがってはならない。

これが神の指で書かれたという〝十戒〟であり、二枚の石板に書かれたもので、占辞はこれを〈介于石。＝石に介す〉と、まさにありのままに描出したものであった。（注2）

之卦

䷧　**雷水解・二爻**（注3）

「卦の名称」〝解〟の字義は「とく、とける。わかる」「とく」は解禁、解任、和解、詳解、「とける、わかる」は理解、見解などの熟語に使われる。〝解（篆文《てんぶん》・）〟の字の字形は牛の角を刀で削る字形。固い角を分解する字形だ。

そこですぐに考えられるのは、分解・解消の象だからモーセの二枚の石板、十戒の書かれた石板は壊れてバラバラになってしまったのではないか、瓦礫の中に埋もれてしまったのではないか、ということだ。

しかし易象が伝えたがっているのは、物体としての十戒の石板とは考えにくいフシがいくつもある。それは「十戒の教義」であり、ひいては旧約聖書の教義全般に関わるもので、十戒の石板はただその象徴的地位を示しているだけなのかもしれない、ということだ。得卦というものは重要な情報を象意の中に盛り込んでやってくる。占考が深まればそれだけとらえていたものが重畳的に知られてくる、事象は占示的にフラクタルなのである。

「雑卦傳」の象意は〈解緩也。＝解は緩なり〉。〝緩〟は「緩和」の〝緩〟。字義は「ゆるい、ゆるめる」。

「序卦傳」も〈解者緩也。＝解とは緩なり〉で、同じ〝緩〟の「ゆるい、ゆるめる」である。六十四卦の卦の順序を説く「序卦傳」の説明として、〔雷水解・䷧〕の卦の前には〔水山蹇・䷦〕の卦の〝難〟があったとし、その〝難〟が緩和される象が〔雷水解・䷧〕の象なのだ、としている。〈物不可以終難。故受之以解。解者緩也。＝物以て難に終るべからず、故に之を受くるに解を以てす。解とは緩なり〉。

してみれば〝難〟が〝緩和〟されて〝解〟で解けてしまったか、実体は残るのだが緩和されている、ということだ。私はここでこれらの象が言わんとしていることは「教義」のことなのだという思いが膨らんでくるのを覚える。

なぜならこれらの象意は、旧約聖書をよりどころとするユダヤ教と、旧約聖書を母体としながら大きく変貌を為し遂げた新約聖書の教えのことなのだと考えられるからである。

旧約のモーセの時代は三二〇〇〜三三〇〇年前で新訳のイエスの時代から見ても一二〇〇〜一三〇〇年前の話である。易象としてもあまりに話が長過ぎなのであるが、人間の心の問題とすれば一二〇〇～一三〇〇年の時間は必要な時間としてもいいのではないかと思うのである。

易象はこの時間のことも象意として持っているのだ。

前に〔雷地豫・䷏〕の卦の象について、これは「時義五卦」のうちの一つであって〔雷地豫・䷏〕の象は「時の意義」の観点で考える必要があることを述べた。旧約の時、即ちモーセの時というのは、「エジプト脱出からカナンに至る時」であり、その中で〝十戒〟が説かれ、旧約聖書の事細かい掟が生まれている。

この〝掟〟は今日の我々の常識的な感性からあまりに離れていて、ちょっとついていくことが難しい。暴力的でさえある。反体制派の人々も何万人か殺されている。「十戒」の石板に「殺してはならない」と自分で言っておきながら殺している。敵国人は〝聖絶〟という言い方で女も子供も殺している。何たる所業だろうか。

隠れている部分もあるだろうが、安息日にたきぎを集めた男に対し、主がモーセにその男を石で打ち殺せと言ったので、全会衆はその男を石で打ち殺したということがある（民数記・一五・32～36）。

イエスは「自分の息子や牛が井戸に落ちたのに、安息日だからといってすぐに引き上げてやらない者があなたがたのうちにいるでしょうか」（ルカ・一四章五）と言っている。たきぎくらい取らせてやれよ、と言いたい。その上、石で打ち殺すなどひどすぎる。

易象の話に戻るが、〔雷地豫・䷏〕は「時義五卦」の一つ、時の持っている意味、言わば「トレンド」だ。三千二百年以上昔のイスラエルの民のカナンへ至る時代の時代的意味の産物、それが旧約であり、その象徴が「十戒」ではないかと思う。

それならば之卦〔雷水解・䷧〕にはどのような時の意味があるのか、ということだが、この卦も時の意味がある、「時大四卦」といわれるものの一つで、「時大四卦」は〝頤〟〝大過〟〝解〟〝革〟の四卦。

では「時大」とは何かといえば、これは文字どおり「大きな時」、即ち〝大きな時代〟を意味している。即ち私は新約聖書の時代を指していると思う。新約聖書こそ二千年の時にも耐えてきた、さらにこれからも長い時に耐えてゆくのであろうと思う時代の書なのだ。

それでは旧約聖書の時代の流れの中での産物は、どのように具体的に新約聖書の中に吸収されていったのか、ということだが、それが「本卦（得卦）」と「之卦」の関係であり、「之卦」の象意で示されている〝難〟を〝緩〟めること、〝解《と》〟きほぐすことなのだ。

では、さらにどのように〝難〟を緩和し、解きほぐしたのか、あるいは実体は残るのだが緩和されている〝実体〟とは何か、ということが問題となる。新約聖書は旧約聖書を母体としている。何を相続しているのか、それは何なのか、これは後で考えてみたい。

最後に「大成卦（六十四卦）」〔雷水解・䷧〕の象を、得卦（本卦）と併せて記すこととしたい。ここでもいくつかの感じ取れるものがある。

得卦　䷏　雷地豫・二爻

之卦　䷧　雷水解・二爻

略筮《りゃくぜい》の動爻は得卦の得た爻であり、得た爻の〔陰・⚋〕〔陽・⚊〕を変えることで之卦ができる。略筮の場合、動爻となる爻が必ず一つとなり、得卦（本卦）は得た爻により六卦に変わることができる。

得卦（本卦）の占考の問題点を解明するためのものが之卦である。

〔陰・⚋〕〔陽・⚊〕における象は、占者の感じ取る部分が大きい。

〔雷地豫・䷏〕の卦、じっと見ていると〝十戒〟の〝十〟に見える。内卦〔坤・☷〕は「說卦傳」に〈爲衆。＝衆と為す〉とあり、外卦〔震・☳〕は〈震動也。＝震は動なり〉とある。〔雷地豫・䷏〕はイスラエルの民、大衆〔坤爲地・䷁〕の上に置かれた〝十戒〟の「掟」の象と見られる。〝これがあなたがたを動かし裁くのだ……〟と、そのように置かれているように象は見えるのだ。

〔雷地豫・䷏〕の「序卦傳」では〝豫〟の前は〔水山蹇・䷦〕で、その象意は〝難〟であった。〔雷地豫・䷏〕の卦の二爻から五爻までで「互卦」を作ると、ここにも〔水山蹇・䷦〕があり、〔雷地豫・䷏〕はその〝難〟を卦体の中にも持っている形だ。

ところが〔雷水解・䷧〕の之卦にそれはない。〔雷水解・䷧〕の「互卦」は〔水火既濟・䷾〕で、この卦は六爻の〔陰・⚋〕〔陽・⚊〕の位置がすべて正しく「正」の卦、したがって之卦の〝解〟の解消の意味は〝難〟が正されることで解消することを象として告げている。

　ここが言わんとする占示は、旧約の〝難〟を内蔵している部分が正されて解消しているのが新約であり〔雷水解・䷧〕の象になっている、ということである。

　それでは肝心の「十戒の石板」、神の指で書かれたという十戒の記された二枚の石板の象はどうなのだろうか。

　二枚の石板を二爻の〔陽・⚊〕と四爻の〔陽・⚊〕にあてれば〔坤為地・䷁〕の地中に二枚の石板が埋没している象になる。〈坤為地〉は「説卦傳」に〈坤為地。＝坤を地と為す〉〈坤以藏之。＝坤以て之を蔵す〉とあるからである。

　二枚の石板が地中に埋没している象が〔雷水解・䷧〕の象だとすれば、〝解〟の字の象意「とける」の意味は地中に埋没した形で地中に同化して「とける」、ということであり、その地中、即ち〔坤為地・䷁〕は〈坤以藏之。＝坤以て之を蔵す〉だから、地中にはなお、その原形を保って存在していることになる。

　さらに〔坤爲地・䷁〕の〝地中〟の象を〝地中〟と見ずに〈坤以藏之。＝坤以て之を蔵す〉の〝蔵す〟だけの占示とすると、蔵してはいるのだが世には埋没していて、本当はどこかにあるのだが見ることができないだけなのだ。その存在は地中とは限らず、その存在の証明となるもの、十戒の石板の存在の証明になるものが「世」には解消されている、というのが〔雷水解・䷧〕の〝解〟の「とける」の意味なのかもしれない。

この「占的」のそもそもは、「十戒の石板はどうなってしまったんだろう」という疑問に発している。

すると得卦（本卦）に見落としがあることになる。

得卦　䷏　雷地豫

得た爻は二爻であり、そこには〈介于石。＝石に介す〉と〈爻辞〉にあったのである。そうであるからには〔雷地豫・䷏〕の第二爻は十戒の石板そのものを指している。とすれば、それが動いているのは外卦の〔震・☳〕だ。

もともと十戒の石板は「聖櫃」の中に入れられてエルサレムの神殿に安置されていた。一度はペリシテ人に奪われたこともあったが返却され、その後ダビデがエルサレムの神殿に安置し、次の王のソロモンの代まではそこにあったのであろう。

〔雷地豫・䷏〕の得卦（本卦）をシンプルな形で見れば、得た爻の二爻は「内卦」だから本来の場所だ。本来の場所はエルサレムの神殿。外卦の〔震・☳〕は之卦〔雷水解・

䷧〕の〝解〟、解ける、解けてなくなる原因で、内卦〔坎・☵〕の氷が春になって解ける象。〔震・☳〕は「説卦傳」に〈震東方也。＝震は東方なり〉とあるから〝東方〟へ持ち去られたので之卦は〔雷水解・䷧〕となった、という占考ができ、占示をシンプルに見立てれば〝東方〟へ持ち去られた象と見ることができる。

してみば「エルサレム」の東方は「バビロン」だ。やはりユダヤ王国がバビロニア王国に滅ぼされた時、とすれば状況的には符号する。

しかし〔雷地豫・䷏〕の卦に大きな意味を持っている上卦〔震・☳〕の四爻〔陽・⚊〕は卦の成因となっている成卦主であるから、それだけ意味も大きい。単に〔震・☳〕は東方だからバビロン、としてしまうことには問題もありそうだ。

之卦〔雷水解・䷧〕の下卦〔坎・☵〕の〝険難〟を解かし緩めようとして動いているのが上卦の〔震・☳〕であり、之卦でも上卦の〝東方〟は変わらないのだが、この卦の説明として「彖傳《たんでん》」に〈解。険以動。動而免乎險解。解利西南。＝解は、険にして以て動く。動きて険を免るるは解。解は西南に利《よ》ろし〉。

重要なポイントとなる〈辞〉は、〝動きて険を免るるは解〟とある「動いて険悪な状況を免かれる」ということが指している険悪な状況が何であったか、ということだ。

これは「十戒の石板」にとって険悪な状況であるから、やはりバビロニアに滅ぼされ、エルサレムの落城が迫っている険悪な時のはずなのだが、それ以前にも聖櫃が険悪な状況に置かれた時もあった。マナセ王がバアル神を信仰し、主の宮に祭壇を築いたのである。「十戒」の一番目の戒めが「私のほかに神があってはならない」なのだ。主も神だがバアル神も神だから、同じ所で祭ろうとすることは許されない。特にイスラエルの主である神は〝嫉妬の神〟を公言していて対応が難しい。バアル神の方の事情は分からないのだが、神様同士は仲良しではないようだ。大昔のことはともかく、今後は仲良くしてほしいものだ。

信仰の動機がどのようなものであったかは分からないが、時の王様のマナセ王がバアル神に肩入れしたので、これまでのイスラエルの主である神（ヤハウェ）が顧みられなくなり、「聖櫃」もどことなく怪しまれ、中に入っていた十戒の石板も〝険悪な状況〟に置かれたのである。

記録によると、聖書外典のマカバイ記には聖櫃を預言者エレミヤが隠したとしており、「神のお告げを受け、かつてモーセが登り、神の遺産の地（カナン）を見た山におもむくときには、天幕と聖櫃を携えて自分に従うことを彼等に命じました。エレミヤはそこに着き、住めるような洞穴を見つけ、そこに幕屋と聖櫃と香壇とを納め、そして入口を封じました。彼と共に行ったある人々が、道しるべを作るためにやってきましたが、そこを見つけ出すことができませんでした。このことを知ったエレミヤは、彼等を咎めて言いました。『その場所は、神がその民を再び共に集め、慈悲を示されるまでは知らされないであろう。しかしそのとき主は、これらの物をさし示される。モーセの場合のように、また神殿を厳かに聖別することを祈ったソロモンの場合のように、主の栄光と雲が現れるであろう』……と」（マカバイ記・フランシスコ会聖書研究所）

……「かつてモーセが登り、『神の遺産の地』を見た山とはネボ山である。そのエリコに向い合わせのピスガの頂でモーセは約束の地カナンを見渡し、一代の事業を終えてその所で死んだ。主は彼をペテ・ペオルの近くのモアブの地の谷に葬られたが、今日に至るまでその墓を知った者はいない」（申命記・三四・1～6）

してみればエレミヤはモーセの墓の所在を知っており、モーセの墓に「聖櫃」を隠そうとしたのではないか。「住めるような洞穴」が、モーセの墓でもあった可能性がある。

さらに言えば「聖櫃」を隠した場所を知るために道しるべを作ろうとしたのだが、その場所が分からなくなってしまったのである。なぜ、場所が分からなくなったのであろうか。想像するに、モーセの場合のように、あるいはソロモンの場合のように行った「聖別」があったのではないかと思う。

では「聖別」とは何かといえば、多分これは「結界」のことだろう。「結界」とはその場所への立ち入りを禁ずる呪法である。その場所を特別な場所として神聖化することだ。どこの国のどんな時代にも、言葉の表現こそ違っていても、実態は同じことをしているのだ。

それでは前に得卦（本卦）〔雷地豫・䷏〕の上卦〔震・☳〕の〈震東方也。＝震は東方なり〉の〝東方〟から「バビロン」を想定したのだが、マカバイ記の「かつてモーセが登り、神の遺産の地（カナン）を望見した山」であれば、即ち〝ネボ山〟ということになる。そのピスガの頂は西に二キロの所。モーセの葬られたペテ・ペオルはネボ山の北、シティムの東南四キロと言われている。ヨルダン川を挟んでエリコの対岸にあたる。シティムの谷にはアスファルト採掘の穴が多くあった。

してみれば、モーセの墓もアスファルト採掘の穴であった可能性がある。この場所も東方にあたるのだろうか。エルサレムから見て、バビロンもそれらの地域も〝東方〟であり、多数のアスファルト採掘の穴であれば、もはやそれ自体が予期しない形で〝結界〟の中にあるようなもので、発見することは難しい状態に置かれている。

之卦〔雷水解・䷧〕の「彖傳」の〈利西南。＝西南に利《よ》ろし〉の〝西南〟については、私は情報を持っていない。方向はエジプトだが〈険以動。＝険以て動く〉〝険〟の中では「彖傳」はさらに〈有攸往。夙吉。＝往《ゆ》く攸《ところ》あれば、夙《はや》くして吉〉とある。往く、は行くとは違い「立ち去る」が本義。〈夙〉の字は「はやく」と読まれ、早急にということだが、「夙」の字には「夙昔《しゅくせき》」の意味、以前から、という意味もある。

〈攸〉は悠《はる》か遠方の意があり、〈夙〉に以前からの意味があれば、〈有攸往。夙吉。＝往く攸あれば夙くして吉〉は、「悠か遠方に立ち去る有。以前の場所は吉」となる。以前の場所、これが「モーセの墓」を暗示させるのだが、東方で悠か遠方ということもある。

漢字の「夙（甲骨文・、金文・、篆文・、古文・）」は古い字形の甲骨文、金文、篆文によって字形の解釈がされることが多い。しかしむしろ「宿（甲骨文・、篆文・）」に近い字形の古文「」との関連と、「夙」と表記される今日の字形を思えば、「夙」は歹（篆文・）の死者をおおう意味、死者の宿る意味があると考えられるのだが、字源的追究は引き続き考えることとしたい。ここでは「夙」の字は、死者の宿る意味、死者をおおっている場所を暗示させる意味があると思われるので「モーセの墓」と言う占考になる。

想像するに、マナセ王がバアル神を信仰し、主の宮に祭壇を築いたので、聖櫃の方は厄介物になったのである。

どうしようか、マナセ王は考えた。ダビデが持ち込む前の、エルサレムの南西十二キロにあったキルヤト・エヤリムのアビナダムの家に返そうか、それとも廃棄するか困った。

そこでエレミヤに相談した。エレミヤは言った。

「……ま、あそこなら人には知られておりませんし、後で見つけ出すことも困難です」

そう言ったのはバアル神を信仰するマナセ王を慮《おもんぱか》ってのことでもあり、聖櫃の廃棄を畏れたからでもあった。

その場所が〝モーセの墓〟だった。エレミヤは忠実な主（ヤハウェ）の僕であり、預言者だから、聖櫃の廃棄などとても見過ごすことはできないことだし、マナセ王はどこか分からない場所へ棄ててしまいたかった。即ち両者の思いの一致した場所が〝モーセの墓〟だったと考えられるのである。

「モーセの墓はどこか」とマナセ王が尋ねると、エレミヤは、

「ペテ・ペオルといい、シティムの近く、ヨルダン川を挟んでエリコの対岸の地です。ハッキリ分からない場所ですので、確かめつつ運びたいと思います……」

と言った。こんな会話も想像されるのだが、いかがなものだろうか。

以上、ここまで教義としての十戒と物としての十戒の石板の両面から占考してきた。最後は〔雷水解・䷧・二爻〕の〈爻辞・小象傳〉である。

この象意の占考にあたって〔雷地豫・䷏〕の〝時義〟の象意から〔雷水解・䷧〕の〝時大〟に移行していったこと、即ち教義としての時代のトレンドであった旧約から新約へと調正されていったと占考した教義上の占考部分は、占考の広がりの中では考慮したところであるが、新約の象が〔雷水解・䷧〕ということではなく、そこは〔雷水解・䷧〕の互卦で調正の卦〔水火既濟・䷾〕にあてられると考えてきたが、占考の本筋に戻って、旧約の時代に十戒の石板の果たしたことという象意で見ていこうと思う。

◇田獲三狐。得黄矢。貞吉。象曰。九二貞吉。得中道也。

◇田《かり》して三狐を獲る。黄矢を得る。貞吉。象に曰く。九二貞吉は、中道を得るなり。

〈田獲三狐。得黄矢。貞吉。＝田《かり》して三狐を獲る。黄矢を得る。貞にして吉〉

〝田〟は耕作された土地。原野ではないから作物はよく育つ。耕すとは掘り起こすこと、耕すも掘り起こすも物事を深く掘り下げて研究する意味があり、〝田〟は手入れされた土地、よく知られた場所である。

その、よく知られた場所での狩猟が〝田《かり》〟で、そこで狩猟して三匹の狐を獲《え》た。三狐は三匹の狐だが、三の数は特定しなくて何匹かの狐と見てもいい。狐は狡《ずる》いものの象徴とされる動物で、『広辞苑』によれば、巧みに人をだます、あるいはたぶらかすなどの意味のあるものとして使われる動物だ。

すると〈田獲三狐。＝田して三狐を獲る〉は、「よく知られたいつもの場所で、あの狡猾に立ち回る狐（もの）を何度も捕えた」というイメージになる。

次の〈得黄矢。＝黄矢を得る〉では、この狩猟で使った弓矢の矢の状態を言っているのが「黄矢」だ。「黄矢」とは獲物に当たった矢のこと。獲物に当たることは目的の仕事をしたということで、自分の武器の矢が狙った仕事をして、手元に戻っている、という状態が〈得黄矢。＝黄矢を得る〉である。

ちなみに〝黄（金文・）〟の字は、矢を矯《た》め直す字形の〝寅（金文・）〟の上部に標的の（動物の頭部）を乗せた字形で、「獲物に当たること」を表現する会意文字であり、矢が飛んで獲物に命中し獲物を仕留め、手中にすることから、会話や議論の中では思念の投射に繋がり、思念の投射である自分の思いの込もった言葉の矢（矢言）が物事の核心を射抜き、成果をあげることを意味しているのである。（黄字については前著『恐るべき周易』の「逆さ首と黄字の研究」を参照）

さて〈田獲三狐〉は「よく知られたいつもの場所で狡猾に立ち回るものを捕えた」のであり、〈得黄矢〉は「言葉の矢、矢言が核心を射抜き成果をあげた」のである。何のことを言っているのかは分かるはずだ。〝十戒の石板の果たしたこと〟である。

十戒の石板の戒めは、予めよく知られたいつもの場所、即ち想定内の人間的所業の範囲で狡猾な者を捕え、その戒めは核心を衝き、成果をあげた、と言っているのである。

〈貞吉＝貞にして吉〉。〝貞〟は「文言傳」に〈貞者事之幹也。貞とは事の幹なり〉とある。事の幹、これは説明不用だが「根幹」だと言っている。

〈象曰。九二貞吉。得中道也。＝象に曰く。九二貞吉は。中道を得るなり〉

陽爻〔陽・⚊〕を九といい、陰爻〔陰・⚋〕を六という。九二の二は二爻のことであるから九二は第二爻の中爻が〔陽・⚊〕であることを言っている。二爻は〔陰・⚋〕が「正」

であるが中爻であることで、中道を得ている、事の幹、根幹において中道の中、ほどよい道を得ている、それが十戒の石板の戒めなのだ、ということである。

以上が〈田獲三狐。得黄矢。貞吉。＝田して三狐を獲る。黄矢を得る。貞にして吉〉の占示の解釈とその十戒に対する応用を述べたものである。「黄矢」にあたる〝十戒〟は、巧みに人を騙し、誑《たぶら》かし、狡賢く立ち回る者、何とか言い逃れしようと弁解する者を何度も何度も捕まえて成果があった、と言っているのである。

黄矢は〝十戒〟にあたるのだが、今日では〝法律〟だ。法律は、巧みに人を騙し、誑かし、狡賢く立ち回る者、何とか言い逃れしようと弁解する者を裁くが、法律自体は傷つかないでそのまま戻る。黄矢を得るのだ。

しかし時とともに若干の修正もあるだろう。矢も傷んで手入れも必要になり、矢の曲がりも矯め直す必要も出てくるだろう。しかし、大体においてその意味や価値がなくなるというものではなく、意味や価値自体は見失われることなく存続するものだ。

ここで思い出してほしいのは、時代の流れの中で産み出された、モーセの教義はどのように具体的に新約聖書の中に吸収されていったのか、旧約聖書の〝難〟をどのように緩和し、解きほぐしたか、新約聖書は旧約聖書の何を相続したのか、という問題である。つまり、〝黄矢〟の矢の曲がりをどのように矯め直したのか、ということである。

イエスはこのように言っておられる。

「先生。律法の中で大切な戒めはどれですか」

「『心を尽くし、思いを尽くし、知力を尽くして、あなたの神である主を愛せよ』

『あなたの隣人を自分と同じように愛せよ』

律法全体と預言者とが、この二つの戒めにかかっているのです」（マタイ・二二・三六～四〇）

一番目の戒は申命記・六・五．二番目はレビ記・一九・一八だが、この二つの戒めが木でいえば幹の部分であり、新約と旧約の共通部分であり、新約の相続部分ということになる。


ではモーセの教義の修正部分、〝難〟の部分、「黄矢」の矢の曲がり部分はどうなのかということでは、私は旧約のすべてを読んだわけでもなく、まして旧約・新約を生きた者ではないので、ヨハネの言葉を借りたい。

「律法はモーセによって与えられ、恵みとまことはイエス・キリストによって実現したからである」（ヨハネ・一・一七）

恵みとまことの点で不十分なところを修正した、といっていると見られるのである。

さて、二つの〝戒め〟である。イエスにこの二つの戒めの重要さを告白した律法学者の教師がいた。イエスは答えて言った。

「あなたは神の国から遠くない」

神の国に近いところにいる。もう一息のところにいる。だが、まだ先はあるのだ、と言っているようだ。

占考の最後は「マタイ・七ー七～一四」で締めくくることとしたい。

求めなさい。そうすれば与えられます。捜しなさい。そうすれば見つかります。叩きなさい。そうすれば開かれます。誰であれ、求める者は受け、捜す者は見つけ出し、叩く者には開かれます。

あなたがたも自分の子供がパンを下さいと言う時に、誰が石を与えるでしょう。また、子が魚を下さいと言うのに、誰が蛇を与えるでしょう。

してみると、あなたがたは、悪い者ではあっても、自分の子供には良い物を与えることを知っているのです。とすればなおのこと、天におられるあなたがたの父が、どうして求める者たちに良いものを下さらないことがありましょう。

それで、何事でも、自分にしてもらいたいことは、他の人にもそのようにしなさい。これが〝律法〟であり〝預言者〟です。

狭い門から入りなさい。滅びに至る門は大きく、その道は広いからです。そしてそこから入って行く者が多いのです。

いのちに至る門は小さく、その道は狭く、それを見い出す者は「まれ」です。

……

本卦　䷏　雷地豫・二爻

卦辞（彖辞《たんじ》）

豫利建侯行師。

豫は侯を建て師を行るに利《よ》ろし。

彖傳

豫剛應而志行。順以動豫。豫順以動。故天地如之。而況建侯行師乎。天地以順動。故日月不過。而四時不忒。聖人以順動。則刑罰清而民服。豫之時義大矣哉。

豫は剛応じて志行はる。順以て動くは豫なり。豫は順以て動く。故に天地も之《かく》の如し。而るを況んや侯を建て師を行るをや。天地は順以て動く。故に日月過《あやま》たずして四時忒《たが》わず。聖人は順を以て動く。則《すなわ》ち刑罰清くして民服す。豫の時義大いなるかな。

大象傳

雷出地奮豫。先王以作楽崇徳、殷薦之上帝。以配祖考。

雷地を出でて奮《ふる》うは豫なり。先王以て楽を作り徳を崇《たっと》び、殷《さかん》に之を上帝に薦《すす》め、以て祖考を配す。

爻辞・小象傳

介于石。不終日。貞吉。象曰。不終日貞吉。以中正也。

石に介す。日を終えず。貞にして吉。象に曰く。日を終えず、貞にして吉は、中正を以てなり。

之卦　䷧　雷水解・二爻

卦辞（彖辞）

解利西南。无所往其來復吉。有攸往。夙吉。

解は西南に利《よ》ろし。往く攸《ところ》无《な》ければ其れ来《きた》り復《かえ》りて吉なり。往く攸《ところ》有れば、夙《はや》くして吉なり。

彖傳

解險以動。動而免乎險解。解利西南。往得衆也。其來復吉。及得中也。有攸往夙吉。往有功也。天地解而雷雨作。雷雨作而百果草木皆甲坼。解之時大矣哉。

解は険にして以て動く。動きて険を免るるは解なり。解は西南に利《よ》ろしとは、往きて衆を得るなり。其れ来り復りて吉とは、乃ち中を得ればなり。往く攸あれば夙《はや》くして吉とは、往きて功有るなり。天地解けて雷雨作《おこ》り、雷雨作りて百果草木皆甲坼《こうたく》す。解の時大いなるかな。

大象傳

雷雨作解。君子以赦過宥罪。

雷雨作《おこ》るは解なり。君子以て過《あやま》ちを赦《ゆる》し罪を宥《なだ》む。

爻辞・小象傳

田獲三狐。得黄矢。貞吉。象曰。九二貞吉。得中道也。

田《かり》して三狐を獲る。黄矢を得る。貞にして吉。象に曰く。九二貞吉は、中道を得るなり。

……

注1　参考、『恐るべき周易』孔子と南子の関係（三七四頁、得卦と之卦が逆の事例）。

注2　十戒の「～してはならない」は「しないだろう」説が有力。

注3　赤紱の刺・之卦参照。

兵庫県南部地震で安否を問う占例など

地震に関する問筮をしたことは何度もあるが、気付いてみると漠然とした問いかけであって追跡調査もせずほとんどそのまま放置したものばかりで、記憶に残るような占例も持っていない。やはり地震は被害の大きさや震度やマグニチュードなど一定のレベル以上の地震として占わないと、小さな地震などはいくらでもあるのでその後の検証などもすることなく、問筮をしたことも忘れてしまうのである。

ここに紹介する占例は実際に起こってしまっている地震についてを占ったものを三つ、そして起こると噂された地震が易占では起こらないとして占示されたものを一つ、占例としてあげておこうと思う。

実際に起こっている地震というのは、一九九五年（平成七年）一月十七日の「阪神・淡路大震災（兵庫県南部地震）」である。この地震は一月十七日未明に起こった淡路島北部を震源とする直下型地震で、マグニチュード七・三、死者六〇〇〇人以上、第二次大戦後最大の被害となった地震であった。

被害の中心地は神戸で、死者は四四八五人、負傷者一万四六七九人、倒壊・焼失家屋一二万九九五四戸という大被害をもたらしたのである。

その神戸の東灘区に姉が住んでいた。被害状況や安否を知ろうにも電話が繋がらない。NTTの故障係へ聞いてみたが、回復がいつになるか分からないと言う。公衆電話の方が繋がりやすいようなので一般電話はあきらめて公衆電話で連絡を取ろうとしたが、これも繋がらない。そうこうしているうちに近傍に住む姉の息子たちからであったと思う、連絡が入り無事の様子であった。

こうした状況の中で以下の三つの問筮を行った。

1　兵庫県南部地震、姉の家は今後大丈夫なのか。
　平成七年一月十七日〈占〉

2　家屋の損害はどの程度か。
　平成七年一月十七日〈占〉

3　兵庫県南部地震の余震はどうか。
　平成七年一月十八日〈占〉

1と2の問筮は地震当日、3は翌日の十八日に占っている。これらの〈占〉はいずれも兵庫県南部地震（阪神・淡路大震災）に関するもので地震の後の〈占〉であるが、その後二〇〇九年一月二十五日に大阪・神戸を直撃するマグニチュード八・九の地震が起こり、数十万人の犠牲者が出る、と予言する人がいた。今回の地震から十四年後の二〇〇九年（平成二十一年）ということで、この予言はかなり噂になった。

本も出版されており、『未来からの警告～ジュセリーノ予言集1』（たま出版、初版、二〇〇七年四月十日）、その第二版の三二五頁に掲載がある。

十四年後、同じ地域にさらに大きなマグニチュード八・九の地震が来る、というのである。ジュセリーノは〝夢〟によってそれを知り、的中率九〇％としている。

姉も神戸に住んでいることだし放ってもおけない。易占ではどう出ているのだと聞かれている気もする。ジュセリーノ予言の日のほぼ一ヵ月前、二〇〇八年十二月二十七日、予言の地震があるのかどうかを占った。

4　二〇〇九年一月二十五日、ジュセリーノの予言の神戸・大阪の地震はあるか。
平成二十年十二月二十七日〈占〉

以上、四つの〈占〉の得卦を占考してみよう。

最初は阪神・淡路大震災の当日、姉の家の今後を占ったものである。気象庁での正式名称は「兵庫県南部地震」であるが、政府では「阪神・淡路大震災」とされており、〈占〉の方もそのように記述したい。

> 阪神・淡路大震災、姉の家は今後大丈夫なのか。
> 平成七年一月十七日〈占〉

得卦　䷦　**水山蹇・五爻**　（注1）

〈水山蹇・䷦〉の『蹇』の字の字義は「足が不自由なこと」。地震の当日、既にニュースに流れていたと思う、高速道路を支えている橋脚が連続して折れ曲がり、道路は落下している。このことに象徴される移動手段の崩壊。救援も脱出もできず、動けない。これは「蹇」の字の「足が不自由なこと」のイメージだ。

『象傳』は〈蹇難也。険在前也。見険而能止。知矣哉。＝蹇は難なり。険前に在るなり。険を見て能《よ》く止まるは。知なるかな〉

『蹇』は〝難〟であり〝険（障害のあること）〟が前にある。その〝険〟を見て能く止まることが〝知〟だと言っている。

『雑卦傳』も〈蹇難也。＝蹇は難なり〉。
『序卦傳』も〈蹇者難也。＝蹇とは難なり〉。

これらに共通の象意が〝難〟の一字だということなのである。阪神・淡路大震災の現場、神戸市東灘区はまさに〝難〟の中にあったのであり、〝険〟の危険な状況が前にあったのである。

小成卦（八卦）の象意は内卦〈艮・☶〉、外卦〈坎・☵〉。前方に〈坎・☵〉の〝陥〟があり、そのため〝止〟まっている象。これは「說卦傳」に〈坎陥也。艮止也。＝坎は陥なり、艮は止なり〉とあるとおりの象。中間の三・四・五爻に〈離・☲〉があるが、この〈離・☲〉は〝見〟ること、明白なこと〈萬物皆相見。＝万物皆な相見る〉（「說卦傳」）。

したがって「彖傳」の〈見險而能止。知矣哉。＝険を見て能く止まるは、知なるかな〉は小成卦四五六爻〈坎・☵〉の〝陥＝険〟を三四五爻〈離・☲〉〝見〟て初二三爻〈艮・☶〉で〝止〟まる象となっている。

というところで、状況を示している〈水山蹇・䷦〉の象は〝難〟を前にしているということ、神戸市東灘区の姉の家は〝難〟を前にしている、ということを表現しているのである。

その中にあって〝五爻〟の位置はどうなのか、具体的なことは〈爻辞・小象傳〉で知られる。

◇大蹇朋來。象曰。大蹇朋來。以中節也。

◇大いに蹇《なや》み朋《とも》来たる。象に曰く。大いに蹇み朋来たるは、中節を以てなり。

〈大蹇朋來。＝大いに蹇《なや》み朋《とも》来たる〉

〈蹇〉は〝なやみ〟と読まれているが、前述のとおり〈蹇〉は〝難〟でもあったのであるから、ここは「大難朋来たる」と読んでおこう。すなわち神戸市東灘区の姉の家は大難を被ることとなっているが援助がやってくる。多分それは二人の甥のことであろう。連絡もあり支援に向かっている様子であった。

しかし〈朋〉は仲間のことだから支援者とは限らない。震災で被害を受けて同じ境遇に置かれた近隣の仲間が寄り集まる状況とも考えられる。

〈象曰。大蹇朋來。以中節也。＝象に曰く。大いに蹇《なや》み朋来たるは、中節を以てなり〉

五爻は〔水山蹇・䷦〕の定卦主。中正の爻で〝難〟にあたって適正な節度ある行動が取れる徳のある爻であり、そのことを言っているのが〈以中節也＝中節を以てなり〉である。大地震の時には強奪などの犯罪が行われやすい状況が生ずる。しかしこのような時、日本人は節度ある行動を取る。これが外国人には驚異だと言う。難中に節度ある象だ。

之卦　䷎　地山謙・五爻

卦の名称〈謙〉の字義は「へりくだる、ゆずる、自分をおさえて人にゆずる、かるくする」。

「象傳」に〈天道下濟而光明。＝天道は下済して光明なり〉。〈下濟〉は下を済《ととの》えること。〈下〉は物事の基盤だ。

「大象傳」に〈君子以裒多益寡稱物平施。＝君子以て多きを裒《へら》し寡《すくな》きを益し、物を称《はか》って施しを平《ひと》しくす〉。ここでは〈裒〉の字に「へらす」の意味のほか、「あつめる」の意味もあり、その意味で読むこともできる。

「序卦傳」は〈謙〉の字義。「雜卦傳」も〈謙〉の字義として考え、この場は深入りをせず説明を簡略にしたいので省こうと思う。

「説卦傳」による八卦象意からは〈坤爲地。＝坤を地と為す〉。〈艮爲山。＝艮を山と為す〉で〈地山謙・䷎〉は〝地中に山〟のある象。地中に埋もれて見えない山の象。「山」は一つの実体。〈艮・☶〉は成象といわれ、物事が一定の形で成就をしている象だ。このことは内卦〈艮・☶〉が内にあって〈坤・☷〉の地に埋もれている状態で、大きな実体があっても外に出さない象であるから「謙讓」、即ちこれも〈謙〉の字義にあたる。

要するに〔地山謙・䷎〕の象意は〈謙〉の字義であり「自分をおさえて人にゆずる」ということである。さらに加えて「大象傳」の「物を称《はか》って施しを平《ひと》しくす」ということから見れば、震災後の助け合いの状況をとらえた象意と考えられ、この状況を踏まえて五爻の〈爻辞・小象傳〉を考えることができる。

◇不富以其鄰。利用侵伐。无不利。象曰。利用侵伐。征不服也。

◇富めりとせずして其の隣と以《とも》にす。用いて侵伐するに利《よ》ろし。利ろしからざるなし。象に曰く。用いて侵伐するに利ろしは、服せざるを征するなり。

〈不富以其鄰。利用侵伐。无不利。〉=富めりとせずして其の隣と以にす。用いて侵伐するに利ろし。利ろしからざるなし〉

富めりとせずして其の隣と以にす……。自分一人がいい立場にあるからそれでいいということではなく、阪神・淡路大震災の只中《ただなか》にあるのである、近隣と一緒に〔水山蹇・䷦〕の〈蹇〉の大難を乗り越えようとすることだ。このような時は「自分をおさえて人にゆずる」時なのであり、支援の手がさしのべられて物資等が届けば「物を称って施しを平しくす」という時なのだ。

しかしながら、このような状況の中でここぞとばかりに病んだ心の輩《やから》が始めるのが略奪だ。それらの輩に向けて言っているのが〈利用侵伐。无不利。＝用いて侵伐するに利ろし。利ろしからざるなし〉である。

〈象曰。利用侵伐。征不服也。＝象に曰く。用いて侵伐するに利《よ》ろしは、服せざるを征するなり〉

大震災を被って近隣が僅かな物資や便宜を分かち合って急場を凌いでいるのである。その大切な物資などを略奪するようなことは許されない。従わないものは征せられる。当然といえば当然だ。その後姉から震災の様子を聞いた時には、略奪があったかどうかは話題にならず聞き洩らしてしまった。

以上の象意の中で思い出すことといえば、叔父の言に従って身内の中で少額の金銭支援をしたこと。少額だし身内の支援ということで近隣に回すほどでもなかったのだが、それを受け取った我が姉が独り占めを戒めて「ネコババしちゃいかんね……」と言ったのである。少額で姉には済まない私の思いもあったのにそう言ってくれたのだった。

これが〈不富以其鄰。＝富めりとせずして其の隣と以《とも》にす〉ということであり、〈稱物平施。＝物を称って施しを平しくす〉ということでもあったのである。

家屋の損害はどの程度か
平成七年一月十七日〈占〉

得卦

䷰　澤火革・二爻

卦の名称「革」の字義は「かわ、あらためる、あらたまる」。「革」はあるべき状態になること、あるべき状態にすることだ。

「序卦傳」は〈水風井・䷯〉の次に〈澤火革・䷰〉がくるとして〈井道不可不革。故受之以革〉〝井道は革《あらた》めざるべからず。故に之を受くるに革を以てす〟とある。井戸というものはいつも井戸渫《さら》えをするなどして手入れをし、きれいな状態にしておかなければならない。つまり井戸のあるべき状態にすることであり、「あらためる」ことである。

「雑卦傳」は〈革去故也。＝革は故《ふる》きを去るなり〉。これも底に溜まった汚泥を取り去るイメージで、あるべき状態に戻すこと。

跡付けになるが〈澤火革・䷰〉の〈陰・⚋〉〈陽・⚊〉の〈象〉全体で見ると、初爻〈陽・⚊〉の上に互卦〈澤風大過・䷛〉があり、これが地震にあたる。二爻から五爻までの互卦〔天風姤・䷫〕は〔陰・⚋〕が落下した象。するとしっかりした初爻〔陽・⚊〕の上で家屋は地震を受けるが、器物の落下があるということが象の上で認められることになる。

興味深いのは「象傳」で〈己日乃孚。革而信之。＝己《つちのと》の日に乃《すなわ》ち孚《まこと》とす。革めて之《これ》を信ず〉とある。〈己〉は十干の〝己〟とする説と〝已《すでに・おわる》〟と読む説がある。第二爻の〈爻辞・小象傳〉にも出てくるのでそこで実占からの読み方を示してみたい。

総じて〔澤火革・䷰〕の象意はあるべき状態にすること、あらためることである。即ちこの象意は家屋の損害の状況が問題であり家屋のあるべき状態をあらためようとすることである。次が〈爻辞・小象傳〉。

◇己日乃革之。征吉。无咎。象曰。己日革之。行有嘉也。

◇己の日に乃ち之を革む。征けば吉。咎なし。象に曰く。己の日に之を革むは、行きて嘉《よみ》する有るなり。

〈己日乃革之。征吉。无咎。＝己の日に乃ち之を革む。征けば吉。咎なし〉
阪神・淡路大震災の起った平成七年一月十七日は干支にすると戊申の日にあたる。翌日の一月十八日は〝己酉〟の日だ。〈己《つちのと》〉の日に「乃《すなわ》ち之《これ》を革《あらた》む」と言えば一月十八日の〈己〉酉の日になる。

地震の当日は余震や火災の広がりもあって家屋の状況など点検してはいられない。情報も飛び交い、事態は切迫したものがあるだろう。しかし一夜明けて落ち着きが出始めればまず身の回りの状態を確かめることから始まる。その日が地震の翌日、一月十八日、己酉の日ということであった。

〈象曰。己日革之。行有嘉也。＝象に曰く。己の日に之を革むは、行きて嘉する有るなり〉

一月十八日、己酉の日、これ（家）のあるべき状態を革める。この行い、行動には〈嘉〉するものがある。この〈嘉〉はその時の心情を言っている。つまりこんなことでよかった、という安堵である。

その後の姉の話では家は震度六の烈震にも耐えたが、家の中の家具や本類、殊に台所の什器類の散乱や三階物置の扇風機の落下などがあったとのこと。この地震後の後片付け、即ちあるべき状態にあらためた日が翌日の十八日であったのである。

さて、〈己《つちのと》日〉であるが、日時の占考をする時は初爻が当日であり二爻は翌日、以降三・四・五・六と順に先になる。したがってこの占考によっても占った一月十七日の翌日の十八日が家の状態に安堵する日となるが、この日が干支の〈己〉酉の日なのであった。

〈己〉は「己・已・巳」と区別が難しく、己を已、「已《すで》に」と読む説もあるのだが、〈澤火革・䷰〉の「大象傳」には〈君子以治厤明時。＝君子以て暦《こよみ》を治め時を明らかにす〉とあるのである。このことからも〈己日〉は〝己《つちのと》〟の日と考えるべきであろうと思う。

之卦

䷪　澤天夬・二爻

之卦は事の起こり、〈澤火革・䷰〉の革めることとなった事象の裏にはこのようなことがあったのだ、ということを示す。

「夬」の字の字義は「わける、ゆがけ」。ゆがけ（弓懸）は弓を射る時、弦で指を傷つけないようにする防具。弓を矢につがえ引き絞った時には強大な力が指に集中する。エネルギーの緊張と解放の意味を暗示している。

「彖傳」に〈夬決也。＝夬は決なり〉とある。〈決〉は堤防が切れて水が流れる意味の字。決壊、決裂、決河之勢など、〈決〉の字には蓄積されたエネルギーの緊張とその解放の意味を含んでいる。

「序卦傳」「雑卦傳」とも〈夬決也。＝夬は決なり〉。

これら〈夬＝決〉の字から、強大な蓄積されたエネルギーが解き放たれる象意であり、地殻プレートの歪みとして蓄積されたエネルギーが地震となって解放される暗示となる。

〔陰・⚋〕〔陽・⚊〕の象意も強大な運動エネルギーの五〔陽・⚊〕爻が上爻の一〔陰・⚋〕を夬（決）去する象。要するに弓は引き絞られ、その力は弓懸の中に集中し、矢が引き絞った弓の力を受けて放たれる、そのように地震も起こるのである。〈爻辞・小象傳〉が次の占考。

◇惕號。莫夜有戎。勿恤。象曰。有戎勿恤。得中道也。

◇惕《おそ》れて號《さけ》ぶ。莫夜《ぼや》に戎《じゅう》有るも、恤《うれ》うるなかれ。象に曰く。戎《じゅう》有るも恤《うれ》うるなかれは、中道を得るなり。

〈惕號。莫夜有戎。勿恤。＝惕れて號ぶ。莫夜に戎有るも、恤うるなかれ〉

惕れて號ぶ……！。震度六の烈震が襲ったのである。姉も悲鳴をあげたに違いない。莫夜に戎有る……。意味からいえば夜に〈戎（戦争）〉であるから夜襲があることになるが、問筮は既に「家屋の損害はどの程度か」ということで地震の損害を前提にしたものであるから〝夜襲〟があるということではない。夜襲の如き驚きがある、ということである。譬えて言えば……ということである。

では〈莫夜〉はどうか、地震が起こったのは一月十七日午前五時四十六分。明け方だ。

この時間が〈莫夜〉と言えるだろうか。〈莫夜〉とは普通は〝夜〟のこととされる。

莫　甲骨文・、、、金文・、篆文・

「莫」の字は一般に草むらに太陽が没したさまとされ、太陽が沈んで見えないから「なし」の字義となるとされる。しかし甲骨文を注意深く見れば草むらでなくむしろ林なのだ。林と林の間に日を挿入したり、林（甲骨文・）の字を中間で切ってその間に日を入れた字形「」もある。

ならば太陽が草むらに沈むよりは樹間に沈む方が、「莫」のもう一つの字義「日ぐれ」をより適切に表現していると考えられるのだ。

さらに言えば樹間の太陽は日ぐれだけでなく夜明けも条件は同じだ。樹間を下から覗いても字形上は同じになるだろう。いずれにしても「莫」は〝莫然〟とした薄明かりの中でシルエットのようにして見られることなのであろう。ちなみに日の光が小さな隙間からさし込む状態を示しているのが「𡭴（隙　篆文・）」で「すきま」の意味。「幕（篆文・）、膜（篆文・）」はシルエットのように隠す意味からきていると考えられる。

「暮」は「漠」が原字とされるが区別なく使われる。（莫春＝暮春）

どちらかといえば、日暮れは「暮夜」と書き「暮」は日の字が下に沈んでいるから夜になったばかりの時間であっていい。であれば薄明かりの明け方を莫夜にあてたい。……〝惕《おそ》れて號《さけ》ぶ、莫《ぼ》夜《や》に戎《じゅう》有るも、恤《うれ》うるなかれ〟……。明け方にびっくりするようなことがあって悲鳴を上げるが、心配しないでよろしい。これが〈爻辞〉の解釈となる。

〈象曰。有戎勿恤。得中道也。＝象に曰く。戎有れど恤うるなかれは。中道を得るなり〉

びっくりするようなことがあるけれど心配しないでよい、というのは〈得中道也。＝中道を得るなり〉である。〈中道〉は「道に中《あた》る」。「中」の中《あた》る、は適合する、適《かな》う意味。「道」……これは地震に対して家屋が適合しているかどうかで、即ち耐震能力にあたる。してみれば〈中道〉は「耐震能力が適合する、適う」ことを言うものとなる。

そこでこの「小象傳」が言っていることは、びっくりするようなことがあるけれど心配しないでよい、その理由は家の耐震能力が適《かな》っているから。ということになる。

当時もそうであったが通常、占考をここまでつぶさにすることはない。〈勿恤。＝恤うるなかれ〉……これで十分だからである。ここでは占例として示す必要からできるだけ丁寧にと象意を探り起こし、漢字の原意にも踏み込んで跡付けたもので、それでも見落としがあるのが占考なのである。

三番目の占例は翌日の一月十八日。余震を問う占筮である。

兵庫県南部地震（阪神・淡路大震災）の余震はどうか。

得卦

䷲　震爲雷・五爻

卦の名称、〈震爲雷・䷲〉の〝震〟は「ふるえる、ふるう、雷、地震」の意味。余震はどうかという問筮に対してそのまま地震の象で答えようとしている。

「彖傳」に〈震來虩虩。＝震来たるに虩虩たり〉〝虩〟は隙間に虎の字で、油断するとその隙を突いて虎が襲ってくるという字。地震もそのように隙を突いてやってくる。だが驚くのは一時で〈後有則也。＝後に則有るなり〉、平常に戻るのである。

「序卦傳」は〈震者動也。＝震とは動なり〉、「雜卦傳」は〈震起也。＝震は起なり〉。

卦の象意〈震爲雷・䷲〉は小成卦〈震・☳〉を重ねた形。上卦の〈震・☳〉を下卦の〈震・☳〉が追う象意で〝余震〟とも見られる。二爻から五爻までの互卦〈水山蹇・䷦〉の〝大難〟が内在した象意でもある。

〈爻辞・小象傳〉の占考。

◇震往來厲。意无喪有事。象曰。震往來厲。危行也。其事在中。大无喪也。

◇震往来して厲《はげ》し。意《おもんぱか》り事有りて喪《うしな》う无《な》し。象に曰く。震往来して厲しは、危行なり。其の事中に在《あ》り。大いに喪う无《な》きなり。

〈震往來厲。＝震往来して厲《はげ》し〉

余震とはいえ地震である。地震が往き来して厲しい。終わったと思ったらまた来るという状況だ。

〈意无喪有事。＝意《おもんぱか》り事有りて喪う无し〉

意《おもんぱか》る、とは意に介すること。地震の最初の本震の後には必ず余震が来る。このことは誰でもよく知っていることである。その余震が来ることを意り余震に対して備えることができているから、その限りにおいては喪《うしな》うものはない、ということである。〈意〉の字は「億」または「噫」としても伝えられる。この〈意〉は私としては他の占例からも〈意〉の意る意味と考えている。

〈象曰。震往來厲。危行也。其事在中。大无喪也。＝象に曰く。震往来して厲《はげ》しは、危行なり。其の事中に在《あ》りは、大いに喪う无きなり〉

余震が厲しく往き来する、危険な状況である。其の事、即ち余震は〈中〉に在る。〈中〉

は適合する、適う意味。余震への対応が適うことと考えられる。備えをしているからである。そのため〈大无喪也＝大いに喪う无きなり〉ということである。余震だからといって油断することはできないが、警戒して備えればやがて収束はするのだろう、余震による大きな被害は少ない、と考えられる。

ただこの占例の占的は「余震」を占ったものであり、一月十八日以降の二次火災を含めた災害の広がりを占ってはいない。本当は地震そのものより地震に併う火災等による震災の広がりの方を占的として問筮すべきであったかもしれない。

以上、本卦の型通りの占考であるが、これも五爻の〈爻辞・小象傳〉をそのまま読めば占考というほどのこともない。そのとおり理解できる範囲にあると思う。

之卦　䷐　澤雷随・五爻

卦の名称〔澤雷随・䷐〕の「随」。字義は「したがう」。「随」は物事に寄り添って随う、あるいは付き添って随う意味の漢字である。

してみれば余震は本震に次いで発生するもので本震に随う象意。震度も低下減衰して本震に随う状況を象意するものと見られる。

「彖傳」に〈天下隨時。隨時之義大矣哉。＝天下時に隨う。隨時の義大いなる哉〉とある。〈隨時〉とは、その時どき、そのおりおりの意味。隨所とはどこでも、いたる所であるから、いつということを特に言わない時が〈隨時〉であろう。象意としてはいつということなく起こる余震というイメージとなる。

「序卦傳」は〔雷地豫・䷏〕の次に〔澤雷隨・䷐〕がくるとして〈豫必有隨。故受之以隨。＝豫《あらかじむ》れば必ず隨《したが》う有り。故に之を受くるに隨を以てす〉とある。

この「豫」は一般的によろこびとも読まれているが「あらかじめ」が本当であろう。即ち予《あらかじ》め事態を予測し備えておれば何も慌てることなく想定される事態に対応できる。即ち寄り添って隨うことができるということでマニュアル化されたものに隨うこと。その限りにおいては思わぬ事故が防止できる。

そこを受け「雜卦傳」は〈隨无故也。＝隨は故无《な》きなり〉とある。〝故〟は事故、罹災の意味である。

「説卦傳」による象意。上卦〔兌・☱〕は〈兌説也。＝兌は説なり〉。〝説〟は余震についての〝説〟。これは「序卦傳」で述べた「豫」の〝あらかじめ〟で想定される説にあたる。この説は経験的にも知られる地震収束の様子と見られ、漸次減少してゆく。〝漸次〟と言うのは〔澤雷隨・䷐〕の二爻から五爻の間の互卦に〔風山漸・䷴〕があり、漸次進行する象が潜んでいるからである。

〔澤雷隨・䷐〕は上卦〔兌・☱〕の〝説〟の下に〔震・☳〕の〝地震〟があり、地震が説のとおりに隨《したが》う象ということである。

これらの象意全体を見て、余震が本震を凌ぐようなことも本震に迫る勢いのあるものでなく、既に本卦〔震爲雷・䷲〕の象意の五爻〈小象傳〉では〈大无喪也。＝大いに喪う无きなり〉とあったこともある。成り行きにまかせて状況を受け入れ隨っておれば安心できる、ということで「大象傳」は〈君子以嚮晦入宴息。＝君子以て晦《くら》きに嚮《むか》いて入りて宴息す〉として〈宴息〉……くつろいで休むこと、を勧めている。

〈爻辞・小象傳〉の占考。

◇孚于嘉吉。象曰。孚于嘉吉。位正中也。

◇嘉に孚あり吉。象に曰く。嘉に孚の吉は、位正中なればなり。

〈孚〉は孚信。信用できること。〈嘉〉はよみすること、幸いなこと。余震というものは状況を受け入れて隨っておれば安心できるのであった。これが〈嘉〉の幸いなことにあたる。その幸いが信用できるということであろう。

別に〈嘉〉を〝よきつれあい〟と読む説もある。占的は「余震はどうか？」としたのである。余震のつれあいとは余震に代わって余震を説明するものであるから、ここでは余震収束の定説が〈嘉《よきつれあい》〉にあたる。そこで〈孚于嘉吉。＝嘉《よきつれあい》に孚《まこと》あり吉〉に〈嘉〉をあてはめれば余震というものが収束してゆくという説については信用できる、吉である、と読むこともできる。〈小象傳〉の〈位正中也〉は「中正」と同じで、ほどよいポジションにあること。

……

占考は別として地震後一ヵ月経過した二月十七日の朝日新聞によると、震度は気象庁観測史上初の震度七の激震を記録、神戸市の激震では海岸よりやや内陸に入った地域で須磨区から西宮市へ至る広範な地域であった。姉の居住地は東灘区でも北の六甲山麓であったから、不幸中の幸いで激震の難を免れることができたのであった。

ただ東灘区は死者数一二六三名、避難者数六万七六一七名、避難所一二〇ヵ所といずれも最大で倒壊家屋数は長田区に次いで二番目の一万四二六九棟。ただし焼失家屋数が他の区に比べ少なく、五番目の三九二棟と記されている。

また余震の状況であるが、一月十九日午前十時三十六分に震度三の弱震、最大級の余震としては一月二十五日午後十一時十六分に震度四の中震が記事になっている。

さて、阪神淡路大震災から十四年後の二〇〇九年一月二十五日にまた同じ地域の大阪・神戸をマグニチュード八・九の地震が直撃し、数十万人の犠牲者が出る、と予言する人がいた。的中率九〇%と言われるブラジルの予言者ジュセリーノである。彼は夢の中で予言の情景に立ち、場所や期日などの情報を得るというのである。

催眠状態で透視を行い大きな業績を挙げたエドガー・ケイシーのような人もいる。共通しているのは通常の意識状態ではなく、眠りや催眠での意識の制約や変化、いわゆる変性意識の状態で情報を受け取ることだ。

こうした方法やその信念、そして齎《もたら》された情報について、私は敬意もあり尊重もしている。仮にその情報が結果的に誤っていたとしても、彼らの信念を培うこととなった内的意義までが誤りであったということでなく、ちょうど、易占においては占考という過程があるように、正常な意識に持ち込む過程においてのミス・ジャッジもあり得るのである。

ジュセリーノ予言を知ったのは二〇〇七年であったと思う。阪神・淡路大震災では幸いにして倒壊を免れた姉の家では被災者の宿泊に家を使っていただくこともできたのであるが、地震の規模はさらに大きくマグニチュード八・九というのである。私は姉に連絡を取り用心するよう伝えた。後になって聞いたところによると、神戸には既にその噂は流れていて、知人は噂を知っていたということだった。

予言の日二〇〇九年一月二十五日のほぼ一ヵ月前、易占としてもこれを占ってみるべきだと考え占筮を行い、その結果地震はないと占考してこの旨を姉に報告した。

得卦は次のとおりのもので、これは前著『恐るべき周易』一六〇頁に占例として挙げたものと同一であり、参考にされるとよいと思う。


二〇〇九年一月二十五日、ジュセリーノ予言の神戸・大阪の地震はあるか。

二〇〇八年十二月二十七日〈占〉

得卦

䷠ **天山遯・二爻**（注2）

「遯」の字義は「のがれる、しりぞく」。したがって予言の神戸・大阪の地震を「のがれる」という象意、またはその予言が「しりぞく」という象意の中で第二爻を考えてみればよいことになる。

「序卦傳」は〈遯者退也。＝遯とは退なり〉。「雑卦傳」も〈遯則退也。＝遯は則《すなわ》ち退なり〉、「遯」の卦は〈退〉の意味だと言っている。〈退〉の字の意味は「しりぞく、しりぞける」だから、これも二〇〇九年一月二十五日の地震の予言が「しりぞけられる」象意となるのである。

「象傳」に〈遯亨。遯而亨也。＝遯は亨《とお》るとは、遯《のが》れて亨るなり〉とある。〈亨〉とは「支障なく行われる」意味だが「文言傳」ではこれを〈亨者嘉之會也。＝亨とは嘉の会なり〉としている。してみれば〈遯而亨也。＝遯れて亨るなり〉とは「遯れてめでたい会となる」ということで、〝予言が退けられ地震を遯れることができてよかったねと言って会うことができる〟というイメージも持っていると考えられる。

〔天山遯・䷠〕の卦の全体の象意は初爻・二爻の〔陰・⚋〕が勢いを増し、〔陽・⚊〕はこれを遯れるので〈遯〉とされる。第二爻は、その〔陰・⚋〕ではあるが卦の中では「中正」であり、しかも五爻〔陽・⚊〕とは〔陰・⚋〕〔陽・⚊〕配偶の「応爻」の関係にある。つまりいい関係だった。そこに初爻の〔陰・⚋〕が生じた。これが成卦主で卦の成因即ち占的の地震の予言にあたる。初爻は仲間を作ろうとするのだが、第二爻の〔陰・⚋〕には本来のいい関係を維持する志があるという象意があるのである。

その初爻の〔陰・⚋〕について「大象傳」は〈君子以遠小人。不惡而嚴。＝君子以て小人を遠ざけ、悪《にく》まずして厳にす〉と言っており、これは「序卦傳」「雑卦傳」による象意の〈退〉、即ち〝退ける〟こととなる。

〈爻辞・小象傳〉の占考。

◇執之用黄牛之革。莫之勝説。象曰。執用黄牛。固志也。

◇之《これ》を執るに黄牛の革を用う。之に勝る説なし。象に曰く。執るに黄牛を用うは、志を固くするなり。

〈執之用黄牛之革。莫之勝説。＝之《これ》を執るに黄牛の革を用う。之《これ》に勝る説なし〉

「之を執るに……これをとり行うに、執行するに」で、〈用黄牛之革。＝黄牛の革を用う〉であるから、〈黄牛之革〉はその方法について言うものである。

前著『恐るべき周易』で「革（金文・、）」の字を、チーズを作るための牛乳を革袋に入れる革袋からきている字とした。「革」の字が言わんとしているその方法とは、牛乳を革袋に入れたまま特に何もしないことで、ゆすったりはするかもしれないが放置しておけば酵素が働いて自然に牛乳はチーズになっているのであり、何もしなくとも然るべき時に牛乳はチーズに革《あらた》まるのだ、ということを言っているのである。

ここでは「革」が地震の予言に対する方法を言っているので〈黄牛〉は上等な牛、よい牛であるから、よい牛からよいチーズを作る時、革袋の牛乳を暫くは寝かせておくように、その地震の予言も放っておけばよろしい。それがまた〔天山遯・䷠〕の〈退《しりぞ》〉ける象ともなるのであり、且つまた〈莫之勝説。＝之《これ》に勝る説なし〉であって最上の方法なのだということとなる。要するに構わないで放っておくことが最上の策だという占示となるのである。

〈象曰。執用黄牛。固志也。＝象に曰く。執るに黄牛を用うは、志を固くするなり〉

〈執用黄牛（之革）〉、よい牛乳からチーズを作る時はそのまま手を加えず革袋の中で寝かせておくだけである。この〈革〉の譬えと同様に「地震の予言」も放っておけばいいのだ。それが最上の策なのである。このようにして〝退ける〟ことができるのは第二爻の〈陰・⚋〉が「中正」であり、五爻〈陽・⚊〉とも「応爻」の関係にあってその〈志〉が〈固〉いからである。

之卦

䷫　**天風姤・二爻**　（注3）

ジュセリーノ予言は本卦〈天山遯・䷠〉二爻によって退けられるものとなった。内容としては構わずに放っておけばよろしいということだから、なぜそうなるのか、その予言の評価がどのように生じたのかを之卦の易象が告げる必要があり、之卦がそれに答えるものとなる。

「姤《こう》」の字義は「あう、出会う」。「遘・逅・媾」が同じ意味の字とされる。これらには「あいびきをする」意味がある。

「序卦傳」は〈姤者遇也。＝姤とは遇なり〉。「遇」の字は「あう、出会う、思いがけなく会う」そして「あつかう、もてなす」意味。

「雑卦傳」「彖傳」も〈姤遇也。＝姤は遇なり〉で「遇」のイメージ。〈天風姤・䷫〉の象意はこの「遇」の字の「あう、出会う、思いがけなく会う」そして「あつかう、もてなす」象意である。

ジュセリーノ予言は夢が予言の情報源である。してみればその夢が「出会いの場」であり、その夢をどのように見たのかということが「あつかう」ことであるから、これは「遇」の字の象意である。夢を予言の情報源とする者にとって夢を見るということは、その情報に出会い、あつかうこと、遇することなのである。

そこに何らかの問題があったのではないか、この夢との出会いの象の中に予言の地震が退けられる要素があったのではないかと考えられるのである。

〈天風姤・䷫〉を〈陰・⚋〉〈陽・⚊〉の象から見れば、初爻の〈陰・⚋〉が卦の成因となる成卦主。〈陰・⚋〉と〈陽・⚊〉では〈陰・⚋〉は小さく、六爻の位置から見れば初爻は小さく上へ行くほど大きい。したがって初爻の〈陰・⚋〉は大変小さなものを表している。

その小さなものの上に大きな〈乾・☰〉の五陽爻〈䷀〉がある。「説卦傳」では〈乾爲圜、爲氷。＝乾は圜となし、氷となす〉とあるからこれは「レンズ」の象。初爻の〈陰・

⚋〕の小さなものが何なのかをレンズを使って拡大し、よく見ようという象なのだ。

この小さなもの〔陰・⚋〕にあたるものが予言者の見た〝夢〟にあたる。「レンズ」は夢を拡大してよく見ようという象なのだ。

〔陰・⚋〕〔陽・⚊〕の位からは初爻は〔陽・⚊〕が正しいのだが〔天風姤・䷫〕は〔陰・⚋〕だから「不正」。するとこの「不正」には〔陰・⚋〕の〝夢〟を拡大して評価してはならぬと戒める暗示がある。〔陰・⚋〕の象は〝女〟なので「彖傳」はそこのところを〈勿用取女。不可與長也。＝女を取《めと》ること勿《なか》れとは、与《とも》に長ずるべからざるなり〉。即ちこの〔陰・⚋・女〕とは一緒に長くはやっていけない、と言っている。一緒に長くやって行けないというのはいずれ破綻することであるから「夢の予言」の破綻が暗示される。

もともと〔天風姤・䷫〕は〔陰・⚋〕の選択をする卦であり望ましい〔陰・⚋〕とは見られないが、断ち切るに偲びず誘惑を覚える卦であり、それにどのように対処するかということでそのあつかいを〈遇〉、即ち〈姤遇也。＝姤は遇なり〉と表現しているのである。

おそらくその夢は予言として確信が持てるほど成熟してはいなかったのではないか。〈爻辞・小象傳〉は次のとおりである。

◇包有魚。无咎。不利賓。象曰。包有魚。義不及賓也。

◇包に魚有り。咎无《な》し。賓《ひん》に利《よ》ろしからず。象に曰く。包に魚有りは、義、賓に及ばざるなり。

〈包有魚。无咎。不利賓。＝包に魚有り。咎无《な》し。賓に利《よ》ろしからず〉

包まれた魚（大切に扱われたものの譬え）があった。咎はないがお客様をもてなすには使えない、と言っている。してみれば〈魚〉は予言の元となった〝夢〟であり、これを公表してしまうことがお客様をもてなすことで〈不利賓。＝賓に利ろしからず〉であろう。〈包有魚〉を漢字一字にすれば〝鮑〟であり、これは「くさや」のこと。強烈な腐臭のある食べ物であるから宴会などには出せない。これも〈不利賓。＝賓に利ろしからず〉である。予言の元となった夢が腐っていたとなれば予言も当たるとは思えない。

〈包〉（篆文・）の字は胎児がおなかの中にいる字形で、字義も「みごもる」がある。胎児は生まれるには未熟であるから準備が足りない意味となる。してみれば〈包有魚〉は、未熟で生れ出るには準備が足りない〈魚＝情報〉がある、という読み方が可能となる。〈包〉が「みごもる」字形なら〈魚〉は胎児が魚の形をしている妊娠初期の形であるから、その先のことは成長の段階であり、これをイメージするとすれば個体発生は系統発生を繰り返す、のである。そのまま魚で終わるのか両生類、爬虫類、哺乳類、人類、個別の人という経過で情報を積み上げてゆくのか、いずれにしろ人間として生まれるには未熟すぎるのでここでも予言の〝夢〟は〈魚〉の状態、未熟な情報の段階で見たものだったという解釈もできそうに思う。

〈象曰。包有魚。義不及賓也。＝象に曰く。包に魚有りは、義、賓に及ばざるなり〉

〈義〉は「理由、意味、道理」。義歯、義足、義父などの「本物と見做すこと」も〈義〉の意味だ。ここでは〈魚＝夢からの情報〉が情報としての価値を持つ段階に達していると見做すことがどうなのか、それが本物の予知夢となっているかどうかを質すことを言っており、〈不及賓也。＝賓に及ばざるなり〉であるから、人様の前で言える段階にはなっていない、ということである。

之卦〔天風姤・䷫〕二爻は以上の占考のように今回の夢の予言の情報価値を示しているのであって、夢が予知夢となる仕組みを示しているわけではない。

予知夢についてはいろいろ言われている。何度も経験して確信を深めた人には、その内容が地震のようなことであれば何とか救ってあげられないかと思うであろうし、誤りであってほしいとも思うであろう。その夢の解釈に若干問題を感じても、発言を控えて後になって後悔するより言っておこうと思うこともあるであろう。

そのあたりが〔天風姤・䷫〕の卦の象意が〈遇〉、即ち〝あつかい〟だというのである。また爻辞はそこを見て〈无咎。＝咎无し〉というのである。

私にも予知夢と言っていい経験が一度だけある。二十歳前後の若い時だった。未舗装道路の坂道をバイクで下っていて急に転倒した。なぜ転倒したか理由が分からず、路面を見ると少し削られた所があった。どうやらバイクの脇にあるスタンドステイの撥ね上げバネが緩んでいて、ステイが地に接触したと思われた。

疑問はそれで解決したわけではなかった。その時、自分はなぜ同じ場所で二度も転倒しなければいかんのだろうと訝しい思いがあった。その思いで路面を見ていたのである。

そして思い出したのは、以前の転倒は夢で見たこの同じ場所での転倒という記憶であったのである。つまり夢でこの転倒は既に経験され、経験済みのものとして記憶されていた。そのため自分はなぜ同じ場所で同じように転倒しなければならないのか、と訝しく思ったのであった。

その場で最初の転倒は夢の中の出来事だったと気付いたのだが、その時の「不思議なものだなあ」という思いは、この記憶を忘れ難いものにし、五十年以上経過した今日でもその転倒の場所と路面に残った傷跡を思い起こすことができる。


……

注1　『恐るべき周易』の「トリノの聖骸布は本物か」四〇二頁、参照。

注2　同書、「乳児の口内炎」一六〇頁、同卦同爻の占考例。

注3　同書、一六四頁、参照。

赤紱《せきふつ》の刺《そしり》

「赤」という漢字には色が赤い「赤色」という意味のほか、熟語の「赤恥」「赤心」「赤裸」「赤裸」や「赤の他人」とか「まっ赤な嘘」などの成句の意味となっている「ありのまま」「むきだしの」「何もない」などの意味がある。

私どもの普段の感覚からすれば「赤」といえば「赤色」を思い出して、「ありのまま」とか「むきだしの」とか「なにもない」などの意味は熟語や成句になった時、初めて気がつく程度ではないだろうか。

しかし「赤＝甲骨文・、金文・、篆文・」をこの字の成り立ちから考えてみると、「赤」の字が持っているこれらすべての意味を象徴する光景を次のように思い描くことができそうに思う。

その「赤」は篆文「赤＝」の字形に見るとおり「大＋火＝」であり、「大」は人が手足を広げて立った姿の象形である。

この「大」の字を大きい人、としてでなくそのまま「人の全貌」を示すとし、下の「火」を火の作用である「照明」とすると、この「人の全貌」と「照明」の相対関係で意味するところは「赤」の字の意味である「ありのまま」「むきだし」になり「隠すところはなにもない」こととなる。つまり火の「照明に照らされた人の全貌」ということなのだ。

もともと漢字の発明された頃の古代中国の話である。夜間はいつも外敵に襲われるかも知れない恐怖の時間帯である。物陰に怪しげな人の気配を感じて不審に思い戦々恐々としている中で、当の人物に火の照明を近づけることができたのでたちまち「ありのまま」の姿が「むきだし」になり、隠すところは「何もない」状態になった。このような状況を借りて「赤」という字は作られたのではないだろうか。そこのところを「大きな人」と「火」を組み合わせ「照明に照らされた人の全貌」という字形に示したのではなかろうかと思うのである。

またこの状況には不審な者を明かしたい、見定めにくい者を見定めたいという動機を含んでいるので、関連する漢字の「赦」をあげておこう。

赦免の「赦」は「赤」＋「攵《ぼくにょう》（篆文・）」。不審な人物と見られるので一度はこれを捕えてみたが「照明に照らされたその人の全貌」が「ありのまま」「むきだし」になり、隠すところは「なにもなく」ハッキリして無実が確認されたので「赦免」するという時の「赦」という字である。

旁の攵（）は「手で棒を持ち打つ、強いる、何らかの力を加える」字形と見られているが、この字の場合は卜骨を手にした字形であり、神意を手にしたことを表現していると考えられ、「赦」の金文に赤が亦（）字ので表現されるものがある。「亦」は立

っている人を両脇から支える字形であるから置かれた立場を支持する意味となり、これに神意が加わったことにより「赦」の「赦免」の意味の生まれる字形となるのである。「赦」の偏を「赤」としても「亦」としても、そこに神意の攵《ぼくにょう》（）を手にして罪は赦されるのだという字形なのであろう。

　少し長く漢字の話をすることになった。あたりまえの話だが『易経』は漢字で表記されたものだ。したがって実際の〈占例〉の中では〈占示〉として使われている漢字は実は大変重要な情報を持っており、通用義だけで見過ごすことのないよう一字一字よく研究してみることは〈占考〉の幅を広げるばかりではなく漢字の本来の意味を掘り下げて、見失われた意味を命あるものとして提言できる、易者にしかできない作業だと思うからである。

　さらに易占は卦を得るまでの過程は非合理だが〈占考〉は合理的であるという不可思議な二面性がある。この合理的部分で経典の記述の検証と漢字の意味を問うことは、易占があたるためにも重要な課題であるはずだ。

　さて「赤」という漢字の成り立ちについてあらかじめ述べたのは、ある程度のイメージをお感じいただいた上で占考してみたい〈占例〉があったからで、それは一九六三年（昭和三十八年）アメリカの第三十五代大統領、ジョン・F・ケネディが白昼凶弾に倒れた事件に関するものである。

　ケネディがテキサス州ダラスで狙撃され暗殺されたのは一九六三年十一月二十二日午後

零時三十分。同日午後に単独犯として逮捕された男がリー・ハービー・オズワルドだが、オズワルドも二日後ジャック・ルービーという男に射殺され、ルービーも三年後の十二月、肺ガンで死亡してしまった。事件は政府の「ウォーレン報告」という七人の委員によってまとめられ、容疑者オズワルドの単独犯行とされ公式に結着したものとされた。

だが本当にオズワルドの単独犯行だったのか、その後も疑惑は深まり真相の解明には至っていないように見られる。事件後十年経過してこの件について占ってみた。


十年前のケネディ暗殺事件、犯人はオズワルドに間違いないか。

昭和四十八年十二月二十六日〈占〉

得卦　䷮　**澤水困・五爻**

古代の中国人もそうであったのであろう。古代国家では『神判』というものがあったと言われている。神意を受けてする裁判である。その方法がどのようなものであったかはともかく、ここでは易占というやり方で神判が下ったと古代人ならば考えたはずである。

占的として神に尋ねたのはオズワルドが真犯人かどうか、でありその答えが〈澤水困・

䷮・五爻〉であった。

　では古代人のつもりになってこの〈占示〉を解釈してみようではないか。

　まず卦の象意を考えよう。易の六十四卦はその一卦一卦が獲物を捕える網のような意味があり、獲物は「爻」に捕えられている。したがって〈澤水困・䷮〉はオズワルドが真犯人かどうかを定めるための認識の網を張ったことになる。

　この網は言い方を変えれば窓ともいうことができる。〈占的〉はこの窓を通して見ることになるが、いずれにしても「爻」に獲物は捕えられているのだ。

　さらに六十四卦について言えば、易は自然界、森羅万象を六十四通りの表現として示すことができるとしていることになり、六十四のフラクタル構造の図形があると考えることもできる。

　一卦毎の象意は「卦の名称」「彖辞＝卦辞」「象傳」「雑卦傳」「繋辞傳」「序卦傳」「八卦象意」を斟酌し、総合的に占的に見合うよう判断するが無理なく自然に理解できるものとなるはずである。

　では〈澤水困・䷮〉の『卦の名称』から始めよう。

　〝困〟。漢字の〝困〟である。名は体を表す。まさにこの卦の象意は〝困〟の一字に集約される。困（篆文・）の字義は「こまる・苦しむ・ゆきづまる」。字形は木が囲いの中

にあって自由に成長できない形。〝困〟を旁にした梱包の「梱」の字のように囲って閉じ込めることを表し、そこから字義の「こまる、苦しむ、ゆきづまる」状態の意味が生まれている。

この〝困〟の字の意味とその字の成り立ちのイメージを、犯人とされたオズワルドにあててみる。そうすると〝困〟の字の意味からはオズワルドを犯人とすることに「こまる、苦しむ、ゆきづまる」ということになり、〔澤水困・䷮〕の卦の名称という認識の網は卦の象意としてそれはどうだろう、犯人と見立てることに「こまる、苦しむ、ゆきづまる」に違いない、と言っているか、あるいは現在そのようなことが実際言われている情況がある、ということになる。

また〝困〟の字の字形は木が囲いの中にあって閉じ込められ自由に成長できないという形だが、この囲われた木をオズワルドにあてれば囲っているものは何だろうか。この囲っているものはオズワルドの単独犯行とする「ウォーレン報告」ではなかろうか、囲っているものは「ウォーレン報告」であって当時のアメリカの情況が囲い込んだのではなかろうか、という想像ができる。

さらに言えば〝困〟で囲われた〝木〟、即ちオズワルドは既に死んでおり木は存在しないのだから、この場合の〝木〟はオズワルドであるより〝事件の真相〟であって、事件の真相という木が成長できず取り囲まれているのである。

このように見れば「卦の名称」〝困〟はほとんど情況をとらえており、後は核心部分の「五爻」を考えてみればよい。ここでは占考としてそのアウトラインを知るためにさらに他の象意にも言及したい。〈彖辞＝卦辞〉は『彖傳』の中に含まれており『彖傳』全文を記しておこう。

◇困剛揜也。険以説。困而不失其所亨其唯君子乎。貞。大人吉。以剛中也。有言不信。尚口乃窮也。

◇困は剛揜《おお》わるる也。険にして以て説く。困にして其の亨《とお》る所を失わざるは其唯君子か。貞。大人は吉。剛中を以て也。言有れど信ぜられず。口を尚べば乃ち窮する也。

後の占考の関連部分は省く。人は険悪な情況の中で無言であることができず〈険以説〉口説がその場を取り繕うものだが、それは行き詰まる〈尚口乃窮也〉。しかしその中にあって亨るべきところを見失わないことができるのは君子のみ、ということを言っている。〈有言不信〉の辞もあるが、これは「彖辞」にもある。即ちこれにあたるものが政府の公式見解である〝ウォーレン報告〟だ。この報告はほとんどのアメリカ人が不信を感じていたといわれている。事件の説明はあるのだが信じられない、「言有れど信じられず」である。

次に『雑卦傳』の象意は〈困相遇也＝困は相い遇うなり〉。この〈相遇〉の「相〈篆文・〉」は人相、手相の相で「うらなう、内部をよく見る」意味、「遇〈篆文・〉」は「たまたま、思いがけず、なんとなく出あう」意味の字。〈相遇〉は、たまたま思いがけず、なんとなく出あった者をよく見て確かめようとすることである。「遇〈篆文・〉」の旁の「禺〈金文・、篆文・〉」は尾長猿の一種と言われており、特定できないが「愚・偶・寓」などに使われていることから「たまたまなんとなく人間に似てなんとなく生きているだけに愚かしくも見える動物」だったのではないかと考えている。

「遇」の字の成り立ちはともかくとして〈相遇〉は、たまたま、思いがけず、なんとなく出あった者をよく見て確かめようということだから、これが捕えられ疑いをかけられたオズワルドにあたる、という占考になる。これも〔澤水困・〕が示そうとしている象としてのアウトラインであり、網の一部ということである。

『繋辞傳』には〈困徳之辯也＝困は徳の弁なり〉〈困窮而通＝困は窮すれど通ず〉〈困以寡怨＝困は以て怨を寡《すくな》くす〉の三つがある。困窮の時にあって人の徳は弁別され、やがて困窮の時は終わって通ずるようになり、その時向けられた怨みもなくなってゆく。ネガティブな状態は去り本来の亨るべきものが亨る、いつまでも不信の状態〔澤水困・〕の〈有言不信〉の状態は続くというものではないのである。

『序卦傳』は六十四卦の順序を理由付けしたもので、その説明の中に象意を汲み取ることができる。〔澤水困・䷮〕は〔萃〕→〔升〕→〔困〕→〔井〕の順序の流れの中にあり、〔困〕から〔井〕へ進む説明として〈困乎上者必反下＝上に困《くるし》む者は必ず下に反る〉とある。したがってここでは〈有言不信〉の状態に困《くるし》んでいる者について下（基礎）から調べ直すことになるだろうという占考ができると思われる。

『八卦象意』。〔澤水困・䷮〕の下卦（内卦）は〔坎・☵〕で上卦（外卦）は〔兌・☱〕。『説卦傳』による基本的象意の卦徳は〈坎陥也＝坎は陥なり〉〈兌説也＝兌は説なり〉、即ち〝陥〟の上に〝説〟があって〝陥〟の情況が説明されている象だ。

〝陥（篆文・）〟の字形の旁の方「臽（金文・、篆文・）」は落し穴に落ち込んだ人の字形であり字義も「おちいる、落とす、おとしいれる」。偏の阝《こざとへん》（阜）は別項で改めて説明するが、この字阜は「おか」ではない。「障りのあること、障害物、さえぎるもの」。烏許《おこ》がましいがこれは易者、筆者の新説だ。

〝陥（篆文・）〟の字は「阝（障害物）」＋「臽（落とし穴に落ち込んだ人）」を組み合わせ、障害があるために落とし穴に落ち込んだ人を救出できない字形になっているのである。この字形が〝臽〟と同じ字義ではあるが、「おちいる、おとしいれる」字義をさらに強めた字形表現になっているのである。

この「おちいる、おとしいれる」〝陥〟が内卦〔坎・☵〕になるのであるが、〔坎・☵〕は〔陽・⚊〕が〔陰・⚋〕に挟まれて本来の力を発揮できない象である。この〔坎・☵〕

の〔陰・⚋〕は本来の〔陰・⚋〕〔陽・⚊〕の位置（定位）から見ればいずれも「不正」となる。なぜなら〔陰・⚋〕は二・四・上爻にあり〔陽・⚊〕は初・三・五爻にあるのが「正」の位置なのだが、〔澤水困・䷮〕は下卦の〔坎・☵〕の〔陰・⚋〕が初・三爻とも「不正」になるからである。

二爻の〔陽・⚊〕も「不正」ではあるが、二爻と五爻は「中」であり〔陽・⚊〕の場合は「剛健中正」といって尊ばれる。〔澤水困・䷮〕の場合は「剛健中正」が二つの「不正」に取り囲まれている。

この〈象〉を占的のオズワルドにあてれば「剛健中正」の〔陽・⚊〕のオズワルドが〔陰・⚋〕の「不正」に取り囲まれていることになる。

『彖傳』の冒頭に〈困剛揜也＝困は剛揜《おお》わるるなり〉とあった。それがこの二爻「剛健中正」の〔陽・⚊〕爻のことなのである。また「剛揜わるるなり」は〔澤水困・䷮〕の二爻の〔陽・⚊〕だけでなく二、四、五爻の〔陽・⚊〕爻すべてが〔陰・⚋〕によって揜われている、という説もある。すると上卦の〔兌・☱〕の〝説〟にあたるウォーレン報告も揜う〝説〟、揜われた〝説〟ということになる。

別の見方をすれば上卦〔兌・☱〕の四爻〔陽・⚊〕と下卦〔坎・☵〕の初爻〔陰・⚋〕は「応爻」であり陰・陽配偶の関係にある。これは初爻〔陰・⚋〕四爻〔陽・⚊〕とも「不正」であった。「不正」同士が配偶の関係で結びつき、上卦の〔兌・☱〕の〝説〟が表現されたと見るのである。ということは初爻と四爻は「不正」において結託している、初爻が誰で四爻が誰かは分からないが、四爻〔陽・⚊〕については〔兌・☱〕の〝説〟の中にあることからウォーレン報告ではあるだろう。

いずれにしても、このような象意から『彖傳』の〝辞〟の〈有言不信〉は説明されるのである。

以上が〈澤水困・䷮〉という卦の象意であり、これが目指す獲物である〈占的〉、ケネディ暗殺事件の犯人はオズワルドに間違いないか、という問いに答えようとする「網」になる。この「網」の中にどのように獲物が捕えられているかを示すのが〈爻〉である。状況をとらえるのが卦の象意の「網」であり、獲物は〈爻〉、この場合得た爻は「五爻」であった。

五爻は〔澤水困・䷮〕の中の定卦主、一番徳のある爻だ。ただし下卦〔坎・☵〕の二爻とは同じ〔陽・一〕同士で陰陽配偶とはならず「不応」。支援の得られない状態である。状況をとらえる「網」、その代表的な象意と考えられる『卦の名称』〝困〟の「困る、苦しむ、行き詰まる」象意の中で徳を持っている定卦主の五爻はどうあるのか、〈爻辞・小象傳〉が伝えようとしている〈占辞〉の文言は次のような記述になっている。

◇劓刖。困于赤紱。乃徐有説。利用祭祀。象曰。劓刖。志未得也。乃徐有説。以中直也。利用祭祀。受福也。

◇劓《はなき》り刖《あしき》る。赤紱《せきふつ》に困《くる》しむ。乃《すなわ》ち徐《おもむろ》に説あり。用いて祭祀するに利《よ》ろし。象に曰く。劓《はなき》り刖《あしき》るは、志未だ得ざるなり。乃《すなわ》ち徐に説ありは、中直を以てなり。用いて祭祀するに利ろしは、福を受くるなり。

〈劓刖。＝劓り刖る〉

「劓刖《ぎげつ》」は文字どおり罪人の鼻を削ぎ落とし足を切り落とす残酷な刑だ。この字句を罪人の凶事と見ればケネディ暗殺事件の二日後に犯人とされたオズワルドはジャック・ルービーという男に射殺されているので「劓刖」はこのことにあたる。しかしここで「劓刖」という表現には何か別のものを感ずる。〈占的〉は「犯人はオズワルドに間違いないか?」である。これはおそらく事件の真相、全体像の中で答えようとしているのであり、この事件の真相、全体像が〈劓刖＝劓り刖る〉されたということを告げていると考えられる。その鼻とは事件の鼻、端緒、計画であり、そこが切り落とされその全体像も動くことのできない刖《あしきり》にされたということである。このことは〝困〞の字の字形、木が囲いの中にあって生長できない〝形象〞に対応するものである。

もし事件の真相、その全体像が〈劓刖〉されたとすれば、事件の一部始終はこのようなことでありました、として報告されたオズワルド単独犯行説の「ウォーレン報告」は誤りということになる。「ウォーレン報告」自体が真相を〈劓刖〉しており真相を包み隠すものとなり、『彖傳』に言う〈有言不信〉の〝言〟にあたるものとなって信じられないことになるのである。

〈困于赤紱。＝赤紱に困しむ〉

〈澤水困・䷮〉の〝困〟の字義、困った情況、行き詰った情況、そうさせているものは五爻では〈赤紱〉だと言っている。オズワルドにあてれば〈赤紱〉にこそ困しめられ身の潔白が証明ができない、ということになる。〈澤水困・䷮〉五爻の定卦主、どのような情況にあろうとその徳を見失うことのない定卦主が今は〈赤紱〉ゆえに困しめられている、というのだ。してみれば〈赤紱〉こそが事件の真相をおおう〈揜〉ものだということになる。

『彖傳』に〈困剛揜（掩）也＝困は剛揜《おお》わるるなり〉とあった。この「揜（弇）」甲骨文・」という漢字、甲骨文に見る〝〟はよくその形を表現しているが、この〝揜（弇）〟がおおっているものが〈赤紱〉だということになる。

それでは〈赤紱〉とは何であろうか。〈赤紱〉こそが事件解明の鍵になりそうなのである。〈澤水困・䷮〉の卦の中には〈朱紱〉という文字がある。第二爻の〈爻辭〉であるが、位を表すものとして理解されている。

この〈朱紱〉と対をなすのが〈赤紱〉である。いずれも「紱」は「ひざかけ」の意味で、天子は朱色を用い大夫以上の者は赤色を用いていたことから、経典の中ではそれぞれの地位を表すものとして理解されている。

この「ひざかけ」には「紱」のほか多くの漢字があてられ「市・芾・茀・紼・韍・韠・帗・黻」などだが、どのように異なるかは不明で、漢和辞典（学研・藤堂明保・加納喜光編）の「紱」は「印を身につけるためのひも、印綬」「ひざかけ、ひざをおおう布」。ちなみに「紱冕《ふつべん》」は「印綬（印を身につけるためのひも。天子から官吏に任命されたしるしとして賜る）と冠」とあり「転じて官吏の礼服」「高位高官のたとえ」とある。

では〈赤紱〉をどう理解したらいいのであろうか。〈赤紱〉は大夫以上の者だから高位にある官吏である。なぜそれが〈赤〉なのか、〈赤〉の字は冒頭述べたように色彩の「赤」の意味以外は「ありのまま」「むきだしの」「隠すところは何もない」ということであった。してみれば〈赤紱〉は「ありのまま」「むきだしの」「隠すところは何もない」状態にする仕事を行う官吏、なかんずく、大夫以上の官吏であるから、高位高官のことを指しているると見られるのである。

では、ケネディ暗殺事件で「ありのまま・むきだしの・隠すところは何もない」仕事を荷った高位高官とはどのような人であったのか。それが「ウォーレン報告」として事件のすべてをオズワルドの単独犯行として結着させた七人の委員ということではなかろうか。

七人の委員がこの事件を公式に判定するにあたってどのように選任されたか分からないが、このような時にこそ国の威信は示されるべきであり、彼らには「ありのまま」「むきだしの」「隠すところは何もない」赤誠が期待され、その任に赴いたはずである。

しかしその結果、公表は一部のみで、事件の全体のウォーレン報告が公表されるのは二〇三九年になるという。なぜそこまで公表できないのか、誰でも不信に思うであろう。この「ウォーレン報告」が『彖傳』で示される〈有言不信〉という象意そのものを表現していると考えられるのである。

〈困于赤紱＝赤紱に困しむ〉の占考では以上述べた内容が中心であるが、観点を変えてもう一つのとらえ方も考えられる。〈赤〉は「共産主義」とも見做される。オズワルドはソ連へも行っているしキューバを支援する活動もしているようなので〈赤紱〉は「共産主義の紱（役人の目印）」であるから、オズワルド自身がその赤紱であって、共産主義国の役人であり、その仕事がアメリカに対するスパイ活動だった。そこを疑われて困しんだことを〈困于赤紱。＝赤紱に困しむ〉と考えてみることもできる。

確かにオズワルドは共産主義国のスパイと見られて疑われていた。そして「私は身代わりで嵌められた人」と反論したが、〈有言不信。＝言有れど信じられず〉の「彖傳」の状況のとおり、反論は信じてもらえなかったのだ、という占考である。

どちらの占考もできる。さらば「彖傳」の〈有言不信〉は、ウォーレン報告に対する不信なのか、共産主義国のスパイとして疑われたオズワルドに対する不信となるのか、である。

占考を進めて確かめたい。

〈乃徐有說。＝乃《すなわ》ち徐《おもむろ》に説あり〉

乃ち、おもむろに、説あり。「乃ち」は「それなのに、意外にも」、そして強意の「これこそ」の意味がある。「徐」は「ゆっくり、ゆったり、しずか、おだやか」だから、「ウォーレン報告」はあるのに意外にも、これこそ、という〝説〟が穏やかに語られるようになる、ということである。このことは現状から見て全くそのとおりであるから〈占考〉というような内容ではない。

〈利用祭祀。＝用いて祭祀するに利《よ》ろし〉

「用いて」、というのは役に立てて使うことであり、ここでは徐に出てきた〝説〟を受けているのでこの〝説〟を用いてオズワルドを祭れと言っていることになる。つまりこの〝説〟をオズワルドの霊前に報告してその霊を慰めるべし、ということと考えられる。

次いで〈小象傳〉は一括して占考したい。

〈象曰。劓刖。志未得也。乃徐有說。以中直也。利用祭祀。受福也。＝象に曰く。劓《はなき》り刖《あしき》るは、志未だ得ざるなり。乃ち徐に説ありは、中直を以てなり。用いて祭祀するに利ろしは、福を受くるなり〉

「劓り刖る」。事件の全体像、全容が劓刖《ぎげつ》された状態になっている。オズワルドの〈志〉即ち「I am a patsy＝私は身代わりの人、嵌められた人」という主張はまだ公に認められてはいない。しかし、これこそという〈説〉が出てきている。それはなぜかといえば〈以中直也。＝中直を以てなり〉であるからだ。

〈中直〉は〈中正〉と同じとされる。五爻は中爻であり陽位に〔陽・⚊〕。特に〔澤水困・䷮〕の卦にあってその徳を代表する定卦主であるから〈中正〉であって尊ばれる。しかしその上で〈直〉の字にも注意するようにと言っているようだ。

「直（甲骨文・、金文・、篆文・）」。この字は目が中心にあるものを見ようとしている。金文では横にL字を加え他のものに邪魔されないよう本当のところを見ようとしている字形だ。このことから字義の「曲がっていない、まっすぐである」が生まれてくる。

　してみればこれはオズワルドは〝曲がっていない、まっすぐである〟ということに繋がってくる。

　最後の〈利用祭祀。受福也。＝用いて祭祀するに利ろしは、福を受くるなり〉は既に亡くなっているオズワルドを死者として祭れば福を受けることを言っている。この〈福〉は〈志未得也。＝志未だ得ざるなり〉の〈志〉である無実の叫び「I am a patsy＝私は身代わりの人、嵌められた人」が受けるべき〈福〉であるはずだ。亡くなった人を祭ることでどのように〈福〉が生ずるのかは分からないが、この〈福〉は無実の明かされることとその手法としての祭祀について言っていると考えられるのだ。それではそもそも〈祭祀〉とは何なのであろうか。この問いはさておくとして、本卦〈澤水困・䷮・五爻〉の占考はここまでということになる。

この後のこと〈志未得也。＝志未だ得ざるなり〉という現状の次に来るものは〈澤水困・䷮〉の五爻〈陽・⚊〉を〈陰・⚋〉に変えた之卦〈雷水解・䷧・五爻〉となる。

之卦

䷧　雷水解・五爻（注1）

ここでも卦の象意の中心は卦の名称「解（甲骨文・、篆文・）」である。字義は「とく、ほどく、ときあかす」。字形は牛の角を刀で削る字形。薬用の羚羊角《れいようかく》なら解熱、鎮静に用いられるのだが牛の角はどうなのであろう。この字は手の施しようのないほど硬く扱いにくいもの、即ち難題に敢えて手を加えることで「とく、ほどく、ときあかす」意味を表したのではないかと思う。

いずれにしろ字義は「説き明かす」ことを卦の名称が象意としているからには〝事件の解明〟を示そうとしていることになる。

『序卦傳』『雑卦傳』の象意はともに〈解緩也。=解は緩なり〉。〝緩〟は「ゆるむ」意味だ。すると象意としては〔澤水困・䷮〕の〝困〟の字の木を囲っている囲いがその力を失って「ゆるむ」ことになる。したがってこの〝緩み〟が事件の解明に繋ってくるという状況が推測できる。

『八卦の象意』から〔雷水解・䷧〕は下卦〔坎・☵〕上卦〔震・☳〕。説卦傳では〈坎陥也。=坎は陥なり〉〈震動也。=震は動なり〉である。これは下卦の陥険を脱出する象となり、『彖傳』ではこの象を〈険以動。動而免乎険解。=険にして以て動く。動きて険を免るるは解〉と説明している。

『易経』経典中にはその記載は見当たらないが、〔雷水解・䷧〕は〝霊の卦〟である。これは何度か筮を取っているうちに気付くものである。〔坎・☵〕を生存の情況と見れば「四苦八苦」にあたる。生きて在ることが〔坎・☵〕にあたるので〔雷水解・䷧〕は〝霊の卦〟ということになる。ただし生を「四苦八苦」と見るかどうかには異議もあるだろうが、その場合でも肉体という条件に閉じ込められている、ということでは〔雷水解・䷧〕は肉体からの脱出であり〝霊の卦〟といえる。

また〔澤水困・䷮〕の〈爻辞・小象傳〉に〈利用祭祀。=用いて祭祀するに利《よ》ろし〉とあったのは死者を祭ることと占考しているので〔雷水解・䷧〕は霊として見てよい卦ということもいえるのである。

以上、之卦〔雷水解・䷧〕の象意を総括して一言で言えば〝解〟の字の意味「とく、ほどく、ときあかす」である。したがってこの象意は〔澤水困・䷮〕の〝困〟の「行き詰まる」状態が之卦〔雷水解・䷧〕によって「解き明かされる」ことになるという〈占考〉ができるのである。

本卦　**〔澤水困・䷮〕**　**行き詰まる**

↓

之卦　**〔雷水解・䷧〕**　**解き明かされる**

それでは〔雷水解・䷧・五爻〕の〈爻辞、小象傳〉を見よう。最終の結着部分である。

◇君子維有解。吉。有孚于小人。象曰。君子有解。小人退也。

◇君子維《こ》れ解くあり。吉。小人に孚《まこと》有り。象に曰く。君子解くありは、小人退《しりぞ》くなり。

〈君子維有解。吉。＝君子維れ解く有り。吉〉

君子、徳の高いりっぱな人物。学問教養のある人格者。学問修養に励む人。あるいは官職にあり政治に携わる人が事件を〝解明〟するであろう。吉である。
誰もが〈有言不信〉でオズワルドの単独犯行説を信じてはいなかった。今やその不信が拭われ、真相は解明されるのだ。君子維《こ》れ解くあり。吉なのだ。この〈爻辞〉はそれ以外に読みようがないであろう。

敢えて一言加えるなら〈維〉の字だ。〈維〉の字は維《こ》れ解くありと読むように発語の助字とも解釈できるが、その意味は「つな・つなぐ」である。

してみれば〈君子維有解。＝君子維れ解くあり〉は、君子たる学識教養のある人格者が〝〈維＝つながり〉〟即ち事件の中で展開された様々な事柄・事象のつながりを解明する、と読める。また〈維〉を犯人につなぎ止めている「つな」と読めば、そのつなを解くあり、とも読める。いずれにしても〔雷水解・䷧〕の卦の名称の象意「とく・ほどく・ときあかす」の中で占考することである。

〈有孚于小人。＝小人に孚《まこと》有り〉

小人に孚あり……。この辞こそがオズワルドが本当の犯人かどうかを告げるものとなる。〈小人〉即ちオズワルドに〈孚（信実＝真実）〉がある。ズバリとそう言っていると考えられるのだ。

ちなみに〈小人〉とは「身分の低い者・庶民」である。徳や教養のない者もそう呼ばれるが、この場合小人に孚（真実）があるというのであるから、その小人は真実において徳や教養があることになる。したがってここで指している〈小人〉は「身分の低い人・庶民」となる。

オズワルドもその意味の〈小人〉であった。彼は事件の一ヵ月前に満たない十月十四日から、現場の教科書ビル倉庫で雇われていたという身分であったのである。

〈象曰。君子有解。小人退也。＝象に曰く。君子解く有りは、小人退《しりぞ》くなり〉

ここで言う〈小人退也。＝小人退くなり〉の〈小人〉と「爻辞」〈有孚于小人。＝小人に孚あり〉の〈小人〉とは同じ〈小人〉であって、ここでは小人の孚が正しい評価を受けることになる。〈小人〉即ちオズワルドに〈孚（信実・真実）〉があった、本当に彼は嵌められた人 I am a patsy であった。それゆえに「小象傳」は彼が犯人とされたその地位を退くことになるのだ、という占考になるのである。

以上が「ケネディ暗殺事件の犯人はオズワルドに間違いないか」という占的に対する得卦〔澤水困・䷮・五爻〕之卦〔雷水解・䷧・五爻〕の占考である。二〇三九年のウォーレン報告の公開はどのようなものだろうか、知りたいものである。

注1　本書占例、「十戒の石板、之卦雷水解」参照。『恐るべき周易』「孔子と南子の関係」関連参照。

民主党本部盗聴事件

一九七二年六月十七日深夜のことである。諜報のために盗聴器を仕掛けようとした五人の男たちは、忍び込んだビルの地下ガレージから階段に通ずるドアに閉じ込められないようにしようと、逃げ道のドアのラッチにガムテープを貼った。

普通、ドアは外側から入るには鍵が必要だが、内側からは開く構造なので内側から外へ脱出するのには妨げにはならず、何もしなくてよかったのだがこれが落とし穴となった。

ガムテープに気付いた巡回の警備員は侵入者の存在までは疑わずこれを剝ぎ取り巡回を続けたが、侵入者は大胆にもまたそこにガムテープを貼り付けたのであった。

そこで運命は動き始めた。ビルの巡回を終えて警備員がドアの所へ戻って来ると、なんと自分が剝がしたはずのガムテープが同じようにラッチに貼り直されているではないか……。

「誰かいるに違いない……！」、警備員は今度は見逃さなかった。そして躊躇することなくＦＢＩを呼んだ。その現場はワシントン、ポトマック河畔のウォーターゲートビル六階、民主党本部だったのである。

これが二年後の一九七四年八月八日のニクソン大統領の辞任声明に至る、民主党本部盗聴事件、いわゆるウォーターゲート事件の始まりであった。

逮捕された男たちとその共犯者が知れて、計七人のウォーターゲートセブンと言われた犯人の中に、マッコード（元ＣＩＡ＝中央情報局・工作員、ニクソン再選委員会警備主任）、リディ（元ＦＢＩ＝連邦捜査局・捜査官、ニクソン再選委員会顧問）、ハント（元ＣＩＡ＝中央情報局・工作員、前ホワイトハウス顧問）らがいたため、この事件の背後にはニクソン再選委員会がいて、相手候補となる民主党・マクガバン陣営の弱体化を狙った犯行との疑惑が生まれた。

さらにこの疑惑はニクソン再選委員会だけにとどまらず、再選委員会と一体的関係と見られたホワイトハウスにも向けられ、追及の手が伸びていった。

この事件発覚と同時に、ニクソン再選委員会とホワイトハウスでは、疑惑が実行犯だけにとどまり上層部に及ばないような手だてが考えられた。その手だてがＣＩＡを使ってＦＢＩを牽制しようとするもので、いわゆる「もみ消し工作」と呼ばれた司法妨害だった。

事件のほぼ五ヵ月後、一九七二年十一月七日、支持率の高かったニクソン大統領はマクガバン候補に圧勝して再選されることとなったが、事件の解明も進むこととなる。

実行犯の裁判が始まると実行グループの結束が乱れ、犯行計画の段階では再選委員会委員長・ミッチェル、同副委員長・マグルーダー、大統領法律顧問・ジョン・ディーンの名前があがるようになり、副委員長マグルーダーは委員長ミッチェルが盗聴を許可したと証言する。
ホワイトハウス内でも造反が起こる。大統領法律顧問・ディーンは大陪審ですべてを証言する、と言明。「身代わりのヤギにはならない」と宣告。

七三年四月三十日。ニクソン大統領は側近の補佐官二人、ハルデマン、アーリックマン及びクラインディーンスト司法長官、そしてディーン大統領法律顧問の辞任を発表した。

七三年六月二十五日。司法妨害となる「もみ消し工作」について上院公聴会でディーンは「自分ももみ消し工作に加わったが、中心人物は両補佐官であり、大統領ももみ消し工作を知っていたと確信している」と証言し、オーバルオフィス（大統領執務室）には会話を記録した録音機があるらしいことが示唆される。

その後ハルデマンの補佐官・バターフィールドの証言により「すべての会話を記録した録音テープ」の存在が明らかとなる。ウォーターゲート事件の最大の関心はこの事件に対する大統領の関与の程度であり、もしすべての会話を記録した録音テープがあるというのなら、それは真実を伝える完全な証拠となる代物なのであった。

この「すべての会話を記録した録音テープ」は存在した。周囲にはなぜ破棄してしまわなかったのか、という疑問もあったがオーバルオフィスのあちこちに仕掛けられた会話記録の録音テープは存在した。ただ大統領特権によって記録は秘匿されるべきで、公表すべきものではないというのが大統領側の主張であり、上院調査委員会及び特別検察官と対立した。

その掛け引きの中、一旦は地裁に提出するとした九本の録音テープのうち二本は初めから存在しなかったということであり、事件発生後三日目の七二年六月二十日の録音テープには、消えた十八分半の部分があるということも問題となり疑惑を呼んだ。その消えた部分は再生中に誤って消去してしまったということだったのである。

そこで今度は他の六十四本の録音テープの提出命令が地裁から出ることになるが、大統領側はこれを控訴。結局最高裁まで行くことになる。一九七四年七月二日、この大統領特権を盾にした地裁での証拠提出命令の取消を求める申請は七月二十四日最高裁で却下され、テープ提出を免かれることは不可能となった。

一方、議会の下院司法委員会での動きもあり、最高裁判断を受けた三日後の一九七四年七月二十七日、ニクソン大統領弾劾決議案第一条「司法妨害」が可決、七月二十九日、弾劾決議案第二条「権力乱用」、七月三十日弾劾決議案第三条「議会侮辱」も可決、下院本会議では弾劾成立の見通しとなった。

この状況を受けて八月五日、ニクソン大統領は最後の抵抗を試みた。ウォーターゲート事件発生の六日後の一九七二年六月二十三日、司法妨害となる事件のもみ消し工作を始めた補佐官・ハルデマンとの会話を記録した「録音テープ」を公表した。

その内容は、ＣＩＡを使ってＦＢＩの捜査を牽制しようとするもので、その「もみ消し工作」を補佐官・ハルデマンに指示していることに〝気付いた〟ということであった。そしてなお……。

――事件を全体として見れば、大統領弾劾・解任という極端なことは正当ではない――

とニクソン大統領は述べた。
だが、事件の最大の関心は、私は何も知らなかったと言ってきたニクソン大統領自身がどのようにこの事件に関わっていたか、そこを問題としていたのであるから、〝もみ消しの指示〟をしている六月二十三日の録音テープの公表は「それ見たことか！」という反応となり、全米各紙は一斉にニクソン辞任要求を掲げ議会での支持基盤も崩れ、上院まで戦い抜くとしたニクソン大統領の決意は翻り、ついに「国家の利益を考えて辞任する」旨を表明、ここにウォーターゲート事件発生後二年二ヵ月を経て事件は終息することとなった。

さて、大統領辞任に至る事件のあらましは弾劾決議案によってほぼ知られることになるが、易占はこの事件をどのようにとらえたものであろうか。ウォーターゲート事件の起きたのは一九七二年六月十七日。翌年の一九七三年四月三十日には大統領の側近中の側近、ハルデマン、アーリックマン両補佐官、ディーン大統領法律顧問、クラインディーンスト司法長官の「辞任」の発表となった。

そこで私は事件に関心を持ち占筮を行うこととした。その出発点はただ「ニクソン大統領の運気」であった。当時は事件そのものより単に運気を示してもらえばいいくらいの気持ちで、あまり深入りする気はなかったのである。

その後、関連して三つの占的によってこの事件の局面を三度占うことになるのだが、これらの占例は私の易占人生の中でも特別なものとなった。というのはその一つ一つの占例が占的の局面をしっかりととらえていることは勿論であるが、四つの占例が相互に矛盾することがなく、全体として整合しているということがあり、事件の全体像を占的に表現していると考えられ印象が深かったからである。

占的は絞れば絞るほどそれが示す局面も限られることになる。それらが示す局面を繋ぎ合わせて全体が知られるのだ。易占と占う方法は異なるが、卜骨のひび割れの卜兆を見て占う卜骨占でも事情は同じであったと考えられ、全体を区分してその区分の各々について占ったことがあったに違いない。その事情を伝える成り立ちを持つ漢字もあるのである。

ここで本題とは少し離れるが、卜骨占いは亀の甲や牛、羊の肩胛骨などの卜骨に小さな穴をあけ、その部分を火で焼いてそこに出来るひび割れの紋様が卜兆となって、この卜兆を解釈し判断するものである。卜骨には何を占おうとしているかということだけではなく、その卜兆の解釈、その後の現実はどうあったのかということまで刻印されてあった。

なぜそのように記録したのか、といえばそれは卜兆のデータを保存したかったということだ。卜兆は単なるひび割れで亀裂にすぎないのである。しかし今はこのひび割れを単なるひび割れとしてでなく、神からの〝啓示〟として、神からの言葉として見ているのだ。そして新たな卜兆の解釈はそれまでのデータを踏まえて〝推しはかる〟ことでしか知られない。

卜骨占は古代には世界各地で行われていたようで、日本でも鹿の骨で占ったことがある。長年積み重ねた経験と実績もあり、それらは秘伝や口伝として伝えられていたのであろうが、そこでは限られた人によってのみ伝えられるので常に断絶の危険がある。

もしも卜兆の解釈に優秀なデータの保存があれば断絶は避けられるのである。マニュアルのようなまとまった形でなくとも、以前の記録が残っているならその記録は大いに参考になる。

殷王朝の時代の甲骨文字となった「卜辞」はそのようにするための記録としての参考書《データ》であったと思う。ちなみに占的は「命辞」、解釈は「繇辞」、その結果の現実は「験辞」と言う。そうしてこのようにして残った卜辞の刻まれた卜骨が今日、漢字の最も古い字形を伝える甲骨文字となったのである。また甲骨文字の刻まれた骨片の殷墟で見つかった数が十万片と言われることから、ざっと推計して一万以上の実占データがあったと思われる。

このような膨大な実占データを背景に卜兆の解釈、即ち占考は研ぎ澄まされ精緻なものになったと考えられ、様々な種類の占的にも対応してゆくことができたのであろう。

そこで卜骨に現れた微妙な裂け目である卜兆を、知りたいと思って卜骨に尋ねた「占的」に対し、どのように見立てるか、占考するか、〝推しはかる〟ことができるのかが「卜骨占」では大変重要な作業となる。

漢字の作者はそのことを知っていた。漢字の作者は、この〝推しはかる〟という言葉の意義を表現するためにその生活環境を見渡して、最も〝推しはかる〟ことをしている「卜骨占」の占考をイメージして漢字を作った。

その漢字は卜骨に小さな穴をあけるための道具「はり・」と二枚の逆三角形で表現される「肩胛骨・」ともう一つ「卜辞・」の三つの要素からできている『商』の字だ。

商　甲骨文・、　金文・、、　篆文・

商の字、「あきなう」「はかる・おしはかる」が字義の中心だが、本来は「はかる・おしはかる」だろう。「はかる・おしはかる」は推定すること、お互いが持ち寄った品物の価値を〝推し商り〟その上で物品を交換して商いは成立する。判断が正しかったかどうかは品物を得て使ってみた後にハッキリする。
この心理的な情況は卜兆を〝推し商ること〟と同じで、後になって現実となる〝験〟の情況と変わらない。したがって「商」の字は「商《あきな》い」の意味ともなって使われるようになるのだ。

字形は卜辞（）のあるものとないものがあるが、あるものは五つもある。それが「命辞」「繇辞」「験辞」を意識したものか占的の「命辞」であり、全体を五つの側面に分けて占ったかは不明としても、金文（）の字形のははり（）であけた穴に違いないので、これは四つの側面を占的にしたものであろう。さらにはその数だけ卜兆を意味するものであるから、これらを相互につき合わせて〝推し商る〟こととなり、字義の成り立ちを一層よく説明する字形ということになる。また字形のは「冏《けい》・甲骨文」に相当すると考えられる。

次に「商」の字と成り立ちのよく似ている「章」の字を参考にしたい。

章　金文・　篆文・・

「商」の字との違いは、はり（）で穿《うが》っている字形の二枚の肩胛骨が、「章」の字では亀の甲となっており、卜辞のやのない、はりと亀甲だけで表現されていることで、これは「章」の字が現れた亀裂の卜兆という現象を見て卜兆に即して字義の「明らかにする」「現れる」を成しているのに対し、「商」の字では商《はか》るという意味から言って卜兆に対

する解釈・占考面を表現しようとして卜辞（）や穿った穴とその卜兆（）を字形の中に入れたものと考えられる。

なお、はりで穿とうとしている亀の甲の「甲」の字には、甲坼《こうたく》の〝裂ける〟意味があり、卜兆が裂けて現れるイメージを表現したものということも合わせて考慮しておきたい。

卜兆による占示は単に吉か凶かといった程度のものではなく、克明にその状況を描写するものであった。その実態では内モンゴルでの体験報告が近年あったことが知られており、存続もしていたのである。「章」の字は字義が「現れる」「明らかにする」であるから、卜兆が「現れて」その啓示を「明らかにする」ということを表現しているのだが、その実際は「亀鑑」ということであろう。即ち「亀鑑」とは〝亀は鑑《かがみ》だよ〟と言っているのだ。

ところで人はなぜ占いをするのだろうか。情報を得たいからだ。本来知り得ない情報を知ることで行動を有利にしたいからである。知りたいことの最大のものは災厄だ。実は「章」の字の成り立ちを考え、その字義を「現れる」「明らかにする」として「災厄」を考えてみた時、今日《こんにち》漢字の成り立ちとして説明される漢和辞典や専門書の説の中でどうにも不可解で胡散臭いとしか思えない漢字の「阝・こざとへん」の成り立ちの説について、一貫した説明ができることに私は気付いた。

「阝・こざとへん」は漢字の部首であるから「阝」を部首に持つ漢字も多く、ここで説明しているわけにもいかないし、触れないわけにもいかないと思ったので、第二部を〝易者

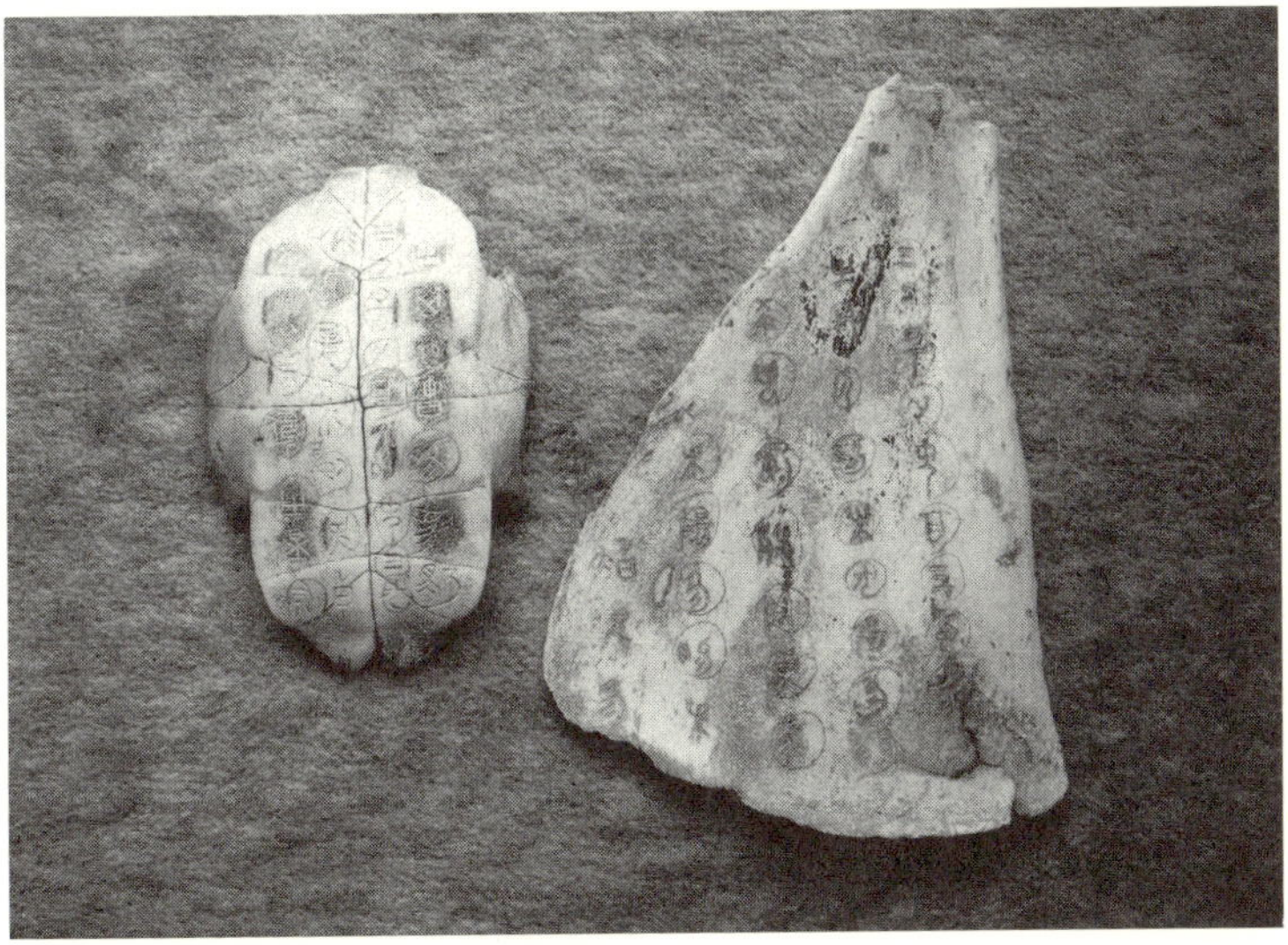

卜骨　左・亀の甲羅　右・牛の肩胛骨

が考える「漢字」の成り立ち〟として、その中で説明することとした。

さて、「ウォーターゲート事件」の占例の紹介をするにあたって少し回り道をした。要するに事件全体をいくつかの部分に分けて、その分けた部分を占的にして周易によって占筮を行い、得た卦・爻を全体の中で占考してゆくことができる、という話から古代の卜骨占でもそうしていたはずだと考えたので、その証明として「商《はか》る」の漢字「商」の字の成り立ちが実は関係する複数の〝卜兆〟をつき合わせて全体を推し商《はか》るということから生まれていることを示し、さらに関連として「章」の字は亀甲に卜兆が現れ、占った事柄を明らかにする字形であることをも述べたのである。

さて、卜骨に小さな穴をあけ、そこの部分を焼くとひびが入って卜兆が出来る。「商」の字の金文・を思い起こしていただきたい。卜骨に穿たれた穴は四つある。即ち四つの事柄を占っているのであり、四つの占的があることを示している。

ウォーターゲート事件においても「商・」の字と同様に四つの占的があるので、この占的を相互に比較し補い合うものとすること、即ち「商」の字の字義の「はかる」ということをそれぞれ得た卦・爻の中で「占考」することになる。

四つの占的とその得卦を占筮の日付順にすれば次のとおりである。

一、ニクソン大統領の運気。一九七三年五月六日〈占〉

得卦　䷜　坎爲水・三爻

二、ニクソン大統領は民主党本部盗聴事件の指揮をとったか。一九七三年五月二十七日〈占〉

得卦　䷫　天風姤・三爻

三、弾劾を迎えたニクソン大統領の運命は如何。一九七四年八月七日〈占〉

得卦　䷨　山澤損・初爻

四、公表されたウォーターゲート侵入六日後のニクソン大統領と補佐官ハルデマンの会

話録の録音テープは本物か。一九七四年十月十七日〈占〉

得卦　䷊　地天泰・四爻

それでは四つの占例についての占考を始めよう。

占筮によって卦・爻を得た時、その占示の象意によって占的の事柄全般にわたって思いを巡らし、語り尽くすことは難しい。占示は様々な事柄を示しているのにそこまで見届けられないのが普通である。今回の四つの占例においても多くの部分は「後付け」であり、その占考は〝験〟によって確認されたということである。

しかしながら象意の全体に言及しないことで、そこに易占本来の意義である「予見」の部分が乏しく損なわれているからと言って、後付けの占例が意味のないものだとは思わないでいただきたい。亀甲、卜骨による占いにも〝験辞〟というものが刻印され、実際の占いの結果がどうであったかが記録されているのである。

この、実際はどうであったかという現実との照応関係の査定の記録が資料として残るから、より深い象意の理解も可能となるのであり、これは卜骨占の卜兆においても同じことであったと考えられるのだ。

このような意味から今回の四つの占例は、「査定」に特別の関心を寄せて見ていただきたい。もとより占考部分に事実を歪める意図は全くないのであるから……。

第一の占例

ニクソン大統領の運気。
一九七三年五月六日〈占〉

得卦

䷜　坎爲水・三爻

得卦〔坎爲水・䷜〕の象意を述べる前に一九七三年五月六日の占筮に至るまでの事件の概略のおさらいをしたい。このおさらい自体が〔坎爲水・䷜〕の象意となる。なぜなら占的は「ニクソン大統領の運気」であり、それは即ちニクソン大統領の置かれた情況であるからだ。

ウォーターゲート事件発生は一九七二年六月十七日。実行犯七人の起訴は同年九月十五日。同年十一月七日、大統領選挙でニクソン圧勝。翌一九七三年二月七日、上院にウォーターゲート特別調査委設置。三月二十三日、実行犯七人に判決。

その後展開は急となり、七三年四月五日、マッコード証言による「犯行計画にミッチェル再選委委員長（元司法長官）、ディーン大統領法律顧問、マグルーダー再選委副委員長が参加していた」と計画段階での証言に続き、四月十五日、マグルーダー再選委副委員長の「ミッチェル再選委委員長が盗聴計画を許可した」との証言があった。

この情況を受けてホワイトハウスは、四月三十日のハルデマン、アーリックマン両補佐官、ディーン大統領法律顧問、クラインディーンスト司法長官の〝辞任〟の発表となった。疑惑はニクソン再選委員会のみならずホワイトハウスの内部深くに浸透し、大統領の側近、両補佐官の辞任にまで至っていたのである。

この時、大統領は内堀も外堀も埋められ孤立無援、さらに身代わりの山羊にならないと造反したディーンの証言も予定されていた。この情況で大統領ただ一人が疑惑の外に置かれる理由はなかったのである。

〔坎爲水・䷜〕は易の六十四卦の中にあって、四難卦とされる〔水山蹇・䷦〕〔澤水困・䷮〕〔水雷屯・䷂〕〔坎爲水・䷜〕の中の一つ。しかも得た爻は第三爻である。「繋辭傳」に〈三多凶＝三は凶多し〉とある第三爻。それが力のない〔陰・⚋〕だ。

〔坎爲水・䷜〕は小成卦〔坎・☵〕を重ねた形。小成卦〔坎・☵〕の卦徳。「説卦傳」

では〈坎陥也。＝坎《かん》は陥なり〉。〝陥〟であるから〝陥〟また〝陥〟という卦。

「序卦傳」でも〝陥〟であり「坎者陥也。＝坎とは陥なり」とある。

六十四卦を解釈している「象傳」ではこの卦を〈習坎、重險也。＝習坎は重険なり〉と言っている。「習」は重ねる意味だから小成卦〈坎・☵〉を重ねた〈坎爲水・䷜〉は〝重険〟。これまた、〝険〟また〝険〟という象意で、〈坎爲水・䷜〉は〝陥また陥〟か〝険また険〟の字のイメージである。〝陥〟は「おちいる、おとしいれる、おとしあな」。〝険〟は「けわしい、あぶない、くるしい、むずかしい」意味である。

「陥（篆文・陷）」「険（篆文・險）」共に阝《こざと》偏のある漢字。阝偏の漢字についての所見は後に一括して述べる。ここでは字源まで考えなくても「陥」「険」の字の意味だけで十分な〈坎爲水・䷜〉の象意を見ておきたい。

その「陥」「険」の中にあって第三項の〈爻辞・小象傳〉。

◇來之坎坎。險且枕。入于坎窞。勿用。象曰。來之坎坎。終无功也。

◇来るも之《ゆ》くも坎坎《かんかん》。険にして且つ枕す。坎窞《かんたん》に入る。用うる勿《な》かれ。象に曰く。来るも之くも坎坎は、終に功なき也。

語でもある。

〈來之坎坎。＝来るも之《ゆ》くも坎坎《かんかん》〉

来るも之くも坎また坎。補佐官二人の辞任もあったが、この先ホワイトハウス内部で造反したディーン大統領法律顧問の公聴会証言が始まる……「坎坎」は〝不安なさま〟の熟語でもある。

〈險且枕。＝険にして且つ枕す〉

険にして……「険《けわ》しい、危い、苦しい、難しい」情況にあって〝枕〟す。枕は眠る時の道具であるからここでは何もできず手が打てないでいる、ということ。

「険」を〝検〟、「枕」を〝沈〟とする辞句の伝承もある。〈検且沈〉または〈検且枕〉である。「検」は取り調べることだから「取り調べによって沈む」あるいは「取り調べに対応できず枕す」。情況としてはどちらにしてもあたっているので伝承の辞句を現実との照応、即ち〝験〟の中で正していくことはできないが、〈険且枕〉の睡眠時を指摘する情況というものはこの情況なのではないか、と思わせる情報がある。

一九九四年、イギリスBBC作成「ウォーターゲート事件の真実」（NHK教育テレビ放映）に、ニクソン大統領が側近の一人アーリックマンに対し辞任を要請する時、当時の追い詰められた心情を語った言葉である。

……「昨晩、ベッドに入る時こう祈ったよ……どうか朝になっても目が醒めませんように……と言ってね……」。その後大統領はすすり泣いていました——。

〈入于坎窞。＝坎窞《かんたん》に入る〉

坎窞は落ち込んだ穴の中のさらに先の穴。穴の中にある穴。脱出を試みようとして踠《もが》いて行動すれば、さらに自分自身を苦しめる穴の中の穴に嵌まり込むことになる。

〈勿用。＝用うる勿《な》かれ〉

用うる——手段を講ずる——こと勿かれ。あるいは、手段を講ずることもできない（勿＝なし）。すべてお手上げの状態。

〈象曰。來之坎坎。終无功也。＝象に曰く。来るも之くも坎坎は、終に功なきなり〉

占筮の日五月六日は側近たちの辞任、四月三十日の情況があって占っており、〈終无功也。＝終に功なきなり〉の指している意味は彼らの辞任をもってしても「功」が現れないということである。彼らに向けられた疑惑は同じように大統領個人にも向けられており、その疑惑から逃れることができないことを示している。

「どうか朝になっても目が醒めませんように……」と言ってすすり泣く大統領でもあったのだが、向けられた疑惑が払えないのだ。これが〔坎爲水・䷜・三爻〕の情況なのであり、第三爻の〔陰・⚋〕を〔陽・⚊〕に変ずることによってできる之卦〔水風井・䷯・三爻〕は、その疑惑にどのように対応するのかをギリギリのところで描いていると考えられる。

之卦　䷯　水風井・三爻

卦の名称「井」は文字どおり井戸。そこには井戸水がある。井戸水は人々が日常に使うもので清冽でなければならない。実はこの日常使うものが清冽でなければならないというのは比喩であって「徳」のことを言っている。さればこそ「繋辞傳」に〈井。徳之地也。＝井は、徳の地なり〉とある。

その「徳」がどうかというと「繋辞傳」に〈井以辨義。＝井は以て義を弁ず〉とある。これは日常使う水であり飲み水であるから適・不適がある。飲める水なのか飲めない汚れた水なのか弁別するのが義を弁ずということで、即ち〝徳の弁別〟という象意の卦が〔水風井・䷯〕となる。

そこで井戸水を譬えにした人徳であるが、井戸水は生活の基盤であるから清冽で信頼できる水が涸れることなく涌いて出る必要があるのだが、人徳の面からそこを言えば「信頼」があるかどうかである。彼《か》の人の言うことが涸れない井戸水のように信頼でき、美味しく水を飲む人の心を満たしてくれるかどうか、信頼が置けるかどうかである。

「序卦傳」はその水の信頼に釘を刺す辞句となっている。即ち〈井道不可不革。＝井道は革《あらた》めざるべからず〉。井道（井戸水に象徴される人徳である信頼）を違えてはならない。つまり一度口に出したことを後になって、あれは間違いでしたと言ってはならない、信頼を裏切ってはならない、ということだ。

それでは「序卦傳」の象意において「あれは間違いでした」と言うことで責任を取らされる事態はあったろうか。占ったのは五月六日。側近の辞任は四月三十日。その日大統領は側近たちの辞任の時「私は全く知らなかった」とテレビ演説を行っていた——本当にそれでいいのだね？——。「序卦傳」はそう釘を刺したことになるのだ。

次に「繋辞傳」に言う〈徳之地〉即ち徳の基盤たるものである信頼、その信頼の置かれた情況を示すものが「彖傳」に説かれている。

〈汔至亦未繘井。未有功也。羸其瓶。是以凶也。＝汔《ほと》んど至らんとするも亦《また》未だ井の繘《つりいと》せず。未だ功有らざるなり。其の瓶に羸《くる》しむ。是《これ》を以て凶なり〉

通釈では、水が汔んど飲めそうなのに未だ繘がなく瓶に水が入らない状態だとされる。しかし〈汔〉自体「水が涸れる」意味の漢字であり〈汔至〉は熟語で「水が涸れてしまったこと」なのだと思う。そして「亦」はもともと人の立ち姿を支持する字形「甲骨文・」で両脇の突《つ》っ支《か》い棒が人の立ち姿（主張）を支えている。したがって「亦」は、同じ立場でこれもまた（亦）という意味で、先に述べた内容を支持する事柄をつなぐ接続詞と考えられる。

すると「水が涸れてしまった」か亦《また》は「未だ繘《つりいと》がなく水を汲めない状態」で「容器の〈瓶〉に苦しむ」と読める。この〈瓶〉はここでは徳の入れ物だから徳の基盤たる信頼が入る入れ物である。「繫辞傳」に言う〈徳之地〉即ち徳のよって立つ基盤となるものは信頼・信用なのである、それが〈瓶〉の中に入っているべき清冽な井戸水として語られているのであるが、ここではその水を汲み上げるための〈繘〉が未だ設けられておらず、そのため「信頼・信用」を汲み上げることができない状態だ、という象意なのである。

〈汔至〉に戻れば「水が涸れてしまった」ということは「信用がなくなってしまった」ことであり、〈亦〉以下の文言は「信用を汲み取ることができない状態」を言っている。

この象意において大統領の四月三十日の弁明「私自身は全く知らなかった」という疑惑に答えた言葉の信頼性を見ていくことになるのである。

大成卦〔水風井・䷯〕の八卦象意は上卦〔坎・☵〕下卦〔巽・☴〕。「説卦傳」に〈坎爲水。＝坎を水と爲す〉〈巽入也。＝巽は入なり〉とある。この象は水底に巽の入れ物〈瓶〉が沈んでいる象と見られる。この〈瓶〉が沈んで上に上がらないのは二爻から五爻までの互卦〔火澤睽・䷥〕が中間にあって邪魔をしている象がある。〈睽〉は〝そむく〔乖〕〟が象意である。

以上〔水風井・䷯〕の卦の象意を卦の名称、「繫辞傳」、「序卦傳」、「彖傳」、八卦象意等により概ね知ったことになる。卦の象意は占的の中心部分をとらえるために一定の視点を与えるもの、占考の輪郭、枠組み、あるいは占考の網とでも言うべきもので、問題は網の中に捕えられた獲物である。その中心部分は「爻」であり、得た卦の爻に占的の中心部分がとらえられている。

では〔水風井・䷯〕の三爻はと言うと、この卦では井戸水の水質が下から上へ上るほどよくなるのである。水はもともとその性質としてあらゆるものに親和性があり取り込む力が強い。したがって清冽な水と言われてもいく分かは不純物が入っている。自然界には超純水など存在しないだろう。ただここでは飲み水としての井戸水の水質が三爻ということで、その水質は中間地点にあるということになる。

〈爻辞・小象傳〉は次のとおり――。

◇井渫不食。爲我心惻。可用汲。王明竝受其福。象曰。井渫不食。行惻也。求王明。受福也。

◇井渫《さら》えども食われず。我が心の惻《いた》みを為す。用いて汲むべし。王明なれば並びに其の福を受く。象に曰く。井渫えども食われずは、行くもの惻むなり。王の明を求むるは、福を受けんとするなり。

〈井渫不食。＝井渫《さら》えども食われず〉

長年、井戸を使っていると汚物が溜ってくる。それを掃除するのが井戸渫《さら》えだ。井戸渫えをしてきれいな水の飲める井戸にしたが、まだこの水を汲んで飲んでくれない。水に信用がないからだ。そこを言っている。井戸水だから安心だということはない。定期的に掃除しなければ〝井の中の蛙〟だって住みつく。以前住んでいた私の家の共同井戸には〝ベンジョコオロギ〟が多数いた。正式には〝マダラカマドウマ〟と言うらしい。その場に集まった人たちはこの光景に息を呑んだものである。

井戸渫えが必要なのはホワイトハウスばかりではない。組織というものは古井戸になれば〝ベンジョコオロギ〟が住むようになるのだ。社会保険庁もそうではなかったか。外部からの取締役が必要なのだ。

上院公聴会で造反したディーンは冒頭でこう述べた。

——ウォーターゲート事件は、ホワイトハウスを支配している風潮から生じた必然的な産物といえる。

「風潮」と表現されたが「水質」なのであり、〝ベンジョコオロギ〟が住むようになった井戸の不衛生な井戸水の「水質」の中で生活することが〝風潮〟だったのである。

四月三十日、ニクソン大統領はホワイトハウスの井戸渫えを行った。井戸渫えのメンバーはハルデマン、アーリックマン両補佐官、クラインディーンスト司法長官、ディーン大統領法律顧問、再選委との連絡官ゴードン・ストローン。

しかしながら五月六日、ドール共和党全国委員長は「大統領が知っていたか、介入の証拠があれば大統領弾劾も避けられない」と語り、井戸渫えだけでは見逃してもらえなかった。これが〈井渫不食。＝井渫えども食われず〉ということである。

〈爲我心惻。＝我が心の惻《いた》みを為す〉

我が心、即ち大統領の心が惻《いた》むということである。

しかし私の漢字の字源の説から言えば〈惻〉の字はただ「いたむ・悲しみいたむ」意味だけの内容の字ではない。立心偏《りっしんべん》（忄）に則（金文・）で則の字は法・きまり・規則を意味する字。即ち字形は、心が法に触れることで悲しみ、いたむ意味を作っているのだ。さらに「則　金文・」は、鼎《かなえ》と刀でできて法を表現しているが、鼎は異民族に対決するための団結の象徴、団結とは即ち内部統制であり、内部統制とは「法」なのである。なぜ鼎を団結の象徴としたかは長くなるので、これも〝易者が考える「漢字」の成り立ち〟で説明することにする。

してみれば〈爲我心惻。＝我が心の惻《いた》みを為す〉は「我が心が法に触れており、いたみ悲しむ」と読める。自分の心に照らしてみれば法に触れるものだった、という内省の表現とも見られ、この文言は大統領の痛いところを突いており、もみ消し工作が司法妨害となることの認識の甘さを指摘するものかと思う。

〈可用汲。王明竝受其福。＝用いて汲むべし。王明なれば並びに其の福を受く〉

用いて汲むべし……であるから補佐官たちの辞任によって汚水は除かれたので水はきれいになって汲み上げられてよい、と占考できるが、〈可〉は優良可・不可の可で一定の要求水準から見た時の合格点、「可（金文・**可**）」は下から上へ伸びる線が一定のところまで到達していることを口《くち》（**𠙵** 注1）と組み合わせ口で〝表明〟している字形だ。

その到達すべき要求水準を示しているのが、「王明ならば並びに其の福を受く」ということだろう。〈王〉がニクソン大統領を指していることは間違いない。易の辞にはこのような具体的な名指しがあり、単なる象徴・抽象的文言とは比較にならないインパクトがあるのだ。そして王が明ならば、合格点にあるならば、市井において信頼の水を求める人であるアメリカ国民との間で互いに福を受けることになるのである。

〈象曰。井渫不食。行惻也。求王明。受福也。＝井渫《さら》えども食われずは、行くもの惻むなり。王の明を求むるは、福を受けんとするなり〉

ここでも〈惻〉が出てくる。一般的に〈行惻也〉は「行くもの惻《いた》むなり」と読まれる。すると「行くもの」とは〝井戸渫え〟のメンバーだが、そのうち補佐官の二人には「私がこれまでに知りえた最もすばらしい公僕の二人である」と称える惜別の言葉があり、また事件の関係者に知己が多く責任を果たしにくいという理由で辞任したクラインディーンスト司法長官を加えた三人については、「行くもの惻《いた》むなり」にあたることになる。

しかし井戸は渫えども食われない。辞任によっても免れない法的追及が残る。その心の痛みを意味する漢字が〈惻〉の〝惻み〟だから〈行惻〉は行くもの惻むでもあるが、「行い惻む」と、行いの法的心痛をも意味している。

次の法的追及の向けられた人こそがここでは〈王〉であり、〈求王明。受福也。＝王の明を求むるは、福を受けんとするなり〉。王の明徳を求めた上で信頼されれば喜びの祝福を受ける、というのである。ここで王の明というのは王の声明を言っているのではない。王の声明は「私は全く知らなかった」と声明した四月三十日の声明にあたる。それでも晴れる嫌疑ではなかったので信頼という祝福を受けてはいないのである。

以上が一九七三年五月六日、ニクソン大統領の運気として占い、得た卦の〈坎爲水・䷜・三爻〉之卦〈水風井・䷯・三爻〉の占考である。「験辞」とも言える検証内容が認められるはずである。

この占例で王のその後の課題は〈求王明。受福也。＝王の明を求むるは、福を受けんとするなり〉であり、王は「私は全く知らなかった」ことを証明しなければならないのだが、六月二十五日、上院公聴会でディーンはもみ消し工作に加わったこと、両補佐官がその中心人物であること、ニクソン大統領ももみ消しを知っていたことを証言。「私は全く知らなかった」という〈王〉の声明とは反対の証言を行ったのであった。

第二番目の占例

ニクソン大統領の運気を占った第一の占では、いきなり〈求王明。受福也。＝王の明を求むるは、福を受けんとするなり〉の辞句があり、王の明徳、ここでは潔白の証明が得られれば信頼の井戸水が〈可用汲。＝用いて汲むべし〉で汲み上げられることを示した。

易は六十四卦の三百八十四爻に「爻辞・小象傳」が付されている。略筮の場合、辞占とも言われるようにこの「爻辞・小象傳」を中心に占考するのだが、問筮というものは知りたいと思ったこと、心に思うこと何でも占えるのであるから、占的となる事柄は無尽蔵であるはずだ。

そうであるにもかかわらず、なぜこのように一言一句の無駄もなく完全に要点を描き出すような具体的な「爻辞・小象傳」になっているのであろうか、まるでニクソン大統領のために用意されたかのような得卦であった。

「繋辞傳」にこうある。

〈設卦以盡情僞、繫辭焉以盡其言、變而通之以盡利。＝卦を設け以《もっ》て情偽を尽くし、辞を繋《か》けて以て其の言を尽くし、変じて之《これ》を通じ利を尽くす〉〈辞〉は言を尽くしたもの、完全なものだという。そして変ずれば、之卦においては〈利〉を見るだろうと言っている。

では二番目の占例である。

> ニクソン大統領はウォーターゲート侵入事件の指揮をとったか。
> 一九七三年五月二十七日〈占〉

得卦

䷫　天風姤・三爻（注2）

卦の名称は「姤」。字義は「会う、出あう、美しい、見目よい」。「姤」は美しく見目好い女に出会いました、という漢字である。しかし勿論そのことだけを表現しているのではなく、女に出会った時の心の動きの譬えとして語ろうとしている漢字なのだ。美しく見目よい女、ということは誘惑するものの象徴であり、誘惑するものであれば何であれ美しく見目よい女として譬えられる。これが「姤」の象意だ。

卦の名称「姤」は誘惑するものとの出会いだと言う。ニクソン大統領は誘惑するものと出会ったのだろうか。

「彖傳」は〈姤遇也。＝姤は遇なり〉。「姤」の字が「遇」に置き換わっている。

「雑卦傳」も同様に〈姤遇也。＝姤は遇なり〉で「遇」。

「序卦傳」でも〈姤者遇也。＝姤とは遇なり〉で、ここでも「遇」になっている。

「遇」の字義は「会う、出会う、思いがけなく会う、あつかう、もてなす」であるから、「姤」の「会う、出会う」意味のほかに「あつかう、もてなす」と処遇の意味を加えた象意ということになる。


そうすると「姤」と「遇」を加えた象意からは「美しく見目よい女に出会いました、その上で何らかの扱い、もてなしをしました」という象意になる。

それでは何が美しく見目よい女であって誘惑するのであろうか。当然それは〈占的〉に関わること、再選をめざすニクソン大統領としては民主党本部へ盗聴器を仕掛け、相手候補マクガバン陣営の情報を入手できれば選挙戦を有利にすることができるのだから、盗聴計画は魅力的で誘惑される見目よい女ということになる。

しかしその反面、計画が失敗し世間に知られるようになってしまったら選挙に与えるダメージは大きく、大変危険なことになる。うまい話、美しすぎる女にはリスクも大きい。この盗聴器設置の計画は十分慎重でなければならず、失敗すれば再選は覚束なく世間の物笑いになるのが見えているのだ。

どうしたらいいのだろうか。この場にどう対処すべきなのか、そこを表現しようとしているのが〔天風姤・䷫〕の象意なのだ。即ち〝誘惑するものに対する処遇の卦〟として易象は示そうとしたと考えられる。

〔天風姤・䷫〕の〔陰・⚋〕〔陽・⚊〕から見る象では、この卦の特徴であり卦を作る成因となる「成卦主」と呼ばれる爻が初爻の〔陰・⚋〕である。そしてこの〔陰・⚋〕が〔天風姤・䷫〕の象意を作った。〔天風姤・䷫〕の〔陰・⚋〕の生ずる前は〔乾爲天・䷀〕だった。〔乾爲天・䷀〕は乾の字の文字どおり「乾いた状態」であるから、〔陰・⚋〕〔陽・⚊〕の理から言えば〔陰・⚋〕を熱望している状態を表している。

〔陰・⚋〕〔陽・⚊〕を大小から見れば〔陰・⚋〕は小、〔陽・⚊〕は大。これを六爻の位置から見れば初爻は小で上位になるほど大きくなる。してみれば初爻の〔陰・⚋〕は小の小なるもの、極めて小さなものを表し、〔陰・⚋〕としても十分な形質を持っていない段階でその価値が認められない状態を意味するものとなる。

〔天風姤・䷫〕は〔陰・⚋〕を熱望する〔乾爲天・䷀〕に対し、未熟な〔陰・⚋〕が初爻に入ってきたのであるが、「乾健也。＝乾は健なり」（「說卦傳」）の健全に応ずる成熟した〔陰・⚋〕ではないけれど、乾いた心には今が凌ぎたいのであるから、そこに〝誘惑〟されてしまいそうだ、ということで〔天風姤・䷫〕は、「誘惑するものの扱い」ということになる。

次にこんな象の見方もできる。

「説卦傳」に〈乾以君之。＝乾以て之に君たり〉〈乾爲首。＝乾を首と為す〉、そして〈巽入也。＝巽は入なり〉とある。してみればオーバルオフィスは〔乾爲天・䷀〕である。

䷀　乾爲天　オーバルオフィス
䷫　天風姤　誘惑するものの扱い

〔天風姤・䷫〕は、オーバルオフィスに誘惑するものである初爻〔陰・⚋〕が入ってきたという象になる。この〔陰・⚋〕が〔天風姤・䷫〕の「成卦主」だ。この成卦主の〔陰・⚋〕がニクソン大統領の場合は「情報」であり、何らかのうまい話即ち盗聴計画なのではないかと占考でき、大統領はそこに「誘惑」を感じたのではなかろうかと思われる。

同じようなことがオーバルオフィスでは行われた。話はいくつもあるようだがクリントン大統領の場合、成卦主〔陰・⚋〕はもともとの〔天風姤・䷫〕の象意の「女性」であった。下卦〔巽・☴〕は「説卦傳」に〈爲長女。＝長女と為す〉とある。調べてみるとクリントン大統領の相手、モニカ・ルインスキーはホワイトハウス実習生で長女だった。

この不倫騒動は大変よく知られている。この件については実際に占ったわけではないが、易象として共通しており、象の理解がしやすいところから思い出したまでである。

以上で〔天風姤・䷫〕の卦の象意を考えることができた。要約すればこの卦は「誘惑するものの扱い・処遇」を表現しているのであり、占的に添ってニクソン大統領がウォーターゲート侵入の指揮をとったのかどうかということでは、そのような誘惑の場があったことになり、その場でどう扱ったのかということは第三爻の「爻辞・小象傳」が握っているはずである。何度も言ってきたが卦の〔天風姤・䷫〕が占考の網であり、占考のために一定の視点を与えるもので、獲物は爻の中に捕えられているのだ。

では、誘惑の場にあってどのようであったのか、得た爻の第三爻「爻辞・小象傳」は次のとおりである。

◇臀无膚。其行次且。厲无大咎。象曰。其行次且。行未牽也。

◇臀《しり》に膚《はだ》なし。其の行くこと次且《じしょ》たり。厲《あや》うけれども大いなる咎なし。象に曰く。其の行くこと次且たりは、行きて未だ牽かれざるなり。

〈臀无膚。＝臀《しり》に膚《はだ》なし〉

臀《しり》に膚《はだ》がない。臀の皮膚が擦り剝けているので坐ると痛い。坐るに坐れないさま、坐ろうとして坐れない様子だ。してみれば、「こういう話があるのだが……」と聞かされて、どうしようかと思い悩み思案しかねて立ったり坐ったりする有様だ。

これは盗聴計画という情報が入ってきて誘惑の場があって、その中で立ったり坐ったりする情況を描いているのであるから、占的のニクソン大統領はウォーターゲート事件の指揮をとったか、という問いからすれば指揮をとるまでの人間の情況ではない。これは聞かされた側の態度として表現されているようである。

〈其行次且。＝其の行くこと次且《じしょ》たり〉

其の行くこと……〈其行〉は「其の行い・行動」である。これは通常読まれている「其の行くこと」という読み方にこだわる必要はない。〈行〉は行動であり、〈其行〉はその行動、即ち誘惑するもの（盗聴計画）に対してとる行動（処遇）という読み方である。

そしてその行動、処遇がどうあったかを〈次且〉が表している。〈次且〉は〝行き悩むさま、進もうとしてなかなか進めないさま〟とされている。したがって大統領は盗聴計画に対して踏み切れなかった、思い悩み躊躇、逡巡した。ためらいがあったということになるのである。

〈次且〉の「次（金文・）」は本来は「やどる」意味。「且（金文・）」は「積み重ね、加える」意味。したがって「次且」は「やどりを重ねる」。これはとどまるイメージとなって〝行き悩むさま、進もうとしてなかなか進めないさま〟となるのだと思う。

〈厲无大咎。＝厲《あや》うけれど大いなる咎なし〉

これは誘惑の場があって躊躇逡巡していたという情況だけを取ってみれば、結果的に後であらかじめ知っていたことが暴露されたにしても「大いなる咎なし」ということであって、追及はされるだろうけれども「選挙戦術のアイディアの一つとしてバカな話があったが、聞き流した……」と言えばそれで済む話になる。

〈象曰。其行次且。行未牽也。＝象に曰く。其の行くこと次且たりは、行きて未だ牽かれざるなり〉

その行くこと、〈行〉（行為・行動）即ち「民主党本部盗聴計画」を、〈次且（行き悩むさま、進もうとしてなかなか進めないさま＝やどりを重ねる）〉として「爻辞」は示しているのだが、これをさらに詳しく「小象傳」において解説するならば、〈行未牽也。＝行きて未だ牽かれざるなり〉なのだといっているのである。

この場合の〈行〉も「行い、行動、行為」であり、その行いは「民主党本部盗聴計画」だ。

そして〈牽〉は「牽かれる」でも「牽きいる」でもどちらでも読めるので〈未牽也〉は「未だ牽かれざるなり」でも「未だ牽きいざるなり」でもどちらでもいい。

しからばここは「占的」ニクソン大統領はウォーターゲート侵入事件の指揮をとったか、という問いかけにそのまま真正面から答える読み方、〈行未牽也。＝行い未だ牽きいざるなり〉であるから、指揮はとらなかった、ニクソン大統領は民主党本部盗聴事件の指揮をとらなかった、命じたというものではなかった、ということである。

しかしながら〔天風姤・䷫・三爻〕が伝える場面は大変危っかしく薄氷を踏むようなデリケートで危険な要素を持っており、この場面には後になって表沙汰になれば激しく追及される情況がある。

第一に計画を事前に知ったということがあり、その上で〈行未牽也。＝行い未だ牽きいざるなり〉ということで自分は命じなかったにしても、それならば事件を未然に阻止しようと何らかの行動に出たかというと、そこまでは「爻辞・小象傳」にも言うところがないのである。「行い未だ牽きいざるなり」にしても、「行い未だ牽かれざるなり」にしても、結局自分だけのことである。

無理もない、大統領とはいえ選挙の裏方には厄介になっており、彼らに臍を曲げられ選挙活動をないがしろにされては困る。彼らの顔を立てながら自分の安全を図ることも必要だろう。

「それはやるべきだが、すべての点で万全の配慮があった上でのことだ……」

大統領がこのように話したにしても、それは「〈行未牽也。＝行い未だ牽きいざるなり〉」の範囲である。実行するかしないかの判断は盗聴計画の話を持ってきた方である再選委員会ということになる。

之卦　䷅　天水訟・三爻

卦の名称「訟」。文字どおり訴訟の卦だ。やはり卦の名称がその象意を一番よく伝えている。

「雑卦傳」は〈訟不親也。＝訟は親しまざるなり〉。これはそのとおり、原告と被告の間に親しみはない。以前、親しみを感じ同志でさえあった者の間にも溝ができ、お互いを非難するようになる。仲間割れが起こるのだ。

裁きの場は関係者全員の公正な罪状の査定が問題となる。誰も過大な責任を取らされることは嫌だから仲間の結束は乱れ内部崩壊が起こる。〈訟不親也。＝訟は親しまざるなり〉とはそのような様相であろう。

「繋辞傳」に〈夫乾天下之至健也。徳行恆易以知險。＝夫《そ》れ乾は天下の至健なり。徳行恒に易にして以て険を知る〉とある。〔乾・☰〕が〔坎・☵〕の「険」を知るというのである。〔天水訟・䷅〕は下卦〔坎・☵〕の「険」が上卦〔乾・☰〕に〝訟《うった》え〟、〔乾・☰〕はそれを知った状態を表しており、〔乾・☰〕は公の機関の象であるので訟えを聞く然るべき場所である。

では、ニクソン大統領は民主党本部盗聴事件の指揮をとったか、という問筮において、誘惑の場があり大いに悩み躊躇逡巡したのだが、そこでは率先して自ら牽きいるという情況にはならなかった。あるいは「それはやるべきだが、万全の配慮があった上でのことだ」と言ったかもしれない〔天風姤・䷫・三爻〕の情況を受けて、それが訴訟となったならばどのようになるのであろうか、そこを之卦の「爻辞・小象傳」が示している。

◇食舊徳。貞厲終吉。或従王事。无成。象曰。食舊徳。従上吉也。

◇旧徳に食む。貞なれば厲《あや》うけれども終に吉。或いは王事に従うとも、成すことなかれ。象に曰く。旧徳に食むは、上に従えば吉なり。

〈食舊徳。＝旧徳に食む〉

旧徳は以前行った徳、人徳、善事、行為であるが、本卦の誘惑の場で事件の指揮には至らなかった情況を踏まえれば、そこが〈旧徳〉ではあるけれど、重要なことは旧徳を大統領の職としてあてることができるので占的の事件の指揮をしたかどうかに限るなら、この件では大統領の職にとどまることになる。

〈貞厲終吉。＝貞なれば厲うけれども終に吉〉

この訴訟の場合、あるいは弾劾の場合、貞正を保っていることができれば厲うい場面はあっても最後は吉となる。

〈或従王事。无成。＝或いは王事に従うとも、成すことなかれ〉

王事とは帝王の事業。占的のニクソン大統領は帝王の事業に従っている人である。たとえ帝王の事業に従っているからといって、その立場を利用して成すことがあってはならない、と言っている。

この〈无成。＝成すことなかれ〉の成すが何を指しているかは明白だ。事件の消火作業を始めること、即ち〝もみ消し工作〟である。もし、もみ消し工作がなければ「辞任」には至らなかった。「或いは王事に従うとも、成すことなかれ」、とはこの事件のために用意された、ニクソン大統領のための「爻辞」のようでさえあるが、〈或〉の辞は別の読み方も可能だ。

「或　甲骨文・、金文・、篆文・」の字は、あるいはと読まれるが、まどうさまを或或ということからも分かるように、まどう（惑）の意味としてもそのまま使われている。したがって〈或従王事。无成〉は「或《まど》いて王事に従い、成すことなかれ」とも読める。或《まど》いて、疑惑を持ったまま、確信の持てないまま、王事に従い事を成してはならない、となる。

〈或〉の字のまどいは線引きの難しいことを示す字形と見られる。例えば或を囲う形の「國（金文・）」の字のの部分は自国の確定領域（）の上部、外側と下部、内側に横線の

字形で、どちらが自国の領土となるのか或《まど》うことを表現した上で「戈（篆文・[illegible]）」を持ち込んで実力で囲ってしまう、エゴ領域の拡大したところ、そこを國と言う字形は表現するのだ。

〈或〉を線引きに或《まど》う意味で〈无成＝成すなかれ〉にあてれば、成したことは〝もみ消し工作〟であり、後の衝撃の告白では〝もみ消し工作〟が司法妨害となる認識が甘かったことに〝気付いた〟と大統領は述べている。

〈象曰。食舊德。從上吉也。＝象に曰く、旧徳に食むは、上に従えば吉なり〉

ここで新たに出てきたのは〈從上吉也。＝上に従えば吉なり〉の辞句である。〈上〉とは自分より上にあるもの、大統領より上にあるものだから、それはアメリカ国民だ。アメリカ国民を代表して事件を解明しようとするマスコミもそうだが、法的基盤に立っている裁判所も〈上〉にあたる。したがって自分を守ろうとしてあれこれ考えることなく、アメリカ国民に任せておけば世論の方向は大統領に有利に進んで行く、ということである。

以上は〝ニクソン大統領はウォーターゲート侵入事件の指揮をとったか〟という一九七三年五月二十七日の問筮に対する得卦〔天風姤・䷫・三爻〕の占考の概略である。

この占的に限っていえば、即ちその後の〝もみ消し工作〟などがなければであるが、占示に従えばニクソン大統領の辞任はなかったことになる。

しかしながら得卦〔天風姤・䷫・三爻〕は大変微妙な心理的内面を描写する占辞であり、それはまた事件の未解明な部分でもあったのだが、事件を事前に知る機会が大統領にあったことについては、一九九四年イギリスBBC製作「ウォーターゲート事件の真実」（NHK教育テレビ放映）の中で証拠書類となる盗聴予算の承認書が見つかったことを報じている。

「……これは私の補佐役だったゴードン・ストローンが作成した書類です。ミッチェルと私の会見に先立って用意されたものです」（ハルデマン）

「……二十年もたってからこのような書類が見つかるとは驚きました。ここにはリディの課報活動費三十万ドル（最終計画は二十五万ドル）が承認されたとハッキリ書かれています。もしハルデマンがこの盗聴計画の予算の承認のことを知っていたなら間違いなくニクソンも知っていたはずです。ニクソンのためにすべてを把握していたハルデマンがこの手の情報を好んでいたニクソンに報告しなかったとは考えられません！」（ディーン）

このインタビューではハルデマンが課報活動費承認の報告を大統領にしていたかどうかについて、ハルデマン自身は答えていない。その代弁の形をディーンが答えることで盗聴計画を事前に知った機会があったはずだとしている。二十年たっても補佐官ハルデマンの口からは言えなかったのであろう。

しかしその後、得卦〔天風姤・䷫・三爻〕の示す誘惑の場は、予算の承認の場ばかりではなく、この場面ではなかったかと思わせる新聞記事を私は見つけることとなった。

それは二〇〇三年七月二十九日の岐阜新聞だったが、他の新聞にも掲載があるはずと思い調べてみると、前日の七月二十八日、毎日新聞の夕刊にも掲載があった。

記事は侵入事件を大統領の指示としたもので、当時再選委副委員長だったジェブ・マグルーダー氏の証言というもの。毎日新聞の見出しは「ウォーターゲート事件、元大統領、直接指示か」とある。一部を抜粋したものが次の記事である。


ニクソン元大統領は七四年に隠ぺい工作に関与していたことを認め辞任したが、関与の程度は謎とされてきた。専門家の間では、元大統領は侵入計画を承知していたとの見方が大勢を占めてきたものの、直接の指示を裏付ける具体的な証拠が出たことで、米政治史にも影響を与えそうだ。

証言したのは、再選委員会の副委員長だったジェブ・マグルーダー氏。同氏によると、元大統領は事件に先立つ七二年三月三十日、再選委員長を務めていたジョン・ミッチェル氏に対し、電話で「ジョン、君がそれをやる必要がある」と語り、民主党本部への侵入を指示するのを聞いたという。

一方、元大統領の顧問だったジョン・ディーン氏はCNNテレビに対し、電話の会話の証明は不可能との認識を示し、マグルーダー氏の証言について「歴史の細部だ。三十年前に（証言）していたらと思う」と述べた。

この証言で疑問な点は、ミッチェル氏の電話を傍で聞き取ることが可能か、ということである。受話音量の調節ができる電話機等でなければ通常は難しい。洩れ聞くことができる程度ではなかろうか。この「聞いた」は直接聞いているミッチェル氏の話を後で聞いて、繋ぎ合わせて「聞いた」としたかもしれない。

それはそうとして〔天風姤・䷫・三爻〕の象に照らして考えたい。「ジョン、君がそれをやる必要がある」という言葉の情況である。その言葉だけを取れば指揮をとっているかのようにとらえられなくもないが、それ以前の経緯を受けた上での言葉であるはずだ。言葉の断片は全体の流れの中でジグソーパズルのようにしてその意味が嵌るのである。〔天風姤・䷫・三爻〕は誘惑の場であり、〈小象傳〉は〈行未牽也。＝行い未だ牽きいざるなり〉で牽きいてはいないのだ。

この情況を推測すれば「大統領選挙を戦うための盗聴が戦略的に必要であることと、その判断を行う立場にある者が他でもない君だ、という役割の指摘」を、「ジョン、君がそれをやる必要がある」と言っているのではないかと思うのである。

〈天風姤・䷫・三爻〉の〈爻辞〉は〈次且《じしょ》〉であり、やどりにやどる、やどりを重ねる、ということから行き悩むさまであり、〈小象傳〉は〈行未牽也。＝行い未だ牽きいざるなり〉であるから「ジョン、君がそれをやる必要がある」は未だ命じたとか指揮したという段階とは言えない。さらに〈爻辞〉の冒頭は〈臀无膚。＝臀《しり》に膚《はだ》无《な》し〉で臀に膚がない、膚が擦り剝けて坐るに坐れない、即ち安心して坐っていられない状態。ということは「ジョン、君がそれをやる必要がある」という言葉も、不安な中で絞り出すようにして出てきたものではないかと思われる。

問題なのは盗聴が失敗して世間に知られるようになれば大統領選挙に与えるダメージの大きさは想像を超えたものになり、落選も免れない。そのようなリスクがあっても、その心配を全く感じさせないほどに完璧で安心のできる盗聴計画であれば心配などする必要もなく、〈臀无膚。＝臀に膚无《な》し〉で表現される〝不安〟もニクソン大統領には起こり得ない。

しかし実際には不安があった。再選委員会の計画に信頼できない感触もあったからだろう。リスクのない完璧な盗聴計画なら電話で説明しないで直接会って自信を持って話すだろう。絆も信頼も深まるからだ。もともと電話は面談の省略で便宜のためのもの、情報の伝わりにくい理解のもどかしさも潜んでいる。

その三十日という日はミッチェルのキービスケーンの別荘でのことで、訪れたマグルーダーの手前もあってミッチェルは大統領に電話したのではなかろうか。ニクソン大統領は不安があったが電話であるから詳しく聞き出すことができなかった。

詳しくは分からないが、君の言うことだから信頼するよ、ということで不安をミッチェルへの信頼に委ねることで凌ぐ思いもあったのではなかろうか。

こうしたことを含めて、三月三十日の電話ではどの程度、具体的な盗聴計画の話があったのか推測することも難しいが、全体的には〈臀无膚。＝臀に膚なし〉であるから不安の募る話ではあったのだろう。

しかしそれはそれでその計画の中味はともかくとして、当時の世間一般の盗聴に対する罪悪感の稀薄な風潮もあって、「選挙戦を闘うためには盗聴くらいは考えておかないといけない」という盗聴の必要性に対する共通認識がもともとあったのであるし、実際に盗聴を行うとすればそれを取り仕切る立場にある者がその判断を行い実行させるのであるから、「ジョン、君がそれをやる必要がある」と、ニクソン大統領は再選委委員長ミッチェルに言ったのではなかろうか。

盗聴の必要性に対する認識については、当時の世間一般の風潮もあるのだが、ニクソン大統領は前回の選挙では相手側の民主党に盗聴されていたということを一九七二年五月に亡くなったフーバーFBI長官から聞いていたということで、そうならば七二年三月、司法長官退任で再選委委員長となったミッチェルも知っていた可能性が高い。二人には相手には好きなようにこちらの情報を持ち去られて、こちらは何もできないということでいいのか、対策は何もないのかという危機感があって、盗聴の必要性を十分に感じていたのであろう。

まとめとして占考後の読み方で〈天風姤・䷫・三爻〉の〈爻辞・小象傳〉を再掲しておこうと思う。

◇臀无膚。其行次且。厲无大咎。象曰。其行次且。行未牽也。

◇臀《しり》に膚《はだ》なし。其の行い次且《じしょ》たり。厲《あや》うけれども大いなる咎なし。象に曰く。其の行い次且たりは、行い未だ牽いざるなり。

最後に〈次且〉の「次」の字の字源の考察を付記して占考を締めくくりとしたい。「次　金文・」は「二と欠（金文・）」の組み合わせの字形である。中心的な字義は「主たるものの次・二番目・やどる」。この字形は「二」の「主たるものの次、二番目」の状態を旁の「欠」が表そうとしている。「欠」は欠ける、不足している、完成していない意味だから、二番目に来るものは欠けるものがあって完成していない状態にあるといっている字形だ。

例えば未熟果は食すべき到達点に至っていないので完熟という点で欠ける状態にあるが、

時が来れば熟して食せられる。その時はもう欠ける状態にはないのである。

即ちこの到達点に向かっているすべての事象は既にその中に目的の完成すべきものを身籠もり、「やどして」いるのだ。現状はそれを認めることができる段階にはなっていない、というだけである。そこが「欠」けているということなのだ。「欠」けているとは、足りない、不足している、完成していない、という「欠」けであって、「次（金文・）」は欠けるもの即ち成就すべきものを「やどして」いる字形なのである。

ここから「次」の「やどる」意味が生まれるのである。その意味で「次」は到達点に至っていない過程の状態であり、その段階にあることを意味している。

すべての子供たちは立派な大人になるのであり、立派な大人を「やどして」いる。しかし子供は子供、大人と同じ扱いにはできず、大人として認められなければその権利も与えられず、選挙権もなく結婚もできないというようなものである。

旅行者が宿泊する宿を「旅次」というが、正確にはその道中も含んだ熟語である。目的地・到達点に向かう過程にあるからである。「次」とは過程にあって未だ実現していないものだからである。

この到達点・目的地に至る過程にあってまだ実現できていない段階にある状態のものを、字形の「次（金文・）・二＋欠」は表現し、その意味を「主たるものの次・二番目・やどる」としたのである。

そこで改めて〈天風姤・䷫・三爻〉の誘惑の場面の〈爻辞〉の〈其行次且。＝其の行い次且《じしょ》たり〉、即ち盗聴の指揮という行為が〈次且〉であったという、〈次且〉を振り返ってみたい。

〈次且〉の「且」は積み重ね、加える意味だ。「次」の「やどる」意味は到達点、目的地に至る過程にあってまだ実現できていない段階にある状態だから、実現できない状態を積み重ねることが〈次且〉であり、そこから「行き悩むさま、進もうとしてもなかなか進めないさま」として「次且」は使われる熟語になったと考えられる。

盗聴を指揮するという行為〈其行〉においてもそうである。指揮するという到達点に至る過程、まだ実現できていない段階にある状態であって、その状態が七二年三月三十日、マグルーダー氏がミッチェル氏の傍にいて電話の声を聞いたという「ジョン、君がそれをやる必要がある」にもなる言葉だが、指揮したとはいえない状態だった、と考えられるのである。

この〈次且〉を受けた説明が「小象傳」の〈其行次且。行未牽也。＝其の行い次且たりは、行い未だ牽きいざるなり〉となるのであり、〈未〉だというのは盗聴の指揮という行い、行為が行為として十分であると認められるための要件を満たすまでに至っておらず、その段階にはない状態、到達していない状態だということである。

三番目の占例

二〇〇三年七月二十八日、毎日新聞の夕刊で「ニクソン大統領は七四年に隠ぺい工作に関与していたことを認め辞任したが、関与の程度は謎とされてきた。専門家の間では、元大統領は侵入計画を承知していたとの見方が大勢を占めてきたものの、直接の指示を裏付ける具体的な証拠が出たことで、米政治史にも影響を与えそうだ」とあった専門家の見方、即ち侵入計画を承知していた、ということが〔天風姤・䷫・三爻〕の、盗聴計画との出会いと誘惑の場の占示する情況によって占的に語られたのである。そして総合的に見れば大統領が事件を「牽きいる」というところまでは至らなかった。易の占辞は新聞の言う指揮と指導することは違うといっていると見られるのである。

　こうして三月三十日、ミッチェル再選委委員長とニクソン大統領の電話でのやり取りで、「ジョン、君がそれをやる必要がある」と大統領が言ったのを聞いた、というマグルーダー証言については、盗聴の戦略的必要性と役割の指摘、と考えた。しかし盗聴はもともと違法行為であるから実行するとすればあらゆる方向に細心の注意が必要であり、失敗は許されないのであるから、中止すべき何らかのサインが表れた時にはやめるべきである。盗聴は戦略的に必要だとしてもやめるべき理由のある時にはやめることも想定し、その上での必要性だったのである。

選挙戦の戦略的評価においては盗聴という違法行為も排除するものではなく、その必要性はある、とニクソン大統領もミッチェル再選委委員長も同じ考えだったのであろう。おそらくは「ジョン、君がそれをやる必要がある」というのはそこまでの話だった。実行段階での両者の打ち合わせはなかったのではなかろうか。

一九七三年三月二十一日、ニクソン大統領とディーン大統領法律顧問との間の会話録にこのような部分がある。

ニクソン「なぜあの時期に、という問題だがねえ。私もいま考えているんだ。あれはモスクワ旅行が終わった直後だ。民主党の連中がマグガバンを指名した直後……なにをやってたんだ、やつらは。もっと早い時期にやったというなら話はわかるがね。圧力がかかるというのもわかるが、なぜあの時期に圧力がかかったか、という点はどうも解せないな」（傍点は筆者）

ディーン「私にもよくわかりませんが、夏の民主党大会に関する情報を求めたかもしれない、という気はします」

さらに一九七四年八月六日、辞任直前の時のこと、緊急閣議を招集した大統領は長い独白を語った。ベトナム、中ソなどの自分の業績を話し、それに熱中していたため七二年の選挙には目が届かず、「私が学んだのは決して選挙は他人まかせにしていけないということだ」と述べた。（一九七四年九月一日　朝日ジャーナル紙より）

これらの言葉が示唆しているのは、盗聴の戦略的必要性については大統領は最後まで変わらない信念を持ち続けていたということであり、問題はその実行段階での情況判断にあったのだと考えていたとみられることだ。その情況判断に参加していないゆえに「私が学んだのは決して選挙は他人まかせにしていけないということ」だったのである。

だが、時系列として見ればマグルーダー証言の「ジョン、君がそれをやる必要がある」は三月三十日、第一回の盗聴が五月二十七日、この盗聴の補完として行われた六月十七日の事件発覚であるから、三月三十日の会話の影響は十分にありそうだ。

それでもこの二ヵ月半に状況は動いていた。二月の訪中に続く五月の訪ソ、緊張緩和に向けたニクソン大統領は正攻法で成果を上げ、自ら自信を深めていたはずだ。支持率もそれまで五〇％は確保しており、六月十七日には六〇％に達し再選が確実視されるようになっていた。そんな状況の中、発覚すれば正攻法で築き上げた支持率を失い政治家として本来為し遂げたかったであろう政策を実現する機会を失ってしまう、そのことを考えれば、六月十七日のウォーターゲートビル侵入は、これはやめてほしかった。「なにをやってたんだ、やつらは、もっと早い時期にやったというなら話はわかるがね……」と言うことなのではなかろうか。

さて事件六日後、ＣＩＡを使ってＦＢＩの捜査をやめさせようとした計画は両者の反発により頓挫するのだが、会話は録音され、それにより大統領は司法妨害で辞任となったのである。

このもみ消し工作に対しては二番目の占例の之卦〈天水訟・䷅・三爻〉の〈爻辞〉〈或従王事。无成。＝或いは王事に従うとも、成すことなかれ〉、即ち大統領として王事に従い権力を行使できる立場であっても何も成すべからず、という戒めがあった。

ニクソン大統領の場合、何もしてはならないというのに「もみ消しの指図」をしたばかりでなく、念を入れて録音テープの中に忠実にその記録を認めたのであり、そのしてはならないことをした記録によって「辞任」となったのであった。

この時、事件後六日目の六月二十三日の補佐官・ハルデマン（Ｈ）と大統領（Ｐ）の会話の一部は次のようなものであった。

（Ｈ）（捜査を）やめさせるお考えでいいのですね。

（Ｐ）その通り、結構だ。

（Ｈ）ホワイトハウスからの指令がありさえすれば、その通りにする、と連中はいっています。

（P）だれがこんなことをしでかしたのだ。リディか？　あの男はどこか抜けているんじゃないか。

（H）いや、彼はやらされた側のようです。もっと情報をとるようにいわれて、部下たちを督励した……。

（P）ミッチェルからの圧力か？

（H）そのようです……。

……

（P）私はこんな事件に巻き込まれたくないぞ。

占筮の日の順が前後するが、ここで「公表された録音テープが本物かどうか」を占った方を、弾劾を迎えたニクソン大統領の運命を占った占例の前に占考してみたい。それはこれまでの二つの占的によって得られた卦・爻の占考と矛盾する部分があるかどうかを知るためでもあるが、同様に重要なことは公表の録音テープが加工されて元の姿を失っている疑いもあったからである。

録音テープの扱いにはいくつかの不審な点、不自然なところが指摘されていた。特別検察官から要求のあった九本のうち、重要な二本は初めからなかったということだったし、他にも十八分半の間、故意に消去された録音テープもあった。初めからなかったもののうち一本と十八分半の消去の一本は事件直後の六月二十日収録のもので、残る一本は七三年四月十五日、侵入犯人の恩赦についてディーン法律顧問と語ったとされるものだった。してみれば侵入事件六日後の六月二十三日収録の録音テープにしても、都合の悪い部分は消去されているかも分からないし、何らかの加工が施されているかも分からない。
そこを易占はどのように示したのか……。

公表されたウォーターゲート侵入六日後のニクソン大統領と
補佐官ハルデマンの会話録の録音テープは本物か。
一九七四年十月十七日〈占〉

得卦　䷊　**地天泰・四爻**（注3）

「卦の名称」は〝泰〟。その字義は「おおきい、ゆたか、やすらか」。〝泰（甲骨文・、篆文・）〟の字形、篆文では水上の人を下から支える形。溺れる人を救い上げる字形で、これで安心、安泰ということで、この字形はおそらく「救い上げる」「安心できる」とい

う意味合いから作られた字であろう。「救い上げる」「安心できる」というのが卦の名称「泰」の字の象意であれば、その具体的な状態はどのようなことで表現されるのか、そこは後に〈爻〉で示すことになる。

「彖辞」に〈小往大來。＝小往き大来る〉とあるのは〔地天泰・䷊〕は内卦に〔乾・☰〕が来て、外卦の〔坤・☷〕を去らしめる象であるからで〔乾・☰〕は「大」、〔坤・☷〕は「小」。実体のある大きなものが内に来て実体のない小さなものは外に去るという象である。

また〈吉亨。＝吉にして亨る〉とあるのは〔乾・☰〕の陽気は上昇し、〔坤・☷〕の陰気は下降するのが〔陰・⚋〕〔陽・⚊〕の基本的性質であり、この出会いが万象を生み出す。そこを「彖傳」は〈天地交而萬物通也。上下交而其志同也。＝天地交わりて万物通ずるなり。上下交わりてその志同じきなり〉と言っている。言わば〔陰・⚋〕〔陽・⚊〕の感応道交がなされ亨るべきものが亨るのであるから〈吉亨。＝吉にして亨る〉ということで、〈亨〉も〈通〉も同じ意味。熟語の「亨通」は〝人の進むべき道がひらけること〟をいう。

「序卦傳」「雑卦傳」はこれまでの説明とほぼ同じで省略したい。心に止めておくべきことは〔乾・☰〕〔坤・☷〕とその「志」が万象を生んでいるという易の考え方であるから、〔地天泰・䷊〕の卦は存在物そのもの、即ち占的のものの存在の正当性、質、その重みに関わる象意を持っているということである。その占的のものが〝ニクソン大統領と補佐官ハルデマンの会話録の録音テープが本物か偽物か〟という真贋の問いなのであり、そこに存在の正当性、質、重みがあるかどうか、という問いに答えようとする象とみられることである。

最後に〔地天泰・䷊〕は物象として「録音テープ」にあたることを見ておきたい。

〝時〟というものは二度と戻らない。過ぎ去るばかりが〝時〟というものだ。過ぎ去る〝時〟は〔天地否・䷋〕で表せられる。外卦〔乾・☰〕は上昇し消え去るのみ、内卦は空しい〔坤・☷〕となる。

〔天地否・䷋〕は内なる動きとして二爻から五爻までで卦を作ると、互卦〔風山漸・䷴〕がある。これは順に時を追う卦だ。この過ぎ去る時〔天地否・䷋〕を順に内に止めようとして〔風雷益・䷩〕↓〔山澤損・䷨〕↓〔地天泰・䷊〕となって〔陽・⚊〕が下ってくる。内に止めたものは〔乾・☰〕であり「説卦傳」に〈爲圜。＝圜《かん》（円）と為す〉。上卦〔坤・☷〕は〈坤以藏之。＝坤以て之を蔵す〉。

即ち過ぎ去り行く時の記録を順々に回転する円に蔵したもの、上卦〔坤・☷〕〝蔵〟、下卦〔乾・☰〕〝圜〟は「録音テープ」の象なのである。

䷊　地天泰　録音テープ

この卦は過ぎ去る時を内に止めようとして〔天地否・䷋〕からきていると見た。〔陽・

⚊〕が〔陰・⚋〕と入れ替わり下る途中に〔山澤損・䷨〕がある。〝損〟は損なう卦であるから「録音テープ」もまた何らかの手が加えられ損なわれているかもしれない。しかしここには別の見方もある。「録音テープ」が正当な内容を写した真実から来ているという見方である。この場合は〔水火既濟・䷾〕の二爻〔陰・⚋〕と五爻〔陽・⚊〕が入れ替った形である。

䷾　水火既濟　（注4）

↓

䷊　地天泰　録音テープ

〔水火既濟・䷾〕は六十四卦中、唯一の〔陰・⚋〕〔陽・⚊〕が定位置にある文字どおり「正」の卦であるから、損なわれている部分はない。ありのままを伝えていることになり、上卦〔坎・☵〕の隠された苦悩（爲隱伏。＝隠伏となす）（「説卦傳」）の中心部分が下卦〔乾・☰〕の録音テープの中心に認められる象となる。

　これはどちらも正しい象と見られる。卦は占考の網であって一定の視点をもたらすもの。網にかかった獲物は爻にある。その視点を卦の名称は「安心できる」、彖辞は「大きなものが来て実体のない小さなものは去った」、彖傳は「人の進むべき道がひらける」、さらに

「存在するものの正当性、質、重み」、そして〔地天泰・䷊〕の象そのものが「録音テープ」でもあったのである。

それでは肝心要の〔地天泰・䷊〕四爻の〈爻辞・小象傳〉を見てみよう。これがまた占考の網、〔地天泰・䷊〕の象意など考えるまでもない、あたかも網なくして獲物を鷲掴みするかのような言葉になっていると思うのだが、どうであろうか。

◇翩翩不富。以其鄰。不戒以孚。象曰。翩翩不富。皆失實也。不戒以孚。中心願也。

◇翩翩として富まず。其の隣を以てす。戒めずして以て孚《まこと》あり。象に曰く。翩翩として富まずは、皆実を失うなり。戒めずして以て孚《まこと》ありは、中心より願うなり。

〈翩翩不富。以其鄰。＝翩翩として富まず。其の隣を以てす〉

六月二十三日、ウォーターゲート侵入六日後の大統領とハルデマンの会話録、その正当性を言い表す言葉だ。〈翩翩〉は「ひるがえるさま・落ち着かないさま」。〈不富〉は「内容が貧しくて満足できない状態」である。〈其鄰〉とは何か……。

占的は六月二十三日の録音テープの真贋である。してみればこの公表された録音テープには〈其鄰〉に当たる録音テープであって、本来あるべきもの、本来具わっていなければならないものがあるはずである。

その本来具わっていなければならない録音テープ、それが特別検察官から要求のあった重要な二本と故意に消去された十八分半の録音テープであったのではないか、とこれは容易に想像がつく。

その初めからなかったとされる二本のうち一本は、六月二十日午後六時すぎの四分間、相手は大統領再選委委員長・ミッチェル。消去された十八分半も同じ六月二十日、相手はハルデマン、アーリックマン両補佐官。

この六月二十日の二本の本来具わっていなければならない録音テープこそ内容に富んだものなのであり、〈其鄰〉が公表されたここで、今占っている占的の六月二十三日の録音テープである。そこを〈以其鄰。＝其の隣を以てす〉と言っているのである。

それでは六月二十日、再選委委員長・ミッチェル氏、そして両補佐官とニクソン大統領との間にはどのような会話があったのだろうか。

その会話の内容こそが、二番目の占例で占考した盗聴計画に対する誘惑の場、直接指揮することはしなかったが判断を委ねていたこと、即ち計画の存在自体は知っていたことを証明してしまうものであったと考えられる。なぜならニクソン大統領はこれまで「私は何も知らなかった」と言ってきたのである。知らなかったと言ってきた人が、ここへきて知っていたことを証明することになる録音テープなど、今さらどうしてそれを提出できようか。疑惑と不信は加速し、「辞任」は間違いない結果となるであろう。

盗聴計画の存在することを知っていたからには、六月二十日の侵入犯の失敗の報告と見られる会話の内容は盗聴計画を知っていたことを前提に語られるはずだから、ミッチェル氏の報告では「……例の盗聴の計画ですが……」で始まったであろうし、両補佐官との会話でも知っていたことが証明されるものであったことが想像できる。

〈不戒以孚。＝戒めずして以て孚《まこと》あり〉

「戒《いましめ》」はあやまちをしないように用心することだ。そして〈不戒〉はその否定であるから、あやまちをしないように戒めることができていないのではあるが、そうであっても孚（信）はある、と読める。

この孚の裏には隠された部分があるのであり、戒めることができていないという指摘は初めからなかったとされる二本の録音テープや、消去された十八分半の録音テープの隠蔽されたその扱いのことを指していると考えることができる。

してみれば、六月二十三日、侵入事件六日後の占的の録音テープは〈不戒以孚。＝戒めずして以て孚あり〉という但し書きの付いた条件付きの〈孚〉のある録音テープであり、条件は付いているものの信用はおけるものだということになる。

〈象曰。翩翩不富。皆失實也。＝象に曰く。翩翩として富まずは。皆実を失うなり〉

これまで、私は何も知らなかった、すべてを明らかにした、と言ってきたニクソン大統領であったが、その前言をひるがえし（翩翩）、そう言ったのは誤りであり事件発生六日後の公開された六月二十三日の録音テープが示しているとおり、よくよく聞き直してみると「もみ消し工作」を指示していることに気付いた、というこの問題の録音テープにしても十分なものではない、富んだ内容を持つものではない〈不富＝富まず〉なのである。

　この〈不富＝富まず〉の事件後六日目の録音テープの公表でさえ、私は何も知らなかったと言ってきたのであり、さらにもみ消しまで指示しているのであるから〝衝撃の告白〟と言われて大統領は辞任に追い込まれるのだが、そこだけにとらわれていては〈皆失實也。＝皆実を失うなり〉で事件の全体像は見失われ、分からなくなってしまう。

〈不戒以孚。中心願也。＝戒めずして以て孚ありは、中心より願うなり〉

　隠された部分をすべて明らかにして言うわけではないが、もういい加減に勘弁してくれないか、というニクソン大統領の叫びである。

「私は二年前の七二年六月二十三日の会話の中で、もみ消しに関して重大な指示を与えていたことに気付いた。六月二十三日のテープが示しているのは捜査がニクソン再選委の関係者に及ばないよう政治的配慮を加えようとしていたことであった。これは重大な手ぬかりであり、私がその全責任を負わねばならない。これはまことに遺憾なことであった」

「これらの証拠を全体として見てほしいということ、釣り合いのとれた見方をしてほしいということである。……全体として見れば大統領弾劾・解任という極端な手段は決して正当化されることはない、と確信している」

これは六月二十三日の録音テープ公表に合わせて発表されたニクソン大統領の声明文である。

ここで大統領はいみじくも〝全体として見てほしい〟と言っている。「全体としてだって……? 隠された部分があり隠された録音テープがあるのに全体が分かるはずはないだろう」と人々は思うだろう。しかし占考は易の辞句に忠実でなければならない。〈中心願也。=中心より願うなり〉の〈中心〉は心の中、胸中、内側であり、外には出せない心の内側から全体を見渡して本気で願っていることであり、ニクソン大統領のみが個人的に事件全体を見渡した時の総合評価としての心証を内に含んでいると考えられる。

してみれば、隠された部分も含めて「全体として見れば大統領弾劾・解任という極端な手段は決して正当化されることはない……」ということを言っているのである。

之卦

䷡　雷天大壮・四爻

「卦の名称」は〝大壮〟。「序卦傳」も〝壮〟の字で、大きくて立派な意味の字。「彖傳」に〈大者正也。正大而天地之情可見矣。=大なる者正しきなり。正大にして天地の情見る可《べ》し〉とある。

　これは大きな者として表現された事象にはそれに似つかわしい姿の由来があり、正しい道筋を通り天地の理に適っているからこそ大を成したという意味から、大を成した事柄の信用の側面を言っており、占的の録音テープの真贋から之卦の状態として考えると、占考の網としては〝信用の表れ〟という部分がある、と考えられる。

　信用を象意とする卦は本来は〔風澤中孚・䷼〕。この卦は全体が卵の象。〔乾為天・䷀〕の〝円圜〟の中、三・四爻が〔陰・⚋〕。丸く硬い外殻に軟らかな中味の卵。象意は見かけ上は外殻が小石と変わらぬ卵でも雛が生まれること。即ちそこには親鳥の〝信〟があることを言っている。それが信用の卦の由来となる。

　卵の中味は外殻によって守られるが、外殻と中味の間には薄皮があって二重になっている。雛が生まれる時は外殻も薄皮も破れて下に落ちる。これを易象として見ると、五爻上爻の〔陽・⚊〕爻が初爻二爻に落ちる形だ。

　すると〔風澤中孚・䷼〕の〝信〟は〔雷天大壮・䷡〕となり、親鳥の信は実って雛は卵を破り声をはり上げて外に跳び出す象となる。即ち〔雷天大壮・䷡〕が〔風澤中孚・䷼〕から来ていると見れば、占的の録音テープはここでも信用がおけるものだという見方ができる。

「八卦の象」を振り返って見れば、大成卦である得（本）卦〔地天泰・䷊〕は〝録音テープ〟の象であった。上卦〔坤・☷〕は〝蔵〟であり、下卦〔乾・☰〕は〝圜〟であるから回転するものが蔵している象となり、回転するものの中に蔵された（音声）を考えることができたのである。

之卦〔雷天大壮・䷡〕は〔地天泰・䷊〕の四爻変であり、〔坤・☷〕の〝蔵〟が〔震・☳〕の〝動〟（震動也。＝震は動なり）（「說卦傳」）となった。即ち〝蔵〟された（音声）が〝震動〟し五管の耳を通して現実に聞くことができ、再生の状態であること、蔵された音声の内容を聞いている状態であることを示している。つまり得卦之卦は〝録音テープの静止・再生の状態〟を示している象なのである。

「雜卦傳」の象意は〈大壮則止。＝大壮は則ち止なり〉。〝止〟の一字となっている。この〝止〟こそが卦の象意の要である。

即ちこの〝止〟がテープ公表の背景となる情況であった。ニクソン大統領は〝止〟の情況の中にあった。特別検察官からテープ提出を迫られて大統領特権を盾に拒んできたものの、七四年七月二十四日、最高裁で認められず、下院司法委では弾劾決議が可決、八月六日の本会議上程が決定していた。もうこれ以上の逃げ場はなく打つ手もなかった。テープ提出は不可避で万事休すだった。

しかしニクソン大統領もしたたかだった。賭けに出たのである。止むを得ずテープを公表した。それが事件六日後のもみ消し工作をしたことに気付いたという公表の録音テープだった。このテープは本物ではあったが、〈其隣〉のもので逃げ切りを計ったことになる。

◇貞吉。悔亡。藩決不羸。壮于大輿之輹。象曰。藩決不羸。尚往也。

◇貞なれば吉。悔亡ぶ。藩決《まがきひら》けて羸《くるし》まず。大輿《おおこし》の輹《とこしばり》に壮なり。象に曰く。藩決《まがきひら》けて羸まずは、往くを尚《たっと》ぶなり。

〈貞吉。悔亡。＝貞なれば吉。悔亡ぶ〉

止むを得ない情況、即ち七月二十四日の最高裁での大統領特権による機密保持が司法の機能を妨げることはできないとした判決に対し、ニクソン大統領は最高裁判決に従うとした。その上での録音テープの公表であった。その録音テープの内容である〝もみ消しの指示〟についてはその失態を「重大な手ぬかりであり、私がその全責任を負わねばならない。これはまことに遺憾なことであった」と表明した。ここは貞正であり、これ以上の悔いはないのである。

〈藩決不羸。＝藩決けて羸まず〉

録音テープの公表によって最高裁判決という〈藩〉はなくなった。もはや録音テープを出す出さないで苦しい争いをすることもない。

〈壮于大輿之輹。＝大輿の輹に壮なり〉

大舟に乗る譬えと同様、大輿《おおこし》に乗った安心のイメージもあるので、テープ提出問題では安心が得られると考えることができる。

これとは別の視点から、〈輿〉は担《かつ》ぐもので、多勢の人々が担ぎ上げることから熟語の輿論（同じく世論・与論）として使われる意味を持っている。また〈輹《とこしばり》〉は車軸とボディを連結するとこしばり。ここに車軸からのショックが伝わる。（現代の車はダンパーが付いていて衝撃は吸収される構造）。

すると「大輿の輹に壮」は、大きく担《かつ》ぎ上げて持ち運ぼうとするもの、即ち〝録音テープの公表〟に対しその反応である路面からの衝撃が〈輹〉に〈壮〉である、さかんであるということで、録音テープの内容の〝もみ消しの指示〟とその謝罪の言葉がもたらす〝衝撃〟を伝えるものとなる。

実際に録音テープ公表によって「もみ消しの指示」がアメリカ国民にはどのように受け取られたのかを端的に言い表した言葉が〝衝撃の告白〟であったのだ。

〈象曰。藩決不羸。尚往也。＝藩《まがき》決《ひら》けて羸《くるし》まずは、往《ゆ》くを尚《たっと》ぶなり〉

往くを尚ぶなり〈尚往也〉は、尚《なお》往《ゆ》くなりとも読まれている。読み方にとらわれると「占辞」としての意義を見落とすことになる。「往」は「行」とは違う。往年、往古、往生、往昔などの熟語には「行」の字で替えることのできない〝現在いる場所を立ち去る〟意味があって、そこからこれらの意味を持つ熟語を成している。〝立ち去る〟意味が「往」の中心的字義なのだ。

「尚」も尚《たっと》ぶ、尚《なお》、だけではなく「ねがう、こいねがう」である。してみれば〈尚往也〉から〝こいねがわくば立ち去りたい〟〝こいねがわくば現在いる場所から立ち去りたい〟と言う意味を読み取って当然である。

ニクソン大統領もそうだった。「こいねがわくば立ち去りたい」と思っていた。

もみ消しの指示に気付いた、として公表された侵入事件六日後の録音テープの公表。この公表において、この公表を限度としてこれ以上の追及をしないでほしい、これ以上の追及から免かれ、願わくばこの追及から逃れて立ち去りたい、そう思った。願わくば立ち去りたい、という時〝願わくば〟というのは、公表のもみ消しを指示した録音テープ以外に隠している部分があって、そこに触れられたくないから、そこは伏せたままでということがあるからであり、そこは〈翩翩不富。以其鄰。＝翩翩として富まず。其の隣を以てす〉として表現された〈爻辞〉の、「十分でない内容・全体像の片割れ（鄰）」として占考した部分であった。

この伏せた部分があるからこそ、これ以上の追及をしないでほしい、そう言っているのが〈尚往也。＝往くを尚ぶなり〉ということになるのである。

それでは伏せた部分、隠したかった部分は何か、なぜ隠しておきたかったのか、その理由は何か、ということだが、それは大統領がもみ消し工作の録音テープ公表まで言ってきたこと、「私は何も知らなかった」という言葉に反するものだったからで、ここへ来て初めて「もみ消しに気付いた」と言うのであるが、さらに加えて気付く前の盗聴の計画段階から〝知っていた〟ということになれば、これは「気付いた」ではすまされないことになる。

二番目の占例で「ニクソン大統領はウォーターゲート事件の指揮をとったか」という占的に対し、得卦〔天風姤・䷫・三爻〕の占考では、誘惑の場があった、つまり〝知っていた〟のである。占考では〈行未牽也。＝行い未だ牽きいざるなり〉という〈小象傳〉を考慮して、盗聴の必要性を認めながら実行の最終的な判断を再選委員会委員長・ミッチェル氏に委ねた。いつ、誰が、どこで、何を、どのようにするのか、それを把握する立場にあって信頼できる人だった。「ジョン、君がやる必要がある」、これがそのときの言葉であったと考えたのである。

前にも述べたとおり「ジョン、君がやる必要がある」は再選委副委員長・マグルーダー氏が事件三十年後になって証言したもので、大統領とミッチェル氏の電話でのやり取りの中でマグルーダー氏が聞いた、ということであった。この証言は〈行未牽也。＝行い未だ牽きいざるなり〉に照らして間違っているとは言えない。一般的に考えてもニクソン大統領が盟友ミッチェル氏を飛び越えて直接実行犯に盗聴の指示をするということはあり得ず、それでは盟友の顔をつぶすことになる。この点について上院公聴会でオドル大統領再選委事務主任が「委員会がホワイトハウスの手先以外の何ものでもなかったといっているわけではありません。私はそう思いません」と証言し、タルマッジ議員は「委員会での最終的な権限がどこにあるかは、全く疑いの余地がなかったのだね」と念を押し、オドル氏は「そのとおりです」と答えている。

　占考とマグルーダー証言からの推測だが、大統領とミッチェル氏の電話のやり取りの中の二人の気持ちとしては、大統領は盗聴計画という誘惑に対してミッチェル氏に「下駄を預けた」、即ちすべてを相手に頼んでその処理を一任した。そのことは誘惑からの解放を意味していた。ミッチェル氏の背中を押して「ジョン、君がやる必要がある」と言ったが、やるかやらないかは再選委員会委員長・ミッチェルが決めればいい。その結果がどうであれ、以後盗聴のことで悩む必要はないのだ。

　司法長官の職を退き、別荘で寛ぐミッチェル氏には大統領の思いも伝わったであろう。自分もこんな問題で悩みたくない、誰かに丸投げして傍観する立場でいたいよ、と思うはずだ。そんな心のスキにある思いは実行段階で反映されるものだ。

　占考からの推測はここでやめておきたい。〈行未牽也。＝行い未だ牽いざるなり〉という〈辞〉は〈天風姤・䷫・三爻〉の〈小象傳〉であり、占的「大統領はウォーターゲート事件の指揮をとったか」という問筮に対するもので、占的の立場はニクソン大統領が事件にどのように関与したものかを知るためのものである。さらに進んで侵入までのいきさつを想像をすることは占考の分限を越えることになるので、ここは控えることとして四番目の占例にいこう。

四番目の占例

ニクソン大統領がウォーターゲート事件にどのように関わっていたか、その真相は閉ざされたままではあるが、専門家の間では、ニクソン元大統領は侵入計画を承知していたとの見方が大勢を占めてきた、と二〇〇三年七月二十八日の毎日新聞夕刊は報じたのであるが、それはどのようにして承知したものか、ということについて易占は「誘惑の場」として示した。したがって専門家の見方と易占では同じ立場にいることになる。

また、事件後四十年以上を経て、この事件を人々が振り返って言うには、「最初のうちに謝ってしまっておれば、こんなこと（辞任）にはならなかった」とも評された。このことも概ねあたっている。事件後六日目の録音テープの中で大統領は「私はこんな事件に巻き込まれたくないぞ」とは言っているが、その対処を誤った。ＣＩＡ・ＦＢＩの両方からの反対で立ち消えになったというのに、ＣＩＡを使ってＦＢＩの捜査をやめさせる案に賛成し檄を飛ばした。そしてそれを録音してしまったのであった。

この六月二十三日の補佐官・ハルデマンとの会話の録音テープの公表が〝衝撃の告白〟であった。そしてその〝衝撃の告白〟に対し世論は酷しかった。大統領は上院まで戦い抜く決意を表明するのだが、全米各紙は一斉に辞任要求の論説を掲げ、ニクソン支持派も総崩れとなり支持基盤は崩壊していった。

〝衝撃の告白〟は手の施しようもなくなった窮余の一策で、それが功を奏するかどうか「重大な手ぬかりであり、私がその全責任を負わねばならない、これはまことに遺憾なことであった」とした上で「全体として、釣り合いのとれた見方で見れば大統領弾劾・解任は極端すぎる」というのであるが……。

弾劾を迎えたニクソン大統領の運命は如何。
一九七四年八月七日〈占〉

得卦　䷨　**山澤損・初爻**

〝損〟の卦。この卦の象意は「損」の字の意味、字義と、内・外卦の象が中心と考えられる。「繫辭傳」「序卦傳」「雜卦傳」等は周辺部と見て象意を考えていきたい。

まず、〝損〟の字、その意味は「へる、失う、損なう、へりくだる」であり、熟語の減損、破損、自損を成す意味だ。そして「自損」が内・外卦の象からいっても最も適切なイメージとなる。

　してみれば、今は弾劾を迎えたニクソン大統領の運命を占っているのである。〝損〟の字の「へる、失う、損なう、へりくだる」、そして「自損」が何を意味しようとしているか、これは〝辞任〟に繋がる〝損〟の字、自らを失い損なう、損の字の情況なのだ。

　内・外卦の象から見れば大成卦〔山澤損・䷨〕の内卦は〔兌・☱〕、外卦は〔艮・☶〕。内卦は自分自身の状態、外卦は自分を取り巻く外側の状態を示すものだ。

　そこで自分自身が自分自身である全き状態、その健全な働きを成している状態を易象として表現すれば、自分自身が安泰であることを表している〔地天泰・䷊〕がこれに相当する。

　この〝安泰〟がどうなるのかを示しているのが〔山澤損・䷨〕ということになる。

䷊　地天泰　安泰

←

䷨　山澤損　自損

弾劾を迎えたニクソン大統領の運命を示す〔山澤損・䷨〕は、〔地天泰・䷊〕の上爻〔陰・⚋〕と三爻〔陽・⚊〕が入れ替って生じたのである。

〔地天泰・䷊〕の内卦〔乾・☰〕は〔兌・☱〕となった。〔乾・☰〕は〈爲君。＝君と為す〉、大統領だ。〔兌・☱〕は〈爲毀折。毀折《きせつ》と為す〉。〝毀折〟は、やぶれこわれること。即ち自分自身を表す内卦では〔乾・☰〕の〝君〟が〔兌・☱〕の〝毀折〟となって、君の大統領がやぶれこわれる象となっている。いずれも「説卦傳」の象意。

外卦では大統領職にあって安泰であった取り巻く外側の状態、〝順〟が〝止〟となって終わることを示している。「説卦傳」によってこれも示せば〈坤順也。＝坤は順なり〉〈艮止也。＝艮は止なり〉となる。

これが〔山澤損・䷨〕の象となって、ニクソン大統領の運命を示すための大きなくくり、視点となる。

「序卦傳」では〔山澤損・䷨〕の前の卦が〔雷水解・䷧〕となっている。〈解〉は「解ける」象意だから「序卦傳」に従えば象意は「解ける」→「損なう、失う」という流れの中で、弾劾を迎えたニクソン大統領の状況を考えることになる。とすれば「解ける」は「解任・辞任」であり、「失う」は大統領の地位を「失う」ことになる。この「流れ」も占考の参考になるのである。

いずれにしても得卦〔山澤損・䷨〕の「損なう」「失う」という象意が中心であり、

得卦がどのような経緯を持って表現されているか、それは〔地天泰・䷊〕の象から来るものでもあり、また〔雷水解・䷧〕の象から来るものでもある、という見方が占考をより深くしてゆくこととなるのである。

筆者の経験では得卦（六十四卦の中の一卦）の象をどのように見立てるか、ということは占が的中するための大切な視点を与えるものであり、疎《おろそ》かにはできない獲物を捕える網のようなものであるが、捕えられた獲物の掛かっている〈爻辞・小象傳〉にはとても及ぶものではない。その訴える言葉は圧倒的であり、その言葉だけで十分だと思うものだ。勿論これは筮法として三変筮（略筮）の立場で言うことではあるのだが……。

それでは「損なう」「失う」という象意の卦である〔山澤損・䷨〕の卦の得た爻の初爻には、どのような言葉が述べられているか、それは次のようになっている。

◇已事遄往。无咎。酌損之。象曰。已事遄往。尚合志也。

◇事を已《や》めて遄《すみや》かに往く。咎なし。酌りて之《これ》を損す。象に曰く。事を已めて遄かに往くは、志を合わすを尚《たっと》ぶなり。

〈已事遄往。无咎。＝事を已《や》めて遄《すみや》かに往く。咎なし〉

事を已める……。〝損〟の字の意味「へる、失う、損なう、へりくだる」において事を已める、事を中止するのである。〔山澤損・䷨〕は「自損」の卦であるから、自分のやろうとしていることを已《や》めて、へりくだる、そちらのいいようにします、ということだ。「已」の字には辞職の意味もある。もう駄目だ、もうこれまでだ、という「やんぬるかな」は「已矣」と書く。「已《やむ》」は「己《おのれ》・巳《み》」とは字形が少し違い、意味は全く違う。

では占に照らして事を已めるというのは何にあたるか。ニクソン大統領が当面考えていたことは「上院まで戦い抜く」ということだったから、事を已めるというのは「上院まで戦い抜く」とした決意をやめる、翻《ひるがえ》す、ということだ。そしてそのことは同時に「辞任」を意味するものであった。

〈已事。＝事を已めて〉に続く辞句の〈遄往。＝遄《すみや》かに往く〉の〈往〉の字、この字は〝立ち去る〟が本義。その場、今いる場所を立ち去ることだ。

事を已めて今いる場所を遄かに立ち去る、……そして〈无咎。＝咎なし〉、お咎めなし……。これは上院まで戦い抜く決意を翻し、遄かに〝辞任〟すれば咎はない、と言っているのである。

それはおかしい、辞任すれば咎はないというのはおかしい、ＣＩＡを使ってＦＢＩの捜査を牽制しようとした司法妨害はどうなるのだ、と誰もが思うであろう。この〈无咎。＝咎なし〉は辞任の場面での辞任は咎なし、であって、そこは易の経文は見逃していない。

ここは之卦の中でもう一度考えてみることになる。しかし今は「事を已めて遄かに立ち去る」と言うことであり、自らをへりくだり、損ない、失う〝損〟の卦において「事を已《や》めて遄《すみや》かに立ち去る」、即ち〝大統領辞任〟をいうものとなる。

〈酌損之。=酌《はか》りて之《これ》を損す〉

　酌りて……。この〈酌〉は酌《く》みて、とも読まれている。斟酌《しんしゃく》の酌《しゃく》、斟酌して、事情を酌《く》みとって……その上で之《これ》を損ず。

　では何を酌《はか》って、何を酌《く》んで之《これ》を損すというのであるかは、占的に戻ればいい。占的は〝弾劾を迎えたニクソン大統領の運命はどうなるのか〟であり、弾劾であれば弾劾に賛成する議員に対し弾劾に反対する議員がどれだけいるのか、ということである。

　占筮の日の八月七日の状況では下院司法委で既に弾劾が可決し、下院本会議でも弾劾成立が見込まれる中で、最後の砦、上院本会議では弾劾に反対してくれる議員は何名いるのか、「上院まで戦い抜く」としたニクソン大統領には上院でどれだけの議員が味方するのか、ということであり、〈酌〉の字の〝酌る〟というのはまさにこのことをいっているのである。

　そして〈酌損之。=酌りて之を損す〉は酌った上で之《これ》を損す、というのであるから、弾劾をさせないために必要となる議員の数をニクソン大統領は酌ったのである。酌った、斟酌したが足りないのでもはやこれまで、上院で争うことはしないで自ら〝辞任〟の道を選ぶ、ということとなる。

ちなみに弾劾否決に必要な議員の数は三十四人だったが、当時の推定では十名あるかなしであったと言われている。

〈象曰。已事遄往。尚合志也。＝象に曰く。事を已《や》めて遄《すみや》かに往くは。志を合わすを尚《たっと》ぶなり〉

事を已めて遄かに往く、結果を見ることなく遄かに立ち去る。既に上院での敗北は動かし難く弾劾否決に必要な議員三十四名に対して十名あるかなしでは上院まで戦っても弾劾・罷免となることは必定なのだ。そんな不名誉な形で罷《や》めさせられるより、その前に自分の方から「辞任」する。弾劾・罷免は大統領を罷めさせようとすることであるから、自分の方から辞任するということは〝志を合わすを尚ぶ〟こととなる。

これも後で知ったニクソン大統領の呟《つぶや》きである。

「ま、いいだろう、それが政治というものだ……」

さて、それではニクソン大統領が「事を已めて遄かに立ち去る」日、辞任の日はいつのことかという時期の占考が課題となる。

これは〝遄かに〟と言っており、また〔山澤損・䷨・初爻〕ということから、近日中と見なければならない。初爻を示していることから内卦〔兌・☱〕の数象を取れば、〔兌・☱〕は四と九。占筮の日八月七日はワシントンとの時差で十四時間早いが、数象四の八月四日は過ぎており、次の数象九日が遄かに立ち去る日、辞任してホワイトハウスを立ち去る日と占考できる。

占的は「弾劾を迎えたニクソン大統領の運命」であり、〝辞任〟は弾劾を避けるための当面の措置であるから、運命というからには辞任で占的の問いが終わっているものではない。ニクソン大統領がウォーターゲート事件にどの程度関与したのか、それは衝撃の告白をもってしても全面的に明白なものとなったわけでもない。本来、この問題について〝辞任〟で追及を終えてしまうということはあってはならず、法的措置の問題もある。之卦はこれらの問題を告げるものとなっている。

之卦　䷃　山水蒙・初爻

卦の象意というものは、そのほとんどが卦の名称の中に封じ込められている。名は体を表すのであり、卦の名称は体である象意を代表しているのである。

卦の名称〝蒙〟も得卦〝損〟の場合と同様、卦の名称であるその漢字を卦の象意を代表するものとして考えてゆくのである。

〝蒙〟の字は「こうむる、おおう、くらい、あざむく、いりまじる」等が主な意味であるから、「こうむる」として見ると「こうむる」は身にふりかかること、ニクソン大統領の辞任後、身にふりかかることを象意として考えることができるし、「おおう、くらい」であれば事件の全容はおおわれたまま、うやむやのうちに終わる象意となり、「あざむく」は本当ではない意味が象意となり、「いりまじる」は虚実いりまじって確かめられてはいない象意と見られる。

占考としてはこれらの象意において、これらの象意を占考の網として得た爻の初爻を考えればよい。

しかし占考に漏れがあってはならないし本書の狙いが占考過程と現実との検証でありそこを明確にしようと考えていたことがあるので、経典中に得られる象意をこれまでどおり確かめたいと思う。

「序卦傳」は〈蒙者蒙也。物之穉也。＝蒙とは蒙なり。物の穉《わか》きなり〉。

ここでは蒙の字の意味に加えて物の穉（稚）きなり、とあり、物事の未熟な状態。この象意は後の占考の中心の〈爻辞・小象傳〉との関連から、ニクソン大統領に対する罪状の法的評価の低さともとれるものがある。

「雑卦傳」は〈蒙雑而著。＝蒙は雑にして著《あらわ》る〉。雑はごたごたしていて、きちんと整っていない意味で、蒙のいりまじると似通う意味だが、ここではきちんとしないままで著れる（表に出し示す、世の人に知らせる＝著）意味となる。

「説卦傳」によって八卦象意を見れば、上卦〔艮・☶〕は〈艮止也。＝艮は止なり〉で〝止〟。下卦〔坎・☵〕は〈爲隠伏。＝隠伏と為す〉で〝隠伏〟。下（内）卦の内側に隠されているものが上（外）卦によって覆《おお》われ止められている象。内側に隠されているものが覆われて表に出てこない、ということは「蒙」の字の字義の「おおう、くらい、あざむく」意味と重なり、ニクソン大統領に対する追及の阻まれる象と見られる。

このほかイメージ的にとらえた〔山水蒙・䷃〕の象として「説卦傳」から占考すれば、上卦〔艮・☶〕〈艮爲山。＝艮を山と為す〉、下卦〔坎・☵〕〈坎爲水。＝坎を水と為す〉であるから上卦は山、下卦は水となる。

してみれば〔山水蒙・䷃〕は〝山水画〟のイメージだ。一般的に山水画は山と川が描かれるが、山の麓の方は水煙か霧につつみ隠されてハッキリしない。山の頂は見えるが麓は見えないのだ。易象から見れば山の頂は物事の結果であり、山は結果の象である。そのそもそもの事の始まりは山の麓にあたる。その麓の事の始まりには霧がかかっていてよく分からない。山の形は分かった。その山に登ってみたいのだが、麓の霧が邪魔をして登山道の入口がよく分からない、というイメージだ。

この〔山水蒙・䷃〕の〝山水画〟のイメージによって、ウォーターゲート事件とニクソン大統領の辞任後の運命が総括されてゆく象と見られるのである。

以上〔山水蒙・䷃〕の象意を「卦の名称」「序卦傳」「雑卦傳」「説卦傳」の八卦象意

によって見てきた。これらの象意が〈爻辞・小象傳〉の占考の視点であり綱、あるいはベースとなって占考を確かなものとする。しかし実際は〈爻辞・小象傳〉を先に占考し、後でその占考のベースとなっている大成卦（六十四卦）の象意（ここでは〔山水蒙・䷃〕）を占考することが多い。

それでは〔山水蒙・䷃・初爻〕の〈爻辞、小象傳〉を示す。

◇發蒙。利用刑人。用説桎梏。以往吝。象曰。利用刑人。以正法也。

◇蒙を発《あば》く。用いて人を刑するに利《よ》ろし。用いて桎梏を説《と》く。以《もっ》て往けば吝。象に曰く。用いて人を刑するに利ろしは、以て法を正すなり。

〈發蒙。利用刑人。＝蒙を発く。用いて人を刑するに利ろし〉

「蒙を発く」とはどういうことか。「蒙」は「おおう、くらい、あざむく、いりまじる」字義であるから、ウォーターゲート事件の未解明の部分が「蒙」にあたる。その〝蒙〟を発《あば》くというのである〝山水画〟の絵から言えば、麓に立ち込めている霧が晴れて見通しが良くなり山の全景であるウォーターゲート事件の全容がよく分かるようになること、それが〝蒙を発く〟ということだ。その中でニクソン大統領がどのような関与のあり方をしたものか、そこを発いた上でその程度によって刑を用うることが利《よ》ろしい。易はそう言っているのである。

〈用説桎梏。以往吝。＝用いて桎梏を説《と》く。以て往けば吝〉

用いて桎梏を説《と》く……。〈説〉は「ときほぐす、ゆるす、釈放する」意味である。用いて桎梏をときほぐし、許し釈放すること。それで以て〈往〉（立ち去る）。終止符が打たれることは〈吝〉（けち、手抜き、十分でない、少し足りない）。

してみればニクソン大統領への追及が辞任後もあるであろうからそれが〈桎梏〉であり、その〈桎梏〉を許し終止符を打ってしまうとすればそれは十分な対応とはいえない、ということを言っているのである。

ここで〈用説桎梏。＝用いて桎梏を説く〉と記されている〈用〉の字であるが、一般的に〈説桎梏〉に関わり、桎梏を説くことを用いる意味として解釈されるが、この読み方と別に追及する側と追及を受ける側の何らかの妥協点が想定されており、そこを指摘する〈用〉の字であるとも考えられる。

ニクソン大統領の場合は〈用〉は弾劾される前の辞任が〈用〉にあたり、辞任すれば桎梏は説《と》かれ許されるというものではないのだが、そうであってもなお制裁的な意味もあり、一定の制裁を受けたと見做せば十分とはいえないまでも桎梏はなしにしようということになる。これが妥協点の〈用〉である。

また辞任に加えて衝撃の告白で、ＣＩＡを使ってＦＢＩの捜査活動を制しようとしたことに対して率直に詫び、全責任は自分にあるとしたことも追及する側の心証をよくしたので、桎梏を説《と》き許すための〈用〉に回る部分と見ることも考えられる。

いずれにしろ〈用説桎梏。＝用いて桎梏を説く〉、桎梏をときほぐし、許し釈放する意味において具体的な手段、方法があることになる。法の下の平等は誰であれ免れることのできない掟なのだ。そこをかいくぐる方法、それが「特赦」であった。

この「特赦」というやり方が〈吝〉（けち、手抜き、十分でない、少し足りない）といっているのが〈以往吝。＝以《もっ》て往けば吝〉ということであって、未解明となっている部分を解明し、相応の刑を用いることが法を正すことになるといっているのが〈小象傳〉の次の辞句である。

〈象曰。利用刑人。以正法也。＝象に曰く。用いて人を刑するに利《よ》ろしは、以て法を正すなり〉

蒙を発《あば》き、未だ解明されていない部分を解明して、その上で応分の刑を用いることが法を正すということになる。ここでは〈發蒙〉の辞句が省略されているが、もともと〈小象傳〉は「爻辞」を説明する形をとっているのであるからそこまで示すものではない。

それでは得卦〔山澤損・䷨・初爻〕によって〝辞任〟した後のことを示す〔山水蒙・䷃・初爻〕では、ニクソン大統領の運命はどうなるか、ということであるが、〈蒙〉の字の「こうむる」意味から〈爻辞・小象傳〉を見た時、辞任後に待ち受ける然るべき処分を蒙《こうむ》るわけであるが、これが二通りあったのである。

一方は〈發蒙。＝蒙を発《あば》く〉によって法を正すことができる、というもの、もう一方が〈用説桎梏。＝用いて桎梏を説く〉であるからこれを「特赦」と見た。

果たしてどちらであろうか、恐らくここは占考する者に判断の委ねられる状況があるのだというのであろう。

問題は〈發蒙。＝蒙を発く〉の〝蒙〟である。この字には「事件の未解明の部分」の象だけでなく、さらに深い示唆がある。

その一つニクソン大統領が「私は何も知らなかった」と言ってきた言葉が「蒙（おおう・あざむく）」ではなかったか。真実の一部の公表の録音テープがそこに「蒙（いりまじる）」状態になっている。そこを発くことが〈發蒙。＝蒙を発く〉の大切なポイントの部分ではないか。知っていたのに知らなかったことにして通そうとしたのだが、どうしようもなくなってギリギリのところで譲歩した結果が「衝撃の告白」であり、もみ消しに〝気付いた〟という弁解だったのではなかろうか、ということである。そうして残った部分、明るみに出なかった部分は「計画の存在を知っていた」ということであったのであろう。

次に〈蒙〉の字を含め〔山水蒙・䷃〕の卦について卦の象意で述べなかったが、この卦には実は「盗聴の象」がある。さらにウォーターゲート事件落着の象もある。

盗聴の象については〔山水蒙・䷃〕は「説卦傳」に上卦〔艮・☶〕〈艮止也。＝艮は止なり〉、下卦〔坎・☵〕〈坎爲耳。爲盗。＝坎を耳と為す。盗と為す〉とある。また二・三・四爻に〔震・☳〕〈震動也。＝震は動なり〉とある。〔山水蒙・䷃〕全体としては〝耳の働きが止められている〟象で「本来耳にすることのできない状況」を示している。即ち「内密の情報の象」であり、内密の情報は聞かれてはならない情報である。しかし内卦〔坎・☵〕は〝盗〟であり、その〝盗〟は二・三・四爻に〔震・☳〕の〝動〟があるから、この卦の中には聞いてはならない内密の情報を盗み聞きしようとする動きがあることになる。即ちこれが〝盗聴の象〟ということになる。

次に、ウォーターゲート事件落着の象であるが、ウォーターゲート事件という名称で大成卦を作ると〔水山蹇・䷦〕の卦ができる。「説卦傳」に〈坎爲水。＝坎を水と為す〉、上卦〔坎・☵〕はウォーター。〈艮爲門闕。＝艮を門闕と為す〉、下卦〔艮・☶〕はゲート。上卦下卦を合わせて「ウォーターゲート」。ウォーターゲート事件は水門の決壊によって汚れた水が溢れ出た事件と評された。溢れ出た汚れた水は今や下方へ流れて溜まり、〔水山蹇・䷦〕の上卦の水はゲートの下になった。その象が〔山水蒙・䷃〕となる。これは汚水の流出を妨ぎ切れなかった状態であるから、ウォーターゲート事件落着の象ということになる。ただし、これは事件の名称からの取象であるから参考にとどめたい。

〔山水蒙・䷃〕を〝盗聴の象〟と考えれば、当時アメリカ政界に蔓延《はびこ》っていた盗聴の中で辞任後の大統領の処遇を考えることになる。事件が起こった頃、盗聴はあたりまえという風潮があり、発覚直後には朝日新聞外報部の「ウォーターゲート」によると、ゴールドウォーター上院議員は「民主党の連中も同じことをやっているのさ。スパイ、盗聴……。もっともわしも若干やってはおるがね」と語ったとあり、別件ではキッシンジャー国務長官も疑惑を持たれ、前回の選挙では民主党も共和党ニクソン側を盗聴していたことを、FBIのフーバー長官からニクソン大統領は聴かされていたとのことだ。〔山水蒙・䷃〕の「盗聴の象」は、政界に蔓延っていた盗聴の実態、隠蔽されたままのもの、明らかになったもの、公言して憚ることのないもの、そして盗聴を認容する風潮、それらを総合した全体であり、そのイメージの中で初爻の〈爻辞〉を考えたらよいのではないかと思われる。

盗聴をそれほど悪いことと考えてこなかったこれらの平均的意識からすれば、ニクソン大統領は運が悪かったのである。多数の人が同様なことをしたのに自分一人槍玉に挙げられ、貧乏籤を引かされた。前回の選挙で盗聴されたリベンジもできず辞任に追い込まれることとなってしまった。辞任すれば終わるというものではないが、さりとてどこまでも責任を追及するということ、即ち〈發蒙。利用刑人。＝蒙を発《あば》く。用いて人を刑するに利《よ》ろし〉も〝酷〟である。問題の根に潜むものは盗聴をそれほど悪いこととは思わない政界の風潮であって、そこに手を付けない限りこの問題は何度でも繰り返されるに違いなく、ニクソン一人を犠牲にして済むということでもない。即ち〝追い討ち〟はかけられない政界の事情もあるのである。

このような観点が〈用〉の字となる。〈用説桎梏。＝用いて桎梏を説《と》く〉であるからニクソンの桎梏は説（解）かれる。即ち「恩赦（特赦）」と考えられる。

現実としては議会で既に「辞任すれば法的処罰を免かれる決議案」が提出されており、その後後任のフォード大統領により「特赦」となった。

それでは〈發蒙。＝蒙を発《あば》く〉の〈蒙〉であるニクソン大統領が「私は何も知らなかった」とした〈蒙〉は発かれたのか。知っていたのに知らなかったとした〈蒙〉はどのように考えられていたかということであるが、これも特赦の中に織り込まれた判断となる。なぜなら二人の補佐官の辞任の時でさえ、大統領があらかじめ知っていたと考えていた人が、ギャラップ調査では四〇％だったのである。

一般的に考えても、失敗して盗聴が発覚すれば信用を落とし、選挙の得票に繋がって落選を招きかねないのが盗聴というものだ。今回の選挙では発覚は選挙前だったが、大きく取り沙汰されたのは選挙後だったから、ニクソン大統領は再選されたが結局は辞任に追い込まれた。

その危険な盗聴を計画するに当たって、ニクソン大統領の了解なしに支援者の再選委員会が一方的に行ってしまうということはあり得ない話で、仲間だから何をしてもいいというものではなく、最低の打診はあるはずだ。

「政界の風潮からすれば、盗聴はどこでも行われているようだけれど、我々も考えておく必要があると思うがどうだろうか?」という打診である。

つまり、これが〔天風姤・䷫・三爻〕の〝誘惑の場〟であって、聞かされた側は立ったり坐ったり、決断しかねて苦しむのだが、この打診に答えずには済まされない。盗聴のあるところにはこの情況があり、このやり取りとなるはずだ。そして答えるだろう。

「そちらにまかせる。万事よろしく頼む」

今回の事件の発端も同じ流れとなる。ミッチェル再選委委員長を信頼はするが不法行為である。そのリスクを忘れさせてくれるような情報までは知り得ず、保証のない中では信頼するしかなかった。その信頼に賭けた言葉が「……ジョン、君がそれをやる必要がある……」であった可能性は高いと思われる。

――いずれにしろ盗聴をしようとすれば、大統領はこのように事前に打診の形で知らされるはずであるから、「知らなかった」というのは隠蔽であって、「知っていた」に違いないことを多勢の人は見抜いていたのであろう。

そうすれば〈發蒙。=蒙を発く〉の〈蒙〉は大統領が蔽い隠しているだけであって、知るべき人、分かっている人には発《あば》かれていたことになり、また〔山水蒙・䷃〕の卦の象である「山の麓の水煙」は発かれており、登山道の入口の道標も既に知られていたのであり……、そしてウォーターゲート事件のそもそもの事の起こりからニクソン大統領の辞任までを知ったことになるのである。

以上で、ウォーターゲート事件に関する四つの占例の紹介は終わる。この占例を取り上げた目的は、占例の記録としての価値が高いと考えたからで、ニクソン元大統領を貶める意図があるわけではない。人間というものはいつも様々な情況や物事を相手にして、そこは本来の居場所ではないと思いながら、誘惑と戦っているものだ。

民主党本部盗聴事件は、公の場ではそうでなくても、隠されたところでは盗聴するのはあたりまえ、という風潮の中で実行された事件であった。

この事件の責任を取ってニクソン大統領は、アメリカの大統領として初めて「辞任」した大統領となった。

さてそれでは、ニクソン大統領の時代の状況を受けた中で、どの大統領が「辞任」しないで済むような措置を取り得たか、となると、他の大統領についてよく知った上で言うことではないのだが、やはり同じような経緯を辿ったのではなかろうか、と思わざるを得ない。

そこのところが、「……全体として見れば、大統領弾劾・解任という極端な手段は決して正当化されることはない、と確信している」とニクソン大統領をして言わしめたのではないかと思われるのである。

注1　口の字形（）は、くちだけでなく、易象兌（☱）と通じ（兌說也＝說卦傳）の〝說〟で言語で表現されるものごと。

注2　『恐るべき周易』「逆さ首と黄字の研究」二七四頁、参照。

注3　同書「まぼろしの動物たち、木曽川に日本カワウソは残っているか」一七〇頁、参照。

注4　同書「イエス・キリストに関する二つの占例」「キリストの写っているとみられるトリノの聖骸布は本物か」三九五頁、参照。

参考書籍

『ウォーターゲート―スパイと大統領の物語』朝日新聞外報部

『ニクソンの犯罪―テープと大統領の物語』朝日新聞外報部

「朝日ジャーナル」一九七三年27号、一八七四年30号、35号他

夏王朝・殷王朝の礼制

この占考を、前著『恐るべき周易』に続いて再度取り上げてみる理由はいくつかある。筆者の前著作では占考方法として本卦が示している問題点の答えを之卦に求めることができる、という占考の手法的観点で占例を扱っていた。

そのため占例自体のテーマから言えば、さらに追求してよい部分を多く残したと感じていた。その一つが漢字の持っている情報の問題であった。

占考を漢字一字一字の初義、創造の過程の中で考える時、学者の説のほか自分流の解釈をすることで占考の幅も広がり、字源解釈も深まるように思ったのである。ほかに気付いた漢字群の字源的解釈を別項に記載した。その解釈の当否についても併せて読者の判断に委ねたいと思う。

……この占例は占筮によったものではなく、事象を易象に見立てた上で占考方法によって問題点の解明を之卦に求めたものであり、その点が特色である。

―『論語』八佾篇・第九章―

子曰、夏禮吾能言之、杞不足徵也、殷禮吾能言之、宋不足徵也、文獻不足故也、足則吾能徵之矣。

子曰く、夏礼は吾能《よ》くこれを言《と》かんとすれども、杞なすに足らざるなり。殷礼も吾能くこれを言《と》かんとすれども、宋なすに足らざるなり。文と献と足らざるが故なり。足らば則ち吾能くこれをなさん。

証言者、孔子の言葉である。この言葉はそのままどこにも修正を加えたりすることなく、易の象に移し替えることができる。

言っていることは、「夏や殷の制度（礼）を知ろうとして、その子孫の国の杞（夏）、宋（殷）で証拠史料を捜してみたが十分でなくて史実としては証明はできない」ということである。

古代中国最初の王朝、夏王朝が誕生したのがBC二〇七〇年。夏王朝を滅ぼした殷王朝はBC一六〇〇年からBC一〇四六年まで。ここで周王朝となり、孔子が生まれたのはBC五五二年とされる。

孔子の活躍した周の春秋時代、夏王朝や殷王朝の礼制を知ろうとしても頼りになる史料は失われており、孔子にしても当時入手可能な史料はすべて検証し、杞国、宋国に最後の望みを抱いたのだが、古代王朝の礼（制度）を史実として証明するほどのものとは認められず、痛恨の思いだったのである。

そこで『論語』八佾篇・第九章の状況を孔子の言葉に替えて易象で表現すると、次のような卦とその爻とで置き替えることができる。

䷫ 天風姤・五爻

この『姤』の卦を一言でいえば、「誘惑するものに対する処遇の卦」ということができる。一卦ごとにその象意を説明する『彖傳』『序卦傳』『雑卦傳』とも、この卦を漢字『遇』の一字だとしている。『遇』は「であう」「あつかう」という意味だ。

さらに卦の名称の『姤』にも同じ意味があり、ほかに「美しい、みめよい」という意味を持っている。

『彖辞』は〈女壮。勿用取女。＝女壮なり、女を取《めと》るに用うるなかれ〉、女が美しすぎるか淫奔か、どちらにしろ翻弄されることになるので娶らない方がよい。〝壮〟の字には美貌と発展家の意味が汲みとれる。

〔陰・⚋〕〔陽・⚊〕から見る象意も、初爻〔陰・⚋〕の美女の上に群がる五人の〔陽・⚊〕の男たちで、初爻の〔陰・⚋〕の美女は男たちの心を強く惹きつけ魅了して止まない

〔陰・⚋〕ということである。

魅了して止まないものは女ばかりではない。人は様々な物事に魅了され、心を奪われて誘惑される。そこを表現しているのが〔天風姤・䷫〕の卦であるから、その象意を「誘惑するものに対する処遇の卦」（注1）としてまとめることができるのである。

孔子には心を強く惹きつけられ、魅了され、そして誘惑されそうな状況があった。それは夏王朝・殷王朝の礼（制度）を証明するために必要となる文物であり、それらは杞の国、宋の国にないわけではなかったが十分とは言えなかった。しかしこれが孔子の心を強く惹きつけ魅了したのである。

孔子は礼（制度）の大家であり、その名声は知れ渡っていた。当然かつての王朝の礼（制度）についても人一倍の研究をしていたはずである。たとえ証明はできなくとも説として語る程度のことはできたことであろうし、自信もあって証明力のある文献が出てくるのを待つばかりであったかもしれない。

それが見つかれば狂喜したことであろうが、杞国・宋国の十分とは言えない文献に対し、自分の説のためにそれを都合よく使い、自分の説に見合う解釈をし、そのような評価を与えてしまうことは学者として孔子の良心が許さなかった。

孔子は不十分とはいえかつての王朝の文献に「遇《あ》い」、魅了された。それを自己都合の解釈をしないように「遇《あつか》い」、その誘惑を退けた、ということだったのである。

五爻の〈爻辞・小象傳〉はこのことを詳細に示すものである。

◇以杞包瓜。含章。有隕自天。象曰。九五含章中正也。有隕自天。志不舍命也。

◇杞を以て瓜を包む。章を含む。天より隕《お》つるあり。象に曰く。九五章を含むは中正なり。天より隕つるありは、志命を舎《す》てざるなり。

〈以杞包瓜。＝杞を以て瓜を包む〉

比喩的表現の多い易の言葉だが、これはほとんどそのまま「杞国が夏（王朝）を包む」と読める。何よりも具体的に「杞」という文字そのものが「杞国」を指し示しているのである。

「瓜」は夏王朝を暗示している。「夏（か）」と同音で且つ夏《なつ》の代表的味覚が「瓜」だ。重要なのは「瓜」がどのような食物なのか、ということで、この「瓜」は美味の代表格、最上級の食物で誘惑するものの象徴となっている。ここから「瓜田不納履。＝瓜田に履《くつ》を入れず」……疑われやすい行為はするなという譬えもあるほどだ。

「瓜」は「夏」と同音だけでなく、誘惑し心をとりこにするという意味からいっても、孔子にとって「夏王朝」なのである。

次に「包（篆文・）」。女子の腹中に「巳（篆文・）」の胎児が描かれている。このイメージは「人目にふれる前の未熟な状態」であり、一人前の人の姿形をしておらず生まれ出るには早過ぎる胎児……つまり「包瓜（夏）」は「夏王朝の制度を証明する段階に至らない」ことを胎児に譬えて言うものとなる。

〈含章。＝章を含む〉

「瓜」を「夏」となぞらえた。同じように「章」は「殷」となる。「殷」は「商」とも呼ばれる。すると「章」は「商」となり同音の漢字「ショウ」。これは「瓜」を「夏」とし「カ」と読むことと歩調が合う。

のみならず「章」と「商」の字には関係があり、「商（甲骨文・、金文・、篆文・）」の字の中に「章（金文・、篆文・）」の字が省略形「辛（甲骨文・、金文・、篆文・辛）」の形で組み込まれているという説がある。これは「章・めだつ」＋「・たかどの」で、高殿の目立つ「商」の国都の名となったというものだ。

ただ私見ではあるが、私自身は「章・商」の二字については、亀の甲や動物の骨に辛《はり》（）で穴をあけて、そこを焼いた時できるひび割れの形で占いをする卜占から生まれた文字と見ており、「章・」の字は亀の甲により占った事柄が「章（あきらか）」となることを示すもの、つまり「亀鑑」として写し出されることを言うものであると考えている（注2）。

次に「商・」の字の方の下部分は、二枚の肩胛骨（）＋卜辞（）であり、「冏《けい》・甲骨文、篆文、字義あきらか」に相当すると考えられこちらも卜辞（占的）を章（あきらか）にするものなのだが、二枚（対）であるのはひび割れの解釈の正確を期すために二枚の卜兆を突合したのであり、それぞれに事柄の肯定面や否定面、また視点を変えた問いかけをしてそれぞれの意味する卜兆を読み取り、双方の関連するところや一致する点などを考慮して全体として矛盾のない判断をしたと思うのである。

「商」という漢字は「はかる」と読む。その意味は卜兆をひき較べて推し量ったのであり、金文の中には卜辞に相当する「」が五つもある「」の字形のものまである。

この字が商売の「商・あきない」の意味となったのは、古代は物々交換であるから双方の交換物の価値が全体として公平になるように「はかる、おしはかる」ことと通ずるからであろうと思われる。

〈有隕自天。＝天より隕《お》つるあり〉

〝夏〟も〝商（殷）〟も天子の位から落ちたのであるから、これも一つの解釈である。

だが、今は杞国・宋国の僅かに残る文物からかつての王朝の礼制の実証ができるかどうかを問題にしているのであるから、「天」とは〝宇宙〟のこと、〝宇宙〟の働きが「天」であり、その宇宙から隕ちたということは、証拠となるものについてみれば宇宙から消えてなくなった、この世には存在しない、ということになる。

また、宇宙を「天・☰」と「地・☷」に分けてみれば、「天・☰・乾」に「はたらき」があり「地・☷・坤」がこれを承《う》けて形となり、現象として表現されるのであり、この世の一切は天の「はたらき」を地上の形態として写し出したもの、天の「はたらき」があって地がその「はたらき」を受け、表現されたものが感知される「萬象」ということなのだ。この「天」を「はたらき」としてみれば、〈有隕自天。＝天より隕つるあり〉は、はたらきが隕ちたということになり、杞国や宋国に残された文物にはかつての王朝の礼制を実証するためのはたらきがなくなった、ということになる。

さらに隕ちる、ということから言えばこの〈天風姤・䷫〉の卦は、隕ちたものに「遇」つまり「であう・あつかう」という象意があり、「序卦傳」にも述べられているようにこの卦は〈澤天夬・䷪〉からきている。

䷪・澤天夬→䷫・天風姤

〈陰・⚋〉に注目したい。〈夬〉の上爻の〈陰・⚋〉は〈姤〉では初爻になっている。「序卦傳」では〈夬者決也。＝夬とは決なり〉、〈姤者遇也。＝姤とは遇なり〉とある。

〈夬〉卦で決し去るものは〔陽・⚊〕の勢いに押された上爻の〔陰・⚋〕。爻は上位の爻へ進むほど重い意味があり、この〔陰・⚋〕は夏王朝・殷王朝の礼制にあたる。〈夬〉はこの礼制が決去されたことを示している。

その後〈姤〉となり「であう〔遇〕」の状況となったが、初爻の〔陰・⚋〕は〈夬〉と同じものであっても決去された後の小さな意味の〔陰・⚋〕でしかない。夏王朝・殷王朝の礼制を実証できる部分が隕《お》ちて、その残骸の部分に「遇〔であう〕」という象意を意味するものとなるのである。

こうして〈象〉の上でも杞国・宋国に残された文物からかつての王朝の礼制を証明するものが抜け隕ちたことが、爻辞〈有隕自天。＝天より隕つるあり〉と合わせて、さらに理解を深めることになる、と思うのである。

だがしかし、それはそうとしてだが、もしも欲の深い商人や名を売りたい学者がこの状況に立ち合ったとしたらどうだろう。残された文物に手を加え、巧妙な手口で飾り立てて、自分たちに都合のいいものを創作して売りつけ、歴史を歪めてしまったかもしれない。そんな危険な状況があるのである。

そこをどうしたのか、これが次の〈小象傳〉の中心となるテーマだ。

〈象曰。九五含章中正也。有隕自天。志不舍命也。＝象に曰く。九五章を含むは中正なり。天より隕つるありは、志命を舎《す》てざるなり〉

「九五」は第五爻〔陽・⚊〕で現在の位置の爻。「中」は上卦〔乾・☰〕の中爻、「正」は陽位〔初・三・五爻〕に〔陽・⚊〕。正しい位置に正しい働きをする爻だということ。

　ならば卦中、最も優れた働きをし、その徳を発揮する爻はどれか、といえばそれがこの爻であり、特別に「定卦主」と言われている最上の働きをする爻である。

「含章（商）」、含む、ということは主体となるものに含めて、と言うことだから夏王朝礼制だけでなく商（殷）王朝の礼制においても同様の扱いとなることをいっており、商王朝も含めての〈有隕自天。＝天より隕つるあり〉……礼制を実証することはできないということで、次がその結論となる。

「志不舍命也＝志命を舍てざるなり」、〈志＝こころざし〉、勿論、孔子の〈志〉を示しており、学者としての知性、良心、判断力、そして任務、それらを総べる意味での〈志〉「志操」が〈命〉である「一番大切なもの、かけがえのない重要なもの」を捨ててしまうことはない、というのである。

　つまり杞国や宋国に残された文物がいかに魅力的に思えようとも、各々のかつての王朝の礼制をそれらによって実証できるかどうかという点から見れば、実証はできないのであり、実証できないものをありのまま実証できないと認めること、そのことが一番大切な、かけがえのない重要なことなのであり、真実を追究する人、孔子の使命だったのである。

このように『論語』八佾篇・第九章で孔子が夏王朝と殷王朝の礼制については、実証すべきものがない、としたことは易象の〔天風姤・䷫・五爻〕によって置き替えが可能なのだ。またこの孔子の言葉は古代中国史の拠り所となって、古代王朝の存在に懐疑的立場をとる人々を有利にした。

だが『論語』八佾篇・第九章では、夏王朝・殷王朝の存在の当否を問題にしているわけではなく、さらに踏み込んでその礼制という王朝体制の制度がどのようであったかの実証ができない、ということであり、孔子自身は実証はできないまでも思うところはあり、その上で発言を控えたのである。

問題は王朝体制という組織の内部的な統制システムとしての礼制である。成文法として存在したかも疑わしい大昔の王朝体制のルールなのだ。〈文獻不足故也〉はそこを含めて言っているかもしれない。

しかし成文法として存在しなかったとしても、夏王朝・殷王朝に礼制という制度が存在しなかった、とは言えない。不文法、不文律というものがある。そこに王朝という組織化された体制がある。ということは自ずと組織化の考え方、思想、ルール、即ち礼制という制度が存在しているはずである。

之卦はこうした視点を踏まえ、孔子が学者としての任務、良心、判断から口にすることを憚った夏王朝・殷王朝の礼制についての孔子自身の思いの内容であり、易が示す王朝体制の特徴を語るものとなる。

夏王朝・殷王朝の礼制について、それを孔子はどのように考え、扱ったのかを示す本卦〔天風姤・䷫・五爻〕の〔陽・⚊〕を〔陰・⚋〕に変ずれば之卦となる。

䷱　火風鼎・五爻

これがその答である。

占筮によって示される六十四卦の局面の一つ〔火風鼎・䷱〕が夏王朝・殷王朝の礼制という制度を知るために示されたのである。したがってその礼制は〔火風鼎・䷱〕の象意によって知ることができる。

六十四卦の各々の象意は各々の卦の名称がその鍵を握っている。〔火風鼎・䷱〕の場合は《鼎》であり、したがってこれも礼制の答は《鼎》であり、《鼎》こそが古代夏王朝・殷王朝における王朝体制の特徴となる鍵の持ち主だということを告げているのである。

……では鼎とは何なのか。

『広辞苑』によると「中国古代の銅器の一種。はじめは土器もあり、器形は両耳・三足を有する。食物を煮るのに用いたが、後には祭祀用。王室の宝器として王位・権威の象徴となる。かなえ」とある。

してみれば鼎は祭器・礼器である。なぜ祭器・礼器なのであろうか。古代中国の祭政一致とどのように関わるのであろうか。なぜ王位・権威の象徴なのであり、宝器なのであろうか。そして、それらの疑問は礼制とどのように繋がるものなのだろうか。

このような疑問を念頭に置いて占考してゆくことになる。


少々煩瑣《はんさ》で回り道ということもあるが、占考ということから〔火風鼎・䷱〕の象意を一つ一つ見てみよう。

まず『彖傳』の冒頭に〈鼎。象也＝鼎は象なり〉とある。〔陰・⚋〕〔陽・⚊〕の配置が物体の鼎の形に象《かたど》られている、というもので「似象」といわれる。初爻の〔陰・⚋〕は足。二・三・四爻の〔陽・⚊〕は丸い胴部分で〔乾・☰〕卦の形。これは『説卦傳』に〈爲圜＝圜（円）と為す〉とあるように丸味のある胴部分の象。五爻の〔陰・⚋〕は鼎の耳にあたり、上爻〔陽・⚊〕は部外の位置で鼎鉉《ていげん》（鼎の耳づる）となる。

鼎は鍋や釜と同じで生の食材に火を通し、その食味を様変わりさせ美味な料理とするための道具である。新たに生まれた味覚は頭脳が発見した意味や考え方の比喩である。なぜならこの卦は『聖賢を養う卦』である。頭脳にとって生の食材とは生のデータ情報であり、食材に火を通すことは生のデータ情報に潜む隠れた価値を煮詰めること、発見することであるからである。

『彖傳』はそこを〈大亨以養聖賢。巽而耳目聰明＝大いに亨し以て聖賢を養う。巽にして耳目聰明〉、訳せば「大いに議論しやり取り（亨通）して聖賢の智恵を養う。些細なことも柔軟に受け入れ大切にし、よく見聞きして聰明」というのである。

そこで夏王朝・殷王朝の礼制という制度の中では〝聖賢の智恵〟が特色である、という占考ができるが、ここで言う〝聖賢〟はあたりまえの知恵ではない。人知を踏まえながら人知をも超えた存在世界の深みからその声を聞き取ることのできる人。それが呪術師なのであり、シャーマンなのだった。

〔火風鼎・䷱〕の卦の中には、人知の限界を越えたところに存在するものが人知を吊り上げ、人知はまたそれにぶら下がろうとする象がある。だから聖賢とは呪術師・シャーマンだというのである。

大成卦（六十四卦）の上爻は、初爻から五爻までとは異なる領域外を示すものだ。〔火風鼎・䷱〕の場合もそのとおり。上爻領域外は物象としての鼎から見れば鼎鉉にあたる。鼎鉉は鼎の本体ではなく本体の外側にあって鼎を吊り上げる道具である。そこが〝領域外〟なのだ。

では〔火風鼎・䷱〕の中で、たよりない人知とシャーマンの知恵はどのように示されるのか。

領域内は初爻から五爻までだ。領域内だからここがあたりまえの人知。領域外は上爻〔陽・⚊〕の鼎鉉《ていげん》。ここがシャーマンの知恵。初爻から五爻までの人知は〔⚋⚊⚊⚊⚋〕の形。二・三・四爻に〔乾・☰〕。〈乾爲首＝乾を首と為す〉（『説卦傳』）で〔乾・☰〕は「頭脳」。この頭脳〔乾・☰〕が〔陰・⚋〕に包まれた形が〔⚋⚊⚊⚊⚋〕。この〔⚋⚊⚊⚊⚋〕は〔陰・⚋〕の〝弱〟に包まれていると見られるが、互卦を作ると〔澤風大過・䷛〕となる。〔澤風大過・䷛〕の象意、その〈彖傳〉に〈本末弱也＝本末弱きなり〉、本末が弱い。つまりこの頭脳、人知〔乾・☰〕は本末が〝弱い〟。基盤を持たない、その象が〔⚋⚊⚊⚊⚋〕。

四〇〇〇年前であれ今日であれ、人知の置かれた状況は変わらない。人知は本末が弱い、人々は宇宙の迷子のようだ。そのくせ修学旅行の子供たちのように賑々しく世に夢中で、気がついた時は仲間たちも過ぎ去った人となる。この世に何をしに来たのか、どこへ行こうとしているのか、私は一体誰なのか「生まれ生まれ生まれ生まれて生の初めに暗く、死に死に死に死んで死の終りに冥し」という宗教家もいれば「海辺で貝を拾っているようなもの」という科学者もいる。それが人知の状況なのだ。

その本末弱い人知が、その持ち分を越えて領域外である上爻〔陽・⚊〕にぶら下がってみようとしている象が〔火風鼎・䷱〕であり、上爻は領域外であるから領域外の知性とはシャーマン、呪術師の知性、聖賢の知性ということなのである。

人知が聖賢の知、呪術師《シャーマン》の知にぶら下がってみようとする象〔火風鼎・䷱〕には、人知がどのようにしてぶら下がったのかを〔澤風大過・䷛〕の〈〈象傳〉〉〈巽而説行＝巽《したがい》て説《よろこび》行く〉の『説』が示している。

説はよろこびと読まれるから呪術師の知に喜んで順《した》がうという部分もあるが、解説、説明、説得の説で「説《と》きほぐす」意味もある。人知こそは大切な認識の道具だ。怪しげなものにはついて行くはずがない。十分な説明、説得も必要なのである。

〔火風鼎・䷱〕上爻〔陽・⚊〕の鼎鉉が吊り上げ、それ以下の爻はこれにぶら下がる象のイメージは「ロープウェイ」に譬えられる。急峻な山をゴンドラは客を乗せて一気に目的地へ運ぶ。急峻な山道は危険なことの多い人間社会。ロープウェイは呪術師の知恵、ゴンドラの客はただ難を逃れればよい。ロープの強度、即ち呪術師の知恵、具体的には占いや祈禱である。その能力は心配だが実績もあり生活に馴染んでいる。今さら危険な山道は歩けないということもある。

そこで「吊り上げ、ぶら下がる」象意から上爻〔陽・⚊〕を領域外の呪術師の知恵、それ以下〔⚋⚊⚊⚊⚋〕を人知として制度の中で考えれば「神権政治」という体制が考えられるのである。

他にも鼎と鼎鉉の「吊り上げ・ぶら下がる」象意を礼制・制度の行われた当時の状況として考える事柄がいくつか見つかる。

その一つは領土的広がりの問題である。

〝禹《う》〟が夏王朝を創建して治めたとされる〝九州〟は、四〇〇〇年以上前の大昔のことであまりにも広域であり、これは前漢時代とほぼ同じと見られている。ちなみに夏王朝の実際の勢力範囲はやっと半径一〇〇キロ程度、と学者は言っているのである。

では「あまりにも広域」ということは〝大き過ぎる〟ということであり、〔澤風大過・䷛〕の卦の中心的象意である名称そのものの「大過（大き過ぎる）」が互卦として上爻の〔陽・⚊〕に「ぶら下がっている」、あるいは上爻〔陽・⚊〕から見ればこれを「吊り上げている」ということにならないであろうか。これは広大な〝九州〟に対する小さな「王朝」の支配の有り様、状態を表現するためには基本となるイメージではなかろうか。

というのは夏王朝以前、黄帝の時代には広大な中国に小さな領地の国々が「萬」もあったという。それらは血縁、地縁、利害などの紐帯関係では結ばれてはいたであろうが、黄帝から顓頊《せんぎょく》、嚳《こく》、堯、舜に至るまで政治組織としてはまとまっていなかった。そこを「夏王朝」としてまとめ、これが制度となったとしてみれば、王朝と諸国の関係は王朝に諸国が「ぶら下がっている」か王朝が諸国を「吊り上げている」という象意で示すことのできる状況が広域をまとめることのできた特長だったのではないか、と思われるのである。

次に〔澤風大過・䷛〕は洪水の卦〈大象傳〉〈澤滅木大過＝沢木を滅すは大過〉であり、〔火風鼎・䷱〕は流される人にロープ（上爻陽・⚊）を摑ませようとする象がある。

伝説では夏王朝の始祖「禹」が黄河の河道を変え洪水から流域諸国を救った、ということが伝えられている。

四〇〇〇年前にそのような大規模な工事ができるはずがない、という人もいるが、黄河は冬の渇水の時期と夏の増水の時期の流量が大変違い、また手を加えずとも一〇〇年に一度は自然に河道が変っているのだ。そこを利用して渇水期に溝を掘り誘導水路を作っておけば、案外河道の変更は可能だったかも知れないのだ。

もし「禹」が治水に成功したとしたら、流域諸国の一体感は自然に勢いを得て強められ、共通の問題を全体の問題として扱うことがいかに大切で有利であるかを思い、王朝体制が求められるものでもあったと思う。

このことが広域な統治が可能だったことを説明しており、流域諸国の方から負担とリスクの軽減される王朝体制を希望し遠方からでも加わってきたのであり、諸国はこの創業理念にぶら下がり、王朝は吊り上げたのだ。

こうして神権政治としては神的能力と見た〔火風鼎・䷱〕の上爻〔陽・⚊〕は、ここでは「諸国に共通する問題を全体の問題とする組織・体制を作る」という創業理念となる。

この理念はぶら下がった諸国から見れば上爻の象意である外側、領域外にあたる。諸国が個別に対応していた事柄を全体の王朝体制の中で行うのであるから、諸国の外側、領域外となる。問題を扱うステージが違うのである。

だがここでも〔澤風大過・䷛〕の〈彖傳〉〈巽而説行＝巽《したが》いて説《よろこ》び行く〉象意のように、諸国が〝喜んでついていく〟ばかりではない。諸国といえどもその独自性は失いたくない、王朝の権力がのさばっては困るのであるから、そこは「説＝ときほぐす」状況もあり、巽いて説《ときほぐ》し行く、と読むこともある。

では〔澤風大過・䷛〕の〈彖傳〉の〈本末弱也＝本末弱きなり〉は、ここではどう解釈されるのかについて答えたい。

ここでは国々が共通する問題を全体の場で扱う、という理念に流域諸国が賛同しぶら下がった、ぶら下がったものは〔火風鼎・䷱〕上爻の〔陽・⚊〕で示される理念であるから、ぶら下がっている〔澤風大過・䷛〕が流域諸国を表すこととなり、この〈本末弱也＝本末弱きなり〉は流域諸国の空間的広がり……つまり〝九州〟を表現するものとなる。してみれば〝本末〟は中心部を除く周辺部のこととなる。周辺部が弱かった。九州全域が悉く王朝に帰属したとはいえない状態、支配の及ばない地域もあったのであろう。

さらに〝本末〟を黄河上流域と下流の地域と見ることもできる。この場合も黄河中流域が中心部となり〝中原〟ともいう地域にあたる。夏・殷王朝は『黄河文明』でもあるから、これも黄河文明の政治制度・礼制の範囲はどのような空間的広がりを持っていたか、という問いに答えたことになる。

〔火風鼎・䷱〕は上爻〔陽・⚊〕の鼎鉉《ていげん》に互卦の大成卦〔澤風大過・䷛〕が〝ぶら下

がっている〟象意だが、ぶら下がっている初爻から五爻までの〔⚋⚊⚊⚊⚋〕の中心部の〔乾・☰〕卦、これが政治制度の本来の卦だ。

〔乾・☰〕は正象「天」。支配するはたらきが天であり、これを承けて〔坤・☷〕がある。制度は人を支配するものであり、そこが「天」。「繋辞傳」に〈乾知大始。＝乾は大始を知《つかさど》る〉とあり〈知〉は知事の知で治める意味。〔乾・☰〕は大始で、ここでは最初に組織を支配するはたらきとしての政治制度＝礼制として考えることもできる。

〔乾・☰〕の象意を支配するはたらきとしての礼制、そして大始であれば夏王朝・殷王朝の礼制にあたる。そしてこの〔乾・☰〕を上下に〔陰・⚋〕が包む形の〔⚋⚊⚊⚊⚋〕。この象意はいくつかの暗示を秘めている。

〔陰・⚋〕〔陽・⚊〕は強・弱の観点からすれば〔陰・⚋〕は弱く〔陽・⚊〕は強い。物事は生起する時、その始めは弱く、滅びる時、終わりは弱い。してみれば〔⚋⚊⚊⚊⚋〕は〔乾・☰〕の始めから終わりまで、全体、制度の時間的、空間的な全体を暗示している。

〔火風鼎・䷱〕は上爻の〔陽・⚊〕が制度全体を吊り上げ、あるいは上爻〔陽・⚊〕に制度全体がぶら下がっている象となっている。

この〔乾・☰〕の制度・礼制は単に夏王朝・殷王朝の制度でなくて〔陽・⚊〕が三つ、即ち夏・殷・周にあたり、夏・殷・周ともに上爻の〔陽・⚊〕に依拠している、この三つの王朝はともに上爻〔陽・⚊〕をよりどころにしている、ということではないかと思うのである。

もし〔乾・䷀〕の象意が支配するはたらき、即ち「礼制」のみでなく、それぞれの〔陽・⚊〕爻が夏王朝であり殷王朝であり周王朝にあたるとするなら、この三つの王朝の礼制の基本的な部分は変わっておらず、上爻〔陽・⚊〕が礼制を吊り上げていることの意義は大変大きなものになりはしまいか。一体何が夏・殷・周三代の一八〇〇年以上の年月の根底にあったのであろうか。

〔火風鼎・䷱〕の上爻〔陽・⚊〕を除外して初爻から五爻まで、礼制全体を暗示している〔⚋⚊⚊⚊⚋〕の象意をさらに追求してみよう。

その意味内容をより詳しく展開する方法は互卦を作ることだ。〔⚋⚊⚊⚊⚋〕の互卦は〔澤風大過・䷛〕である。〔火風鼎・䷱〕は上爻〔陽・⚊〕に対して〔澤風大過・䷛〕が〝ぶら下がっている〟象意となる。

その〔澤風大過・䷛〕の象意を一言で表現する「傳（解釈）」である〈雑卦傳〉には、この卦について〈大過顚也＝大過は顚なり〉とある。「顚」は顚倒の「顚」で、ひっくり返る、くつがえる意味だ。

これを〔火風鼎・䷱〕の象の中で見れば上爻〔陽・⚊〕の下、その内部において〔⚋⚊⚊⚊⚋〕の礼制・その歴史が「顚（くつがえる）」。それも〔陽・⚊〕爻の数、三度、ということになるのである。

このことは王朝は三度変わるが、それは内部的なものであって全体の仕組みが変わるというものではないことを暗示している。

ちなみに古来言われているように、夏・殷・周の王朝交替は、社会体制の根源的変革を意味する〝革命〟ではなく、天子の徳が衰えると他姓の有徳者が新王朝を建ててこれに替わる、という易姓革命の説を裏付けするものでもあったことになる。

さらに『顚』の字の「くつがえる、ひっくり返る」意味のとおり、〔火風鼎・䷱〕の中の礼制の部分である〔乾・☰〕の〔陰・⚋〕〔陽・⚊〕をひっくり返し、反顚させてみると、夏王朝に始まった古代中国の礼制の歴史を通観することもできるのである。その方法は〔火風鼎・䷱〕の二爻変三爻変四爻変と順に〔陽・⚊〕爻を〔陰・⚋〕爻とする。

䷱　火風鼎　夏王朝
䷷　火山旅　殷王朝
䷢　火地晋　周王朝
䷖　山地剥　周の滅亡（秦）

礼制の原形は〔火風鼎・䷱〕であり、その象意は夏王朝にあたる。

二・三・四爻の〔乾・☰〕、支配・礼制・制度の象は、殷王朝・周王朝に伝えられてゆくが、秦の世になって終わる。〔山地剝・䷖〕になって残るものは上爻〔陽・⚊〕のみとなり、象として上爻〔陽・⚊〕の鼎鉉《ていげん》が吊り上げるべき礼制・制度は〔陰・⚋〕であるから何も残らない。

　秦王朝ではそれまでの封建制度が廃止され、諸侯はいなくなり代わって全国を三十六に分け郡県制度が施行され、官吏が派遣されて天下を統一した。これまでの礼制・制度の基軸であった王朝と諸侯による統治でなく、社会体制は一新されたのである。

〔山地剝・䷖〕の象意は卦の名称〈剝〉の字義である。〝剝落〟〝剝奪〟の〈剝〉であり、剝ぎ取ることであるから、それまでの礼制・制度が剝ぎ取られ、その礼制・制度は無効になる、ということを表している。

　注目すべきはその〈象〉である。これこそ「禹」の伝説から引き継いできたもの、その本質を正当に相続してきた完全な〈象〉なのだ。

　それは『説卦傳』下卦〈坤爲地。＝坤（☷）を地と為す〉上卦〈艮止也。＝艮（☶）は止なり〉の象意そのままに、地上に続く止、地上に続く阻止の象。即ち『万里の長城』。この『万里の長城』こそが秦によって完成したのであり、夏の「禹」の伝説を相続したものなのであるが、その説明はすべての占考を終えた後には自ずと了解される筈である。

　ここまでの卦の象の概念を図に示せば次のようになる。

『論語』八佾篇・第九章

証明できない夏王朝・殷王朝の礼制

本卦　䷫　**天風姤・五爻**

証明できる夏王朝・殷王朝の礼制

之卦　䷱　**火風鼎・五爻**

※　本卦の五爻変〔陽・⚊〕→〔陰・⚋〕の之卦により証明可能となる。

鼎と〔火風鼎・䷱〕

䷱　火風鼎

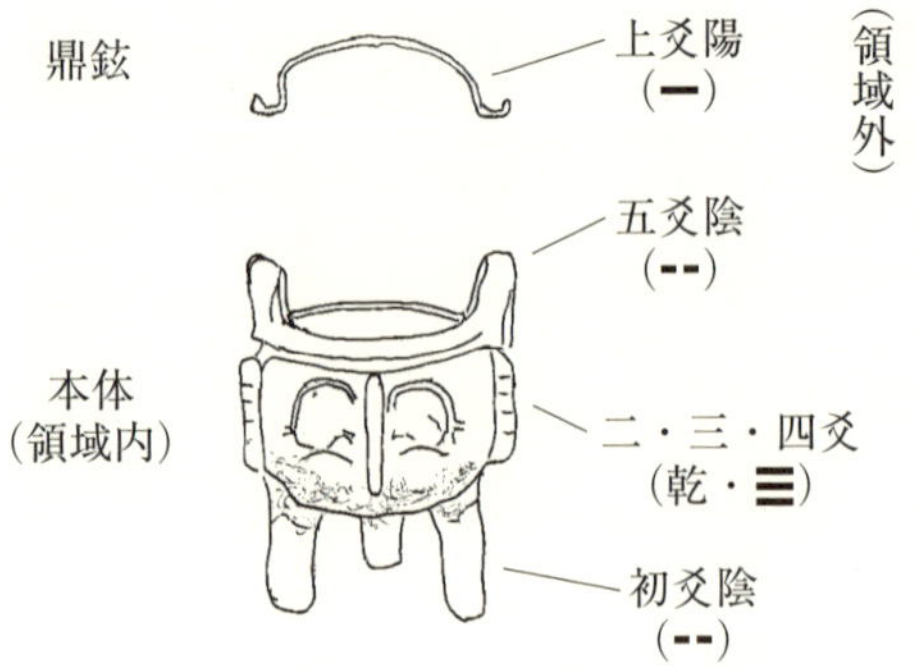

神権政治

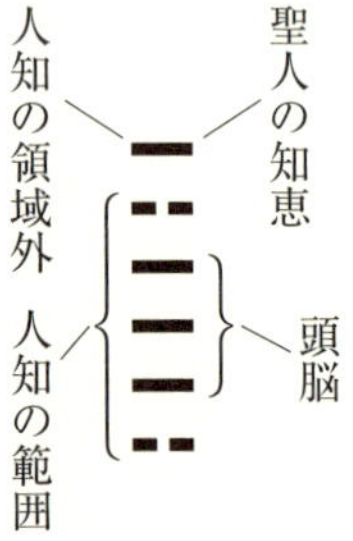

礼制の領域

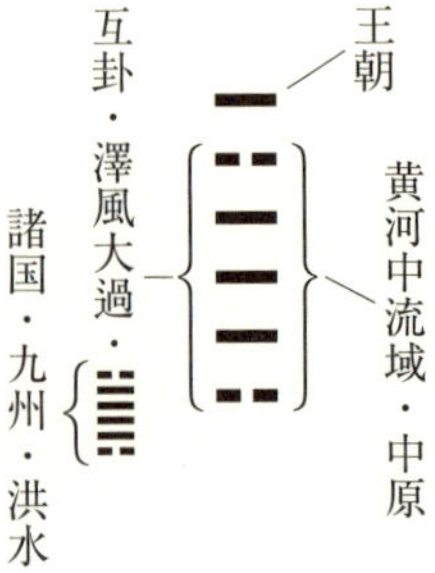

礼制の歴史

礼制の理念　乾・支配・礼制…三顛

䷛

澤風大過・䷛・〈顛〉

鼎の時代（三顛）

䷱・火風鼎・夏・礼制の原形

䷷・火山旅・殷

䷢・火地晋・周

䷖・山地剝・秦・礼制の終り

萬里の長城

次いで『雑卦傳』〈鼎取新也＝鼎は新しきを取るなり〉の占考。

かつて黄河流域の氏族・部族的関係や勢力の中にあって無数、散在し犇《ひしめ》く小さな国々が、王朝の下に組織化されて新しい体制となった。体制のありかたをそのまま表現するものが礼制・制度であるはずだから、体制と礼制は表裏一体であり同義と見てよいと思う。〈新しきを取るなり〉という象は、新しい体勢と礼制であるその制度が誕生した、ということとなる。

『序卦傳』〈革物者莫若鼎、故受之以鼎＝物を革むる者は鼎に若くはなし、故に之を受くるに鼎を以てす〉。

『序卦傳』は〔澤火革・䷰〕の次が〔火風鼎・䷱〕。〔澤火革・䷰〕の『雑卦傳』は〈革去故也＝革は故《ふる》きを去るなり〉だから、故い体制を廃

して新しい体制、それまでになかった「王朝」という体制、『鼎体制』が生まれた。その体制を統制したものが夏王朝・殷王朝の〝礼制〟だった、ということである。

ちなみに〔火風鼎・䷱〕の次は〔震爲雷・䷲〕だが、これには〈主器者莫若長子、故受之以震＝器を主《つかさど》る者は長子に若くはなし、故に之を受くるに震を以てす〉、とある。「器を主る者」とは王のことであるから〝世襲〟を言うこととなり、夏王朝の始祖『禹』以降は〝禅譲〟がなくなったことと符号する。

〔火風鼎・䷱〕の残る占考部分は第五爻の〈爻辞・小象傳〉。五爻は卦の象意を代表する徳を持つとされる「定卦主」。即ち卦の象意をそのまま全うする爻、占考した象意に対して正当な地位を与えようとする爻である。

◇鼎黄耳金鉉。利貞。象曰。鼎黄耳。中以爲實也。

◇鼎に黄耳金鉉あり。貞に利《よ》ろし。象に曰く。鼎黄耳は、中以て実と為すなり。

〈鼎黄耳金鉉。利貞＝鼎に黄耳金鉉あり。貞に利ろし〉

〈黄〉は金文（）で動物の頭部（）と矢を真っ直ぐに伸ばす字形「寅（）」の会

意文字で、獲物に矢があたること、即ち転じて物事の核心を射抜く意味の字だ。〈耳〉は情報を受け取る器官だから〈黄耳〉は〝物事の核心を射抜く情報〟である。〈金鉉〉は鼎を取り上げ用いる鼎鉉《ていげん》が金のように貴ばれる、ということ。するど〈鼎黄耳金鉉〉は、鼎体制・制度は物事の核心を射抜く情報とその情報を取り上げ用いること、情報処理がよいこととなる。

このことは鼎体制とその礼制・制度は、夏や殷の王朝が対応しなければならなかった状況やその情報に対して、大変うまくいった、体制の運用の仕方がよかったという意味で読むことができる。

このほか「黄」字についても後にも触れるが、「黄」をいきなり黄河流域にあてることも占考としては許容範囲だろう。その場合〈鼎〉、鼎という礼制は〈黄〉黄河流域の〈耳〉、情報に〈金〉、価値の高い〈鉉〉、耳づる（扱い）をするものである、と読むことになる。

卦の徳を代表する第五爻（定卦主）の〈爻辞〉として見れば、〈鼎〉の体制において〈黄耳金弦〉即ち情報の扱いが優れており、そのために古代においては広すぎるとされる広域の支配が可能となることも考えられる。

次の字句は〈利貞＝貞に利ろし〉だが〈貞〉の意味はというと、文字の上からは理解し難いところもあるが『文言傳』ではこれを〈貞者事之幹也＝貞とは事の幹なり〉と言っている。礼制は社会の制度でありその根幹となる。したがって〈利貞〉は〝鼎〟という器物に象徴される礼制という体制制度を根幹とすることに利がある、という意味で考えられる。
具体的には王朝を盟主として黄河流域諸国が団結し組織化され新たな体制ができたのであるから、その体制内を律するものが必要となる。組織にはルールが必要なのだ。そのルール、体制内を律するものが事の幹、物事の中心となるルール、礼制、制度であり、〈利貞〉は「鼎体制ルールを根幹とすることに利がある」といっているのである。

〈象曰。鼎黄耳。中以爲實也＝象に曰く。鼎黄耳は、中以て実と為すなり〉

〈中以爲實也〉、二爻と五爻を〝中〟と言う。中は中庸のこと、偏り、過不足がないこと。〔火風鼎・䷱〕という象意において偏り、過不足がない。王朝と諸国を結びつけた〔火風鼎・䷱〕体制とその制度のあり方は基本的に無理強いや実力行使からではなく、〔火風鼎・䷱〕の象意によって生じた至当な規範であった……。

その象意とは〝吊り上げる・ぶら下がる〟象意であり、王朝が吊り上げ諸国がぶら下がる形の中で取ることのできた「鼎」のための組織化であった。組織化は何を有利にするかと言えば、個々の国々の実力は弱小であっても団結すれば強大な力となる。強大な力を得ることが組織化の目的だ。

自然界の譬えだが、狼が狩りをする時、まず遠吠えをして仲間を呼び寄せる。次に集まった仲間の絆を確かめ合うためお互いに臭いを嗅ぎ、尾を振って挨拶する。これで群れとなり組織化された強大な力となったことを確かめたのである。その上で狩は行われる。

自然界も人間社会も実は同じこと。組織化とは群れの論理であり、狼のボスは遠吠えをして狩りをしようと呼びかけ、それに応じて他の狼はその呼びかけに〝ぶら下がった〟のである。

その遠吠えの意味、その呼びかけの意味内容が古代中国に散在していた諸国を惹きつけ、組織化された群れとなり王朝体制が生まれたのではないだろうか。その遠吠え、呼びかけの意味、内容こそが「鼎」という器物に象徴的に表現されているはずなのである。

最後に〈中〉を占辞の言葉として見れば、この〈中〉は礼制の施行される空間的広がりの状態を言うものと考えることができ、〈爻辞〉の〈黄耳＝黄河流域の情報〉を受けたもので、その詳細は〈中以爲實也＝中以て実と為すなり〉となり、〈中〉は黄河流域の〝中〟だから「黄河中流域」、そしてこの一帯は「中原」と言われる現在の河南省一帯だ。してみれば、〈中＝黄河中流域＝中原〉の河南省一帯が〈実〉、実態として礼制の施行された中心的地域だと言っていることになる。

この占考を補強するものを〔火風鼎・䷱〕の象の中で既に述べている。〔火風鼎・䷱〕の上爻〔陽・⚊〕にぶら下がっている互卦〔澤風大過・䷛〕を〝九州〟と見て、その九州は前漢時代に匹敵するほどの広域であり、「大過」は字義どおり〝大き過ぎる〟のだから礼制を施行するには九州は大き過ぎること、と考えたのであった。

その上で〔澤風大過・䷛〕の〈彖傳〉が示す象意〈本末弱也＝本末弱きなり〉がある

から、九州といってもその周辺部、本末、端の方は支配力が弱かった、支配の行き届く状態ではなかった、ということである。

＊＊＊＊＊

〔火風鼎・䷱〕の卦を夏王朝・殷王朝の礼制・制度として見た占考は以上で終わる。残された疑問は唯一つと言っていい。それは「鼎」とは一体何なのか、どのような意味が隠されており、そこに政治的制度的意味があるのかどうかである。

＊＊＊＊＊

九鼎の話

鼎について興味深い伝説がある……。

夏・殷・周と三代一八五〇年の長い間、これら王朝に受け継がれてきた鼎があった。この鼎を所有することにより所有したその王朝の正当性を世に主張することができた、というほどのもので、文字どおり王朝の宝器とされた「九鼎」と呼ばれる特別の鼎である。

呼称の由来は定かではないが、夏王朝の始祖〝禹〟が中国全土（九州）から青銅を献上させて作った、とされているところから九州各地の青銅による鼎、すなわち「九鼎」とされたのではないかと考えられる。

伝国の宝器「九鼎」の消息の最後は戦国末に西周から〝秦〟に移ったが、そのうち一個が泗《し》水《すい》彭《ほう》城《じょう》の下に没した、とも伝えられている。

〔火風鼎・䷱〕の占考では、知りたかった礼制・制度の根幹となるものが〝鼎〟なのであった。それではその鼎自体は一体何なのか、そこに政治的・制度的意味が考えられるのかどうか、ということを思う時、この「九鼎」こそが古代中国全土を従えた王朝体制という礼制・制度の理念に関わる最も重要なメッセージを伝える象徴的器物、となるに違いないと考えられる。〔火風鼎・䷱〕の卦の伝えたかった礼制、それは『九鼎』に尽きる、そう言っていいと思うのである。

では「九鼎」とはどのようなものなのか、詳しい資料が残されているわけではないが、その幾分かは『春秋左氏伝』、あるいは『史記』の同様の記述の中で知ることができるのであり、それは大変よく知られている話、楚王が周の大夫、王孫満に尋ねた鼎の軽重を問う問答の中に含まれる九鼎の由来の記述部分である。

『春秋左氏伝』の記述の冒頭部分――

楚子、陸渾の戎を伐ち遂に洛《らく》に至り、兵を周の郊に観《しめ》す。周の定王、王孫満をして楚子を労はしむ。楚子、鼎の大小軽重を問う。対《こた》えて曰《いわ》く、徳にあり鼎にあらず。昔、夏の方《まさ》に徳有るや、遠方の物を図し、金を九牧に貢せしめ、鼎を鋳て物に象る。百物にして之が備を為し民をして神姦を知らしむ。故に民は川沢山林に入りて不若に逢わず、螭魅罔両能く之に逢うことなし。用てよく上下を協《かな》え、以て天休を承く。……

このあと、九鼎は徳の盛衰によって夏→商→周へと移ったこと、九鼎は王朝の徳を意味する象徴的器物であるから、徳が盛んであれば重いものとなり衰えれば軽くなること、周の徳は衰えてはきたが未だ終わる時期を迎えてはいないことが記されており、全体は王朝の徳を語るものとなっている。

九鼎自体を知る手がかりは、ここに示した王孫満の「対《こた》えて曰《いわ》く」から末尾、「天休を承く」までとなる。

その九鼎は遠方の物を図し、「金（銅・青銅）を九牧（九州）に貢せしめ、鼎を鋳て物に象る」であり、「百物にして之が備を為し民をして神姦（貴いものと邪《よこしま》）を知らしむ」ものであり、故に民は川沢山林に入って不若（したがわないもの・魔物）や螭魅罔両に出交わすことがなく、上下和合し天祐を受けた、というものである。

禹が九鼎を作ったとされる伝説の時代から王朝も三代目、既に一四〇〇年の時は流れている。王孫満の説に至るまでの消息も不明だが、この説では九鼎は「物」を集めた「百物」に象った、ということだ。では「物」「百物」とは何なのか。「物・百物」が「九鼎」なのだ。では「物」とは何なのかである。

左氏伝の記述に説明はないが、もともと鼎とは祭祀に使うもの、祭器であり、祭祀とは祈りの場であり鼎は祈りの場で活用されるものなのだ。その鼎が「物」に象られることの意味を問題とすべきではないかと思う。

そこで鼎が「物」に象られ祈りの場に持ち込まれた結果、何が起こったか。「物」に対して民は備えることができ、神姦を知り、不若や螭魅罔両に出交わさず、天祐を受けた、と言っているのである。然らば「物・百物」はこのような効果をもたらすことを目的にした特定の「物・百物」であり、万物ではない。また「物・百物」に対して備えることができたということは、幸せなことなら備える必要はないはずだから恐怖や不幸をもたらすものに違いなく、それは鼎の形であり、鼎の器形にすることのできるもので恐怖や不幸をもたらすものだ。

一つヒントがある。

鼎にも他の青銅器にもあるが、その胴部分には饕餮文《とうてつもん》と呼ばれる紋様が描かれている。この饕餮という言葉の意味は〝未開の異民族〟であり〝凶悪な者〟のことなのだ。してみればこれらは恐怖や不幸をもたらすものであるから、描かれた紋様によって鼎を〝未開の異民族〟や〝凶悪な者〟にあてることができる。

ただ、鼎が「物に象《かたど》る」というのは、鼎が物の形になっており、鼎本体が物を象《かたど》っている、ということである。鼎に未開の異民族や凶悪な者として饕餮《とうてつ》という絵柄を描いたとしても、他の青銅器と同様に装飾として描いているだけで、本体とは無関係であるかも分からない。〝物〟に形を似せること、即ち象る（形取る）とは装飾ではなく、象《かたど》るというからには鼎本体の器形こそが〝物〟の形取りなのであって、描かれた紋様は本体とは別の飾り物の可能性もあるのだ。

しかし今は仮定として饕餮紋が単なる器の装飾でなく、鼎本体を表現するもの、即ち〝未開の異民族や凶悪な者〟としておきたい。

すると鼎は祭器であり祭りに使われるもの、祭りは祈りの場である。祈りの場、祭壇の前に置かれた鼎は未開の異民族、凶悪な者の代わりにこれに見立てたものとなる。要するに、これは祈りの場では呪能を引き起こす〝形代〟となったのだ。そして祭りは未開の異民族や凶悪な者たちを呪詛する調伏の場となったのである。

そうであったから……王孫満の語るようにその祈り、呪的効果が広く立ち現れ、民はこれらに備えることができ、神姦を知り、不若や螭魅罔両に遭遇せず、天祐を受けた、という説明となることも分かるのである。

ではなぜ、左氏伝の記述は「物」であり、王孫満は直接、未開の異民族・凶悪な者、と言わず「物」と言ったのだろうか。

理由は九鼎が作られたとされる禹の時代、楚の国は禹と敵対した〝三苗〟の地であり、長江中流域の三苗の地は楚の国の地になっていたのである。三苗は禹に敗れて三危という西方へ追放されたというが殷周にもその形跡があるようだ（注3）。かつての三苗が楚国と深い関係にあると考えるのは自然ではないかと思う。

してみれば、禹の敵、三苗は禹にとっては未開の異民族・凶悪な者であって、その怨念は当時作られたとされる「九鼎」の中に封じ込められているはずなのだ。そんな「九鼎」を周も伝国の宝器、王朝の正当性を顕示する器物として尊び、さらには祭ってもいたことであろう。

祭っていたということは、その呪詛は続いていることになる。一四〇〇年以上歴史を遡ることであり、周王朝ではその扱いも民の安寧を祈るのみに使われる祭器九鼎であったかもしれないが、王孫満の説明によっては今もって楚国に繋がる三苗への呪いは続けられていることになり、そんな話になってしまえば周王朝はそのまま滅亡させられるか、そうでなくても九鼎は持ち去られて遺棄されるか、楚国でも扱いに困る代物となるだろう。

王孫満はこのような事情を多分は察知していたのではなかろうか。その一方で、武力や権力により脅し、脅される政治体制が本来のものではなく民の幸福には繋がらないこと、王朝というものの理想は人々を自然に感化させる「徳」によって治められるべき、と考えていた。いわゆる、徳治政治である。そして「九鼎」は徳治の象徴的な器物にすぎず、王朝に「徳」がある時は重いものとなり、「徳」の十分でない時は軽くなるのだ、と言い切った。

そうして九鼎の由来を述べるのであるが、その説明は九州から「物」を集めて「百物」にしてその形を象ったのだと言う。では「物」とは何かということに戻る。

「物」は物であり、対象を漠然と指す語である。古典の『論語』や『老子』『荘子』の中に参考とすべき用例は見つからないが、漢和辞典（『角川大字源』）は『漢書』・郊祀志上を出典に〝鬼神・もののけ・幽霊のたぐい〟を挙げている。

「物」は熟語に物化、物故、怪物、魔物があり、物騒（和製漢語）もある。「物」は対象を漠然と指す語ではあるが、人を不安にさせる未解明のもの、未知であるため支障となるもの、知られないために安寧を妨げられ心配にさせられる物事を表現する時に使われている漢字だ。参考のために未だに雲を摑むような説しかない「物」の字の字源を別記することとした（注4）。

ここでは王孫満の「物」は、「物の怪」として楚王に語ったのであろうと思う。なぜか、王孫満は鼎の由来を特定の凶悪な者、未開の異民族、という言い方で朝廷の敵を絞り込んで大昔の三苗を思い起こさせ、楚王を刺激しないように言葉を選んだのであろう。その説明として、王朝の徳というものはその恩沢が民のすみずみまで行き渡るようにすることであり、そのために人々の生活を脅かし不安にさせる「物」を九州全土からかき集めて、それらを「百物」として象《かたど》り「九鼎」として作った。その「九鼎」を祭祀することで「百物」を宥めて民が安心して生活することができるようにした、と言ったのである。

王孫満はこのような言い方で、「徳」の文脈の中の話として「物・百物」を語り「九鼎」の由来を語ったのである。呪術的なやり方であり、効果がどれほどのものかは不問としても、朝廷が民の生活の支障となるものを引き受けてその働きを封じ込める仕事をしており、その徳によって民の支持を受けて王朝は自然な形で存在したのだ、と言ったのであろう。

王の徳についてはこんな話もある。

周の前の王朝、殷の湯《とう》王は夏王朝の暴虐の王といわれた桀《けつ》を滅ぼし、殷王朝の創始者となった人である。その治世の時、八年間続いた旱魃があり人々は苦しんだ。湯王は祈雨のため決意して、自らを犠牲に死を覚悟して火中にその身を投じようとした。そのいよいよという時、空はかき曇り大雨が降り出したため湯王は事なきを得た、ということだ。

時代は下り周の世となり、殷は宋国に封ぜられて血脈は続くことになるが、宋の景公の時、やはり旱魃が起こった。この時景公も先例に順《したが》おうとして自らを犠牲にしようとした。その時も湯王の時のように雨が降ったということである。

王のことを天子とも言うが、天地をも感応させるほど徳のある人、という考え方もあったのである。さらには思いの先行する精神世界の想像が生むものなのか、王は天地と力を合わせて民を守る人となり、祭り上げられる情況もあったのであろう。王は荷が重いのだ。湯王は楚王（荘王）王孫満の時代を遡る一〇〇〇年ほど前でBC一六〇〇年頃の人、宋の景公も一五〇〇年ほど前の時代の人である。楚王が王孫満の徳の話を聞いてそのまま帰ったのは、もしかしたら湯王や景公の事績を思い起こすこととなり、今の自分には九鼎を持つ器量はまだないのだろうと思ったのではなかろうか。

さて、話を戻して九鼎について考察を進めていきたい。王孫満の説くところでは、九鼎は遠方の「物」であり、それらを「百物」として象ったものである、ということだった。だがそれでは莫然とした「物」をさらに莫然とさせた「百物」となったのであるから、どのように象られたら鼎の形になるのか、という説明にはなっていないのである。

そこで鼎はなぜ鼎の形なのかについて再び考えてみたい。鼎の形は別として鼎は饕餮紋《とうてつもん》が表示しているように〝未開の異民族〟や〝凶悪な者〟を象っている、とした。そしてこれを祭る、ということは祭りというものは祈りの場であるから、鼎という祭器を祭壇に置く。ということは〝未開の異民族〟や〝凶悪な者〟に見立てた〝形代〟を置くということであり、その祈りというのは〝形代〟を通じてそれに見立てた〝未開の異民族〟や〝凶悪な者〟を呪詛する行為である、とした。

この考え方は「物・百物」を「物の怪」としてその象徴的器物の鼎を民の生活の安寧のために祭った、ということであってもその祭りは「物の怪」の調伏の祭りである。後は「物の怪」の中に何を含めるか、ということだ。本当のところは饕餮という言葉の意味のとおり〝未開の異民族〟であり〝凶悪な者〟なのであり、「未開の異民族や凶悪な者」を呪詛するためにそれらに象られたものが鼎なのであり、九鼎だったのではないか。そう考えればそこに政治的・制度的意味を推測する歴史的背景が思い浮かぶのである。

つまり、王朝体制というのは体制であるから組織であり、組織が機能するのは制度によるのであるから「九鼎」を王朝体制の組織と制度の極めつけの象徴的器物と見做せばこの王朝、夏王朝新体制が何を目標に創建されたものか、ということの想像ができるのである。

夏王朝創建時、黄河流域の中原と言われた地域を中心に核となる原中国人を指導するグループがあり、九州とされる中国全土に散在した仲間となる者たちとの結束を呼びかけた。その目的こそ〝未開の異民族〟や〝凶悪な者〟たちの侵攻から仲間となる者たちを共同で防衛することであり、その組織体制が王朝体制であった。この時代は戦乱の時代であり、小さな国々はその脅威に恐れ戦いていたのである。

その団結の象徴が鼎であり「九鼎」であった。どのようにして団結の象徴としたのか、王孫満の「物」を〝未開の異民族・凶悪な者〟として語らしめればよい。即ち「遠方の物(未開の異民族・凶悪な者)を図し(描き)、金(青銅)を九牧(九州)に貢せしめ、鼎を鋳て物に象る」であるから、九鼎の制作には「九州全土の辺境の凶悪な未開の異民族の図像と各地に産出の青銅によった」のである。

なぜ九州全土からそれらを集めたのか。それは九州全土の仲間たちの思いの籠るものとしたかったからである。その思いの籠る器物の鼎を呪術的に見立てた形代として使い、調伏の祭りを行うことで、未開の異民族や凶悪な者に対抗するための団結を揺るぎのない形に表現したかったからである。

王朝体制という機構は、組織がその目的のために編成された状態である。組織の最大の関心事は目的の現状がどうなっているか、ということであり、未開の異民族や凶悪な者の活動の状態を知り、これに備える団結力のある体制が必要なのであった。

その情報の担い手が、各々の地を支配しながら異民族等の動静を監視していた諸侯の役割ということになる。諸侯は王朝の周辺を取り巻き、異民族等との隣接する地での斥候・偵察が任務なのである。

ちなみに諸侯の「侯（甲骨文・、金文・、篆文・）」の字は字源的に斥候、天候の「候」と同じで、甲骨文、金文に見るように物陰に隠れて戦いの矢を潜ませる字形になっている。これは未開の異民族や凶悪な者を敵として偵察する字形ということになる。

では団結の象徴「鼎」は漢字を作るために使われているのだろうか。ならば「鼎」を含んでいる漢字を調べてみればいい。団結するためには構成員であるメンバーが必要だ。深い絆で結ばれたメンバーだ。メンバーのことを「成員」という。成員は員に成ると書く。
成員の「員」の字形はこうなっている。

員　甲骨文・、金文・、篆文・

○+鼎、つまり鼎体制、鼎クラブの正会員である。諸侯はその代表的地位、仲間だということだ。○は人類共通で肯定的なものを表す記号、この○を卜にしたものが「貞」

貞　甲骨文・、金文・、篆文・

「貞」は団結、一体化、根幹がどうあるかを卜する字形、問う字形だ。字義は「ただしい」。仲間の絆、鼎に照らしてただしいかどうかである。偵察の「偵（篆文・）」は旁に「貞」。外側をいかに繕っても本心は敵なのか分からない人の様子をさぐる意味を成している。

諸侯の「侯（甲骨文・）」は物陰から矢を射掛ける機会をうかがう字形で、敵の未開の異民族や凶悪な者と戦う最前線にいる者である。そのような立場の諸侯は指導的立場にいる王朝と一体で団結しているはずであるから、そこを漢字で表記すれば「員」であり、鼎体制鼎クラブの正会員だ。

しかし、求心力の及ばない遠方では絆も影響力も希薄になり独自色が強まるから、いつしか王朝離れが起こっても不思議ではない。そこではゆるやかな連帯とか属国的な関係になり、ついには仲間落ちして脱落するだろう。このような様相を持つ仲間を漢字で表記されたものが「隕」の字だ。字義は「おちる」

隕　篆文・

「隕」の阝《こざとへん》は偏で員の鼎体制の仲間に条件がついており、このような仲間です、といっている字形。その阝についてはこれまで当て推量の説しか知られていないが、これは「障りのあること」を意味している。「障りのあること」は「問題をかかえていること」である。「阝」については第二部で「阝」のつく漢字のほとんどを説明しながらその根拠となる考え方を述べているので参照されたい。ここでは「隕」の「員」は強い絆で結ばれたサークル鼎のメンバーであり、「阝」はそのメンバーの状態を、さし障りがあり問題をかかえている、として示している。字義の「おちる」は、そのさし障りが顕在化するところを見て「隕《お》ちる」としたのである。強い絆の繋がりから脱落する、抜けおちるのだ。

例えば人為的な絆と自然な形としての絆の違いはあるが、年をとると歯が弱くなって一本一本と抜けおちるのだが、この場合も脱落するのであり、「抜け隕《お》ちる」と記されるべきだということも言えるだろう。

もう一つだけ挙げておこう。

則　金文・・、篆文・

「則」、規則、法則の「則」の字だ。この字は鼎と刀でできている。鼎は敵と戦うために味方の組織化と強固な団結を必要とすることを訴える組織一体化の象徴的器物である。

その鼎は未開の異民族や凶悪な者、即ち蔑称の饕餮《とうてつ》を象って作られたもので、彼らを呪詛し調伏する形代として作られ、神官によって祭られてその呪能を見せつけることができたのであろう。

夏王朝には鼎中の鼎、「九鼎」があった。その鼎である形代は九州全土から敵の図像を描いたもの、百物に象られて作られていた。ということは彼らは王朝の下で結束しようとして自分たちの敵を申告したのである。祭祀には、信頼のおける「員」の仲間や少々の難はあっても「隕」として参列する仲間もいたであろう。それらを刀で律しようとすることが「則」の字の字源なのである。「則」の字義は「のっとる」こと、鼎体制の団結に「のっとる」ことなのだ。

夏・殷王朝の敵

それではこれまで未開の異民族や凶悪な者としてきた夏・殷王朝の敵は一体どこのどのような人々であったのか、易象の上でそれらを考えることができるのか、〔火風鼎・䷱〕の象に立ち返って考えてみよう。

〔火風鼎・䷱〕は「雑卦傳」に〈鼎取新也＝鼎は新しきを取るなり〉とあった。これまで個々の小さな国々が血縁や地縁の紐帯で結ばれた中で敵と対抗してきたのであったが、これを王朝体制という新たな同盟関係の枠組の中で団結することで敵を圧倒し優位な状況を作ろうとしたのである。これが〈鼎取新也＝鼎は新しきを取るなり〉の象意であり、鼎は新しき体制の象徴的器物として祭政一致の原点にあるものとなり、その扱いは敵を呪詛する形代であった。〔火風鼎・䷱〕はこれらすべての事象を閉じ込める象意を表現するものであったのである。

そこで新しき体制である夏王朝新体制を取らしめた原因を〔火風鼎・䷱〕の中で考えてみることになる。

〔陰・⚋〕と〔陽・⚊〕は物事の表裏である。物理的な話だが騒々しい音でもその音波と反対の波動の音波を加えると音は消えて静かになる。音を音で消すのである。同様に〔火風鼎・䷱〕新体制は〔陰・⚋〕〔陽・⚊〕を消去するための反対の〔陰・⚋〕〔陽・⚊〕

の働きとすれば、〔火風鼎・䷱〕はその表現された裏側に一卦六爻すべての〔陰・⚋〕〔陽・⚊〕を変えた〔水雷屯・䷂〕の卦が伏在していることになる。

〔火風鼎・䷱〕→〔水雷屯・䷂〕（注5）

してみれば〔火風鼎・䷱〕は〔水雷屯・䷂〕と言う対処すべき課題があって、そこに対応しようとしたのである。この〔陰・⚋〕〔陽・⚊〕反転の卦は、裏卦、あるいは伏卦とも言われている易の占考法の一つだ。

では〔水雷屯・䷂〕には夏王朝新体制の敵である未開の異民族や凶悪な者はいるのであろうか。

〔水雷屯・䷂〕は困難に直面する卦、難卦と言われるものの一つで、他には〔水山蹇・䷦〕〔澤水困・䷮〕〔坎爲水・䷜〕がある。これらはいずれも小成卦に〔坎・☵〕がある。「說卦傳」に〈坎陥也＝坎は陥なり〉とあるが、〈陥〉はおとし入れる、おちいる意味。

下（内）卦〔震・☳〕〈震動也＝震は動なり〉。「說卦傳」で上（外）卦の〈陥〉に向かう象。行動すれば困難におちいる、おとし入れられる象である。方角は〔坎・☵〕〈正北方之卦也＝正北方の卦なり〉。「說卦傳」であるから真北。

ちなみに夏王朝遺跡と関わりのありそうな二里頭遺跡、陶寺、王城崗などから古来、農耕民族と北方遊牧民族とが抗争を繰り返した地域はそれらの遺跡から正北方であり、東西千二百キロにわたり連なる標高一五〇〇～二〇〇〇メートルの陰山山脈がある。

〔水雷屯・䷂〕を気象と見れば、〔坎・☵〕の寒冷化に〔震・☳〕の進む象がある。卦の名称「屯」は〝たむろする〟意味だから、イメージは「寒冷化による飢饉のために難民が屯《たむろ》する光景」だ。すると卦の象意は北方、即ち陰山山脈の南麓に屯した北の遊牧民族との争い、屯険・屯難がそもそもの事の起こり、王朝創建の動因に繋がったと思われる。

気候が温暖であれば、農耕民族も遊牧民族も自然な住み分けができ、争うこともなかったのであろう。このほかに易の占考上の裏付けはないのだが、多分ざっと想像してみるに、夏王朝以前、陶寺遺跡あたりに勢力を持っていた原中国人が、北方遊牧民との争いで〝敗北〟して南下し、黄河中流域の中原で復活し勢力を伸ばしていったのではないか。そこに王朝創建という事業があったと思われる。

この〝敗北〟の状況だが、「彖辞」に〈屯。元亨利貞。勿用有攸往。利建侯。＝屯《ちゅん》は元《おお》いに亨《とお》る貞《ただ》しきに利《よ》ろし。往くところ有るに用うるなかれ。侯を建つるに利ろし〉とある。〈元亨利貞〉はここでは諸事に対応する基本的心構え、と見ておく。その後の〈勿用有攸往。＝往くところ有るに用うるなかれ〉は、往く（立ち去る）ことはしても敗走ではなく、後のことを考えながら〈利建侯。＝侯を建つるに利ろし〉であるから、侯（さぐり）、斥候を設けることが利ろしいという情況がある。侯（さぐり）は〝諸侯〟のことだ。

易象は占的の核心部分から遠ざかるほどその光源から遠くなると思われ、光源が〔火風鼎・䷱〕であれば、裏卦の〔水雷屯・䷂〕の持つ意義もある程度稀薄になるものだが、今回の光源の強さと信頼度は十分である。

そこで今回は裏卦〔水雷屯・䷂〕の五爻定卦主の〈爻辞・小象傳〉にも占考を深めてみたいと思う。

◇屯其膏。小貞吉。大貞凶。象曰。屯其膏。施未光也。

◇其の膏に屯す。小貞は吉。大貞は凶。象に曰く。其の膏に屯すは、施し未だ光《おお》いならざるなり。

〈屯其膏。＝其の膏に屯す〉

〈膏〉は「肥える、あぶら、めぐみ」、そして膏沃の〝膏〟で肥沃の土地のことであるから、北方遊牧民との争いはそこが肥沃の土地だったからだ。そこに〝屯〟する北方異民族。今日の山西省北部、汾河上流のあたりであろう。

〈小貞吉。大貞凶。＝小貞は吉。大貞は凶〉

〈貞〉はもともと「鼎」に由来の漢字だが、ここでは小さな局面では吉だが大きな局面で行動することが凶になる、と考えられる。限られた部分で貞正であっても大義の前では凶となる。一定の範囲を越えなければ咎めない。自分たちの領地に遊牧されても迷惑でなければ見過ごす、という情況も考えられる。

〈象曰。屯其膏。施未光也。＝象に曰く。其の膏に屯するは、施し未だ光《おお》いならざるなり〉

その肥沃な土地に屯した遊牧民に対して〈施〉をした。しかしその〈施〉の効果は未だ十分なものにはならなかった、というのである。この〈小象傳〉をどう読むかである。

食に飢えた多数の人々が屯していたのである。そのような人々に〈施〉をしたのだから食物や住居などの援助をしてあげたというのが普通だろう。しかし全体の情況は極めて深刻だった。その深刻さは「序卦傳」で〔水雷屯・䷂〕の卦について〈屯者盈也。＝屯とは盈《みつる》なり〉とあるので人々でいっぱいになり溢れ返っていた。そんな情況では暴動も起こり略奪も起こるだろう。暴力は暴力を呼び、収拾のつかなくなったところでの〈施〉であったはずである。

では〈施〉とは何をほどこしたのか、これは援助をほどこしたわけではなく〈施〉自体を行ったが未だその効果が現れていない、と言っている。即ち「施」の意味は「ほどこす、ひろがる、さらす、死体を人目にさらす、よろこぶ」（『漢語林』）だが、漢字の字形としては「死体を人目にさらす」である。これは前著『恐るべき周易』の日本オオカミの生存を占った事例の「施」と同じだ（『恐るべき周易』二二四～五頁）。

　漢字の字形等は後述する部分もあり省略するが、〈施〉のもともとの意味は「死体を人目にさらす」である。江戸時代、罪人の首をさらしてみせしめとした脅しの方法と同じで、〈施〉は敵の異民族、凶悪な者を「架刑」にしてさらしたのである。

　では誰がさらし者にしたのであろうか。それは夏王朝創建の原因となる出来事であり、時の権力者だ。夏王朝創建により新体制で〈水雷屯・䷂〉の国難に対応しようとした人物が「禹」だったのではないか。「禹」が取った方法、そのやり方が敵を架刑にしてさらして脅し、北方の未開の異民族、凶悪な者の侵入を防ごうとしたのではなかろうか。

　だが、それは〈施未光也。＝施し未だ光いならざるなり〉であるから、短期的には効果があったにせよ、そのために夏・殷王朝を通じて北方異民族の侵入はなかったとは言えない。むしろその後の万里の長城の建造（戦国時代からとされる）を思えば、さらし者の見せしめで解決できるはずもないのだ。

　ところが「禹」が脅しで見せしめの架刑を行ったのだが、そのため長く領土は保たれたと記された古い時代の文書がある。その文書というのは『詩経』である。易の占考と『詩経』では立場が違うのでそこに整合性はないのだが、「禹」が架刑による見せしめを行ったと読める部分があるのである。

　占考では見せしめの架刑（施）は未だ十分な効果を見なかったと言い、『詩経』ではいやいや効果は十分あったのだ、と言う。『詩経』のその部分は後述することとして、占考の流れから架刑にされた北方の異民族に焦点を当てたい。

ではその北方の遊牧民族と考えられる人々はどのような人々なのか。〔火風鼎・䷱〕の体制を作った状況を表現しているのが〔水雷屯・䷂〕の〝屯難〟であった。その〝屯難〟をもたらしている相手だが、これも易象で考えることができる。相手のことも易象で表現されているのである。

易は〔陰・⚋〕〔陽・⚊〕という相対観念を元にして万象を考えるもので、相対観念が思考の基盤であり、一つの相対性理論である。このことは六十四卦の象にも表れる。

その状況をもたらす相手だが、相手のことを〝賓〟という。その状況を作った者がどのような人かは、〔水雷屯・䷂〕の卦を相手側から見ればよい。これが〝賓卦〟というものだ。〔水雷屯・䷂〕を相手側から〝賓卦〟として見る。これも相対的思考法だ。

〔水雷屯・䷂〕→〔山水蒙・䷃〕

これで〝屯難〟をもたらした北方異民族がどのような「賓」の相手かが〔山水蒙・䷃〕によって知られることになる。ちなみに〔火風鼎・䷱〕の夏王朝新体制は、賓卦として相手から見れば〔澤火革・䷰〕となる。〝革〟は革《あらた》まることであるから、相手側北方異民族にとっては敵は同盟を組んで強大になり、これまでと違った変貌を遂げたことが示される。

さらに込み入った話をしてしまえば、夏王朝新体制を敵が強大な形に変貌をしたと認識した〔澤火革・䷰〕の象の本体たる北方異民族は誰か、となれば、これは〔澤火革・䷰〕の裏卦が相当する。その裏卦は〔山水蒙・䷃〕となり、〝屯難〟をもたらした〔水雷屯・䷂〕の賓卦、〔山水蒙・䷃〕と同じであることを言っているのである。

〔水雷屯・䷂〕賓卦〔山水蒙・䷃〕
〔澤火革・䷰〕裏卦〔山水蒙・䷃〕

こうして〝屯難〟をもたらした者であり、また夏王朝新体制を敵の変貌として認識した者はどのような人々なのか、夏王朝の敵そして殷王朝にも引き継がれてゆく敵はどのような人々であったのか、そこを〔山水蒙・䷃〕は示している。

〔山水蒙・䷃〕の卦の名称〝蒙〟の字。意味は「こうむる、おおう、くらい、道理にくらい、おかす、まじる、いりまじる、あざむく、だます、蒙古の略」

つまり、おおう、くらい、道理にくらいのは〝未開の異民族〟のこと。それらの人々はまじる、いりまじる、であり混成の人々。その主たる人々が〝蒙古〟、モンゴルの人々だった、ということを〝蒙〟の字が具体的にさし示している。勿論、地理的に見てもそうだろうが夏・殷の時代もそうだったのだろう。時代は下るが秦・漢時代には中国の北方民族は「匈奴」と呼ばれていた。その「匈奴」は種属としてはモンゴル説とトルコ説があるという。おそらくはモンゴル説が〝蒙〟の字から考えて分がありそうだが、〝蒙〟の字には「まじる・いりまじる」意味もあるので特定することが難しいとも言える。ちなみに「匈奴」は十九種属もいた、ということである。

秦・漢時代の前、周代では「匈奴」は〝獫狁《けんいん》〟と言われ、殷代には「鬼方」とされ〝昆《こん》戎《じゅう》、狄《てき》、羌人《きょうじん》〟等、多くの異称があったことが言われている。そして夏代では〝獯鬻《くんいく》、葷鬻《くんしゅく》〟と呼ばれていた。

いずれにしろ〝蒙〟の字から、夏・殷の時代に敵と見做されていた人々は、蒙古・モンゴルの流れを汲む人々だった。彼らとの争いの対抗上、制度として原中国人の結束を固める夏王朝新体制ができたのであり、その制度は〔火風鼎・䷱〕で表現されたのである。漢字〝蒙〟の字の成り立ちについては〝家〟の字との関連で考えるところもあるのだが、これは占考の全体の流れから逸れ、方向感も見失いかねないと思うので別項で扱いたい（注6）。

これまでの占考の流れを卦の上で見てみると次のようになる。

本卦　䷫・天風姤・五爻

象意　十分な証拠がないまま夏王朝・殷王朝の礼制を言うことを憚った孔子の良心、『論語』八佾篇・第九章。

之卦　䷱・火風鼎・五爻

象意　易象としての夏王朝・殷王朝の礼制、王朝としての統治、その象徴が「九鼎」であり、その精神的中核であることを示す。鼎が何に象られているかの解明が必要となる。

裏卦　䷂・水雷屯・五爻

象意　夏王朝新体制が必要となった理由。寒冷化・難民との肥沃の地をめぐる領土紛争。溢れ返る北方遊牧民族。架刑による脅し。

賓卦　䷃・山水蒙

賓卦は〔水雷屯・䷂〕を相手側から見た卦。相手は誰かを示す。夏王朝・殷王朝の敵は〝蒙〟。即ち種々いりまじってはいるが、蒙古・モンゴル系統の流れを汲む人々。

要するに孔子が知りたかった夏王朝・殷王朝の礼制、即ちその制度の基盤となったものは、異民族敵視政策が根底にあったことになる。敵と見立てた他国の脅威に対抗して身内の体制の結束をはかるというやり方は、今日の世界でも体制強化の常套手段である。そう考えれば何も特別なことではない。広域支配を可能にしたものは脅威に訴えたことなのであろう。旧ソ連に対抗したＮＡＴＯの加盟国は、言ってみれば王朝に対する諸侯のような存在であり、王朝はその理事会で情報処理が役割、と考えてはどうかと思う。

ではその王朝が宝器とした〝鼎〟はどこにどのように象られているのであろうか。その謎を解く鍵が〝漢字〟にあるのだ。

漢字がすべてを知っている

鼎は原中国人と呼ばれる漢民族の団結への強烈なメッセージを呼びかけている祭器であった。そして漢字はその成り立ちの中にすべてを見届けて表現していると考えることができる。

古代中国の北方民族との争いの状況は、中国最古の詩集『詩経』の中においていく分見ることができるが、そこに漢字の成り立ちによった意味を加えて詩を読み解けば新たな解釈が生れてくる。つまり、忘れられた意味がレントゲン照射のようにその画像を浮かび上がらせるようなものである。

『詩経』商頌長発の一部に次の箇所がある。

洪水芒芒　禹敷下土方
外大國是疆　幅隕既長

洪水芒芒《ぼうぼう》たりしとき　禹下土に方を敷く
外の大国に疆《さかい》を是《ただ》し　幅隕既《すで》に長し

〝禹〟が下土（いなか）、辺境に方（規範）を敷き、外の大国との境界を是正した後はその幅隕（広がり）、領土は既に長く（久しく）なった、または既《ことごとく》久しくなったと一般的には解釈される。この場合「方」の意味は規範でよいのだろうか。

方　甲骨文・、金文・、篆文・

一般的な字源解釈は甲骨文、金文の字形が耜《すき》のように見えるところから「耜《すき》」説。この字形を〝架死の形〟としている別説（白川静説）がある。

架死とは磔《はりつけ》で死んだ状態のことだから、その意味で読めば――（略）禹は下土、即ち大国の異民族の住む場所と接するような辺境の地で彼らを捕え、磔にして脅し国の境界を主張したので、その後は国の領域は保たれた――。方を敷くというのは磔を敷き並べた、ということで「敷」の字にも「方」の字が入っているのである。

「方」が架死の形であることは当たっていると思う。異民族の地は「方外」と言い国内を「方内」という。呪術師のことを「方士」というが、架死に祈禱を加え結界の呪禁としたのであろう。

また「芳」という字がある。

芳　金文・、篆文・

草冠に方。即ち草の架刑が「芳《かんばし》い」のだ。麦や雑穀をはざに架け乾燥させる。その匂いを嗅いだことがあるだろうか、とても芳しくいい匂いなのだ。

禹がどれほどの規模で「方を敷」いたか分からない。想像の範囲なのだが、時代は下って殷代の殷墟には首のない遺体を各十体ほど埋めた穴が一五〇〇もあると言う。これは羌族《きょうぞく》と見られるものらしい。恐ろしい光景だ。
「方＝架死」の字と対をなす漢字がある。今日、行政区域として何気なく使っている「××県」の「県（縣）」の字だ。

県（縣）　金文・、篆文・

県は「首（金文・、篆文・）」の字の転倒形。首の字を転倒させると県の字になる。旧字にはつなぐ意味の「系（金文・、篆文・）」が付加され、金文ではこの首が木の枝に懸けられた字形になっている。してみれば県（縣）の字は、逆さにした首が木に吊り下げられている光景から生まれた字だということが分かる。その見せしめによる光景によって、主張する領域を表現したのである。これは脅しのためのものであるから、その首は未開の異民族、凶悪な者の首であろう。そうであれば「方」の字の架刑と同じように、彼らの侵入を拒否する警告の方法だったのである。
「方」の字の架刑や「県」の字の逆さの吊るし首を未開の異民族に対して見せしめの脅しとして彼らとの境界に設置し、恐怖心を煽って侵入を思い止まらせようとしたことと同時に、その効果が失われないよう呪術的にも手が加えられ、呪術師による祈禱が行われた。

それが「結界の祈禱」であり、「禹」の時代にも広く行われていたに違いない。

ここで楚王が鼎の軽重を問い、周の大夫王孫満が答えた中の「遠方の物を図し、金を九牧に貢せしめ、鼎を鋳て物に象る……」話に戻りたい。

「鼎を鋳て物に象る」という時の「物」であるが、鼎には饕餮文《とうてつもん》が描かれており饕餮《とうてつ》文が「物」を表現したものであろうと考えた。その「饕餮」という言葉の意味は「未開の異民族であり凶悪な者」であった。即ち「物」は未開の異民族であり凶悪な者であったのである。

そこで「鼎を鋳て物に象る」は「鼎を鋳て未開の異民族・凶悪な者に象る」こととなり、象ったものが形代となって祭られ、結界の祈禱が行われて彼らの侵入は抑止され呪術的に鎮められ、境界は保たれることとなり住み分けができるようになる、ということであった。

では鼎は具体的にどのように未開の異民族・凶悪な者を象ったのであろうか。そこには彼らが強大な勢力を持ち南下の隙を窺い脅威となっている状況を前にして、これを抑止するために原中国人（漢族）の団結を促す強烈なメッセージが込められていたのであり、「遠方の物を図し、金を九牧に貢せしめた」禹も、そこのところを見て王朝創建の象徴となる器物の「九鼎」を作ったに違いない。そして彼が未開の異民族・凶悪な者として象った彼らの姿こそが、漢字「方」の架刑と対をなす「県」の字の〝逆さの吊るし首〟であったのだ。鼎は原中国人の敵の〝逆さの吊るし首〟に象られて作られており、その強烈な怨念の込められた逆さの吊るし首であったゆえにこそ、怨念のその形が形代としての呪能を具えた器物の鼎となり得たのである。

形代の鼎は呪術師が敵に見立てることができればよく、観法上問題がなければよいので厳密な形を取る必要はないが、鼎の全体の形は人間の頭部同様に丸く、目も鼻も耳も鬢も髪もあり、鼎鉉《ていげん》により吊るされる鼎の状態も逆さの首が木に吊るされる状態と同じである。鼎の口が大きいのは、下顎を外した形に象っていることがあるかもしれない。

いずれにしろこの鼎を怨念の籠る異民族・凶悪な者に見立て、呪術師が調伏、鎮圧の祈禱を行ったのである。

漢字「鼎」の話をしたい。漢字「縣」と「鼎」は〝逆さの吊るし首〟というモチーフから生まれた双子の兄弟である。「縣」は境界を表現し、「鼎」は形代であることを表現している。

今日、現代表記のこの二字を並べてみても、似ている……と感じられないだろうか。

県……鼎

鼎という漢字は「鼎の器形に象る」というのが学者の通説だ。鼎そのものを見て漢字に写し取ったものだ、というのである。確かに金文の中には鼎の器形と見られるものはある。

しかしながらほかにもいく種類かの字形があり、全体から見ればむしろ鼎の器形を字形にしたと考えるには無理がある、と思うのである。

そこで「首」と「県（縣）」と「鼎」の字形の流れを追ってみようと思う。

首
甲骨文 
金文 
篆文 

県
甲骨文 ……
金文 
篆文 

鼎
甲骨文 
金文 
篆文 

地方ごとに字体の相違のあった漢字をまとめ、一定のオーソライズされた形にしたのが篆文である。相違部分はよく研究され、失われる意味がないよう配慮されたはずである。
全体の流れから見れば「首」は目と頭髪によって表現された漢字であり、「県」「鼎」はその転倒形、即ち〝逆さの首〟の形だということを推察することができる。ただ「県」の金文では木に首を系《つな》ぐ時、頭髪をそのまま利用したとも思われる字形で、その場合、首は逆さにならないが篆文では顚倒の字形である。

鼎は「鼎」という漢字によって逆さの首に象って作られたことを知ることができるのだが、部分的には頭髪の部分に多くの情報がある。その甲骨文・金文の主なものに二本の下垂する主線がある。その脇に一本二本と髭状の副線がある。二本の副線は蝶ネクタイのようにも見える。

この髪形は少女のおさげ髪のように後ろ髪を左右に分け、分けたそれぞれの部分を結わえて垂らした状態を字形化したものではないか。二本の下垂する主線が二つに分けた髪であり、そこから出ている一本、あるいは二本の副線は結わえた紐ではないかと思うのだ。

鼎の足は本来は三本だ。三本の支柱があってこそ鼎は倒れないのであり、鼎字が鼎の器形そのものを象るとすれば三本足は無視できない要素だ。そこで金文・の鼎字がいつしか傍系として生まれることになったのではないかと思う。しかし鼎字の字形上の本流は二本足であり、その二本の足とは頭髪であり、二束に分けた後ろ髪であることに間違いはないと思うのである。

だが注意深い人は言うだろう。鼎字の金文には他に三本足もあるではないか、「」の字の金文はどう説明するのか、と。

実はこれも頭髪であり髪、この三本足も髪形なのだ。字形の髪は団子の串刺しのように膨らみと窄《すぼ》みがある。髪を編むと膨らみと窄みができる……そんな髪形、編んだ髪、即ち辮髪という髪形。古くからアジア北方民族の習俗とされる髪形だ。四千年以上の昔も習俗として行われていた可能性は高く、満州族、蒙古族、女真、匈奴、鮮卑などの種族は辮髪の種族であったのである。

その中で字形に該当する髪形といえば、蒙古の系統といわれる「三塔辮髪」が相当する。塔塔児とはモンゴル系遊牧民族の名だ。この字形はおそらく三塔辮髪の逆さの吊るし首を象って作られたに相違あるまいと思われる。

少し形は違うが、漢字にはこのような辮髪の字形がある。

羌　甲骨文・　金文・、　篆文・

殷王朝の敵、羌族《きょうぞく》の羌の字。羊と人と辮髪の字形を金文によって知ることができる。彼らは辮髪の牧羊民族であった。そして蒙古の「蒙」の字は甲骨文に〝〟を載せる漢和辞典もあり、近似の字形となっているのである。

〔火風鼎・䷱〕と逆さの吊るし首

漢字「鼎」の字の字形が示している〝逆さの吊るし首〟は、礼制を象意とする卦〔火風鼎・䷱〕の中にもそのまま認められる。

未開の異民族、あるいは凶悪な者のいる地域と接する境界で、逆さにして吊るされていた首は彼らの侵入を阻止するための脅しであり警告であった。生首を逆さにしたことによってその異常性がさらに恐怖心を増大させたのであろう。このような心理作戦によって領土を守ろうと原中国人は考えていたのである。

晒された逆さ首の光景は原中国人には、敵に対する怨念と徹底抗戦の決意の表れであり、且つ味方の団結の絆を深める象徴としてイメージされていたため、禹は王朝創建にあたって、逆さ首の形代となる「九鼎」を作ったのであった。

禹の「九鼎」は九州全土からそれぞれの地の敵を図像や青銅の形で申告させ、それらに象って作ったもので敵を調伏するための形代であったから、諸侯を集めた中で行う調伏の祭祀の意義は大きかった。そこが宮廷儀礼の原点だったのであり、その祭祀は単なる王朝の押しつけのセレモニーではなく、王朝組織全体の結束を強める意義を持っていたのである。王朝が最も恐れるものは内部崩壊だが、そこには体制の内部崩壊を起こしにくくし護持をはかるための配慮があったのである。

　ではその原点である未開の異民族、凶悪な者の〝逆さの吊るし首〟は、〔火風鼎・䷱〕の卦の中にどのように潜んでいるのか、確かめてみよう。

　鼎の特徴の一つは食物を煮る鼎とそれを取り上げる鼎鉉《ていげん》が別にあることで、〔火風鼎・䷱〕では初爻から五爻までが鼎の本体、上爻の〔陽・⚊〕が鼎本体の外部にある鼎鉉にあたる。

　この象意は上爻〔陽・⚊〕が初爻から五爻までの〔〕を「吊り上げている」、または初爻から五爻までの〔〕が「ぶら下がっている」イメージとなる。

　このイメージを置き替えて鼎本体が「ぶら下がっている」のではなく〝逆さの吊るし首〟が木の枝に結わえられて「ぶら下がっている」象として見るのだが、これは漢字の「県」の金文の（）の字がそのまま字形にしている形だ。

「県＝縣＝」の字の字義は「かける、かかる、掲示して広く知らせる」。〔火風鼎・䷱〕の上爻が木の枝にあたるので、この枝に「かける、かかる、掲示して広く知らせる」ことをしているのが四・五・六爻の〔離・☲〕卦の象である。

〈離・☲〉卦は「說卦傳」に〈離麗也＝離は麗なり〉とある。「麗」は「かける・かかる」意味があり、「県＝縣」の「かける、かかる」と同じ意味、さらに〈離也者明也、萬物皆相見＝離なる者は明なり、万物皆相見《あいみ》る〉は「掲示して広く知らせること」である。

次に木の枝に何を懸けて広く知らせようとしたかといえば、当然〝逆さの吊るし首〟である。その象は初爻から五爻まで、鼎の象では本体部分にあたる。

初爻から五爻まで〔⚋⚊⚊⚊⚋〕の中間、二・三・四爻に〔乾・☰〕がある。この〔乾・☰〕が〝首〟であることは「説卦傳」に〈乾爲首＝乾を首と為す〉とあるとおりだが、この〝首〟が逆さのという状態を表現するものでなければならない。

この象〔⚋⚊⚊⚊⚋〕は〔澤風大過・䷛〕の似象である。このまま互卦を作って〔澤風大過・䷛〕と見做してもよい。その象意は「雑卦傳」に〈大過顚也＝大過は顚なり〉とある。〝顚〟は顚倒の〝顚〟であるから、〔乾・☰〕を包む形の〔⚋⚊⚊⚊⚋〕は〝逆さの首〟の象がある。首の状態は顚倒して逆さになっている、ということになるのである。

以上が〔火風鼎・䷱〕の中の〝吊るされた逆さの首〟の象の中心部分の占考だが、首が逆さだということは、上下が代わり頭髪は下になる。この上下の関係も首の顚倒という〔澤風大過・䷛〕の似象〔⚋⚊⚊⚊⚋〕の細部を見てゆくことで示されているのである。まず、〝上〟の部分の〔火風鼎・䷱〕の上爻〔陽・⚊〕は部外の位置であり、ここでは首自体ではなく、首を懸けるものを部外として意味するから、木の枝や首を吊るすための架台に取りつけた竿などにあたる。

したがって、初爻から五爻までの〔⚋⚊⚊⚊⚋〕が顚倒の首になる。この三・四・五爻に小成卦〔兌・☱〕がある。〔兌・☱〕の象は「説卦傳」に〈兌爲口＝兌を口と為す〉とあるから〝口〟であり、「鼎」としては煮炊きする食物を入れる上部の〝口〟にあたる。これを顛倒した首と見れば口ではなく〝切り口〟である。顛倒の首は首を切られているのであり、そこは〈爲毀折＝毀折と為す〉〈爲附決＝附決と為す〉とあり、附決の〝附〟は刑の実施、そして〝決〟は切る意味だから、切り落とされた首が逆さにされて切り口が上になっている象になる。

次に下部の〔巽・☴〕の象を見てみよう。〔巽・☴〕は、「説卦傳」に〈爲縄直＝縄直と為す〉〈爲長＝長と為す〉〈爲臭＝臭と為す〉〈爲寡髪＝寡髪と為す〉〈爲廣顙＝広顙と為す〉〈爲多白眼＝白眼多しと為す〉とある。

このうち広顙（広い額）、白眼多しは頭部に関するもので参考までとし、「縄直、長、臭、寡髪」を頭髪の状態として想像してみたい。……「縄のように編んでいる、長くて臭いがする、少ないか少なくした髪」……である。

実はこの占考より先に漢字「鼎」の金文の中の「」の字によって、髪は〝辮髪〟であり、それが蒙古系統の「三塔辮髪」であるに違いないと睨んではいたのであった。

『広辞苑』によると「辮髪」には図の掲載もあるが次のように書かれている。

〈辮は編む意〉男子の頭髪の一部を残して剃り落とし、残りを編んで長く後ろへ垂らした髪形。古くからアジア北方民族の習俗。清朝が中国本土に侵入するに及び、一六四四年薙髪（ちはつ）令を発し、漢民族一般に強制、清朝滅亡までつづいた。

辮髪にも種類はあるが、この説明では「頭髪の一部を残して剃り落とし」は、少ないか少なくした髪〔寡髪〕。「残りを編んで長く後ろへ垂らした髪形」〔縄直・長〕という〔巽・☴〕の象意の髪形である。

中国に侵入した清王朝は、アジア北方民族で辮髪の満州族だった。一二七九―一三六八年のモンゴル帝国、元王朝。一一一五―一二三四年、女真族の建てた金王朝。その他北方辮髪の民族としては匈奴、鮮卑、突厥、高昌、殷代の卜辞で知られる羌なども辮髪の民族であった。

さて、先に礼制・制度を表す〔火風鼎・䷱〕には、その礼制の特徴でありまた原因と考えられる裏卦の〔水雷屯・䷂〕があり、〔火風鼎・䷱〕の礼制は〔水雷屯・䷂〕の〝屯難〟の対処法であったと占考した。

さらにその〝屯難〟をもたらした者を〔水雷屯・䷂〕の賓卦（綜卦）と考えて〔山水蒙・䷃〕とし、蒙の卦名を重く見て、種々の種属が入り混じってはいるが概ね蒙古・モンゴル系統の種属であったのではないか、と占考した。

〔火風鼎・䷱〕と逆さの吊るし首の占考では、〔火風鼎・䷱〕はまたその象意の中に〝逆さの吊るし首〟が潜んでいたのであり、その首の主は〈縄直〉、即ち縄のように編んだ髪、辮髪であったのである。

その辮髪ではモンゴル系遊牧民族の習俗として三塔辮髪という頭髪の習俗があり、おそらくその頭髪を見て言ったのであろう、彼らのことを塔塔児《タタール》とも言ったのであった。〔火風鼎・䷱〕の〔巽・☴〕の象意に数象の三と八があり、下卦であるから三を取って三本の辮髪、即ち三塔辮髪と言えなくはない。

しかしそもそもの〈鼎〉は三本足であるのみならず、卦の名称〈鼎〉の漢字の金文にも三塔辮髪であることを示している「鼎＝」の字があるのである。

このことから夏王朝・殷王朝の敵を示していた〔山水蒙・䷃〕の卦名〈蒙〉が示す〝蒙古、モンゴル系遊牧民族〟と〝逆さの吊るし首〟を示していた〔火風鼎・䷱〕の象意の「三塔辮髪」は繋がったことになる。

〔火風鼎・䷱〕の象意の中にあって王朝体制の核心としての象徴的意義を持つこととなった〝逆さの吊るし首〟の原景は、どうやらこのあたりの出来事を中心にしたのであろう。様々な形で集合離散はあったのであろうが、漢民族、原中国人と考えられる人々が最初にまとまりを見せたのは、「未開の異民族・凶悪な者」を相手に身内を固めた王朝体制においてであった。そのことを端的に表現しているものが王朝の宝器「九鼎」であり、九州全土の共通の敵を相手に団結しようとした証であった。

この「九鼎」は敵を呪詛し調伏、鎮圧するための〝形代〟であり、敵の逆さの吊るし首に見立てたものであるから、「九鼎」を祭祀することは朝廷の最大の行事であったはずであり、王朝体制はまた祭政一致の体制でもあったはずである。

さて、『論語』八佾篇・第九章に端を発することとなった夏王朝・殷王朝の礼制について、本卦〔天風姤・䷫〕五爻の之卦〔火風鼎・䷱〕五爻においてその礼制の骨格は概ね摑むことができたのではないかと思う。

氏族・部族といった紐帯関係の中にあった小さな国々等の個別の集団が、一定の目的のために組織化された状態が王朝体制であり、王朝は王を中心とする体制の状態である。その体制の内部規律としての礼制は組織化の目的に則ることが当然求められる。

夏王朝・殷王朝の王朝体制の目的とは何であったのか、その目的とは主に北方の異民族、なかんずく、モンゴル、蒙古系の異民族との抗争に由来するものであり、その防衛機構としての体制・制度に由来するものであったと考えることができるのである。

その目的を端的に表現すれば「鼎に則ること」に尽きる。鼎に則ることが夏王朝・殷王朝の礼制・制度の根幹であった。そのルールは厳しく、刀にかけても守ってもらうぞ、容赦するものではないぞ、という厳しい内容のある強固な掟でもあったのであろう。

なぜなら「則る」の〝則〟という漢字、これこそ「鼎」と「刀」から作られているからである。〝則〟の字こそ礼制・制度の根幹であったのだ。

則　金文・、、篆文・

注1　誘惑するものに対する処遇の卦、ウォーターゲート事件、ニクソン大統領侵入事件の指揮をとったか。占例得卦〔天風姤・䷫・三爻〕参照。

注2　第二部「「阝《こざとへん》」の漢字」参照。民主党本部盗聴事件、一〇三〜一〇七頁関連

注3　『長江文明の発見』角川選書、徐朝龍

注4　第二部「者と物」参照

注5　前著『恐るべき周易』三四二頁「雨の防具、レインコート」参照。

注6　第二部「家の字の消息」参照。

参考

殷の武丁の故事

『易経』経典の象意を述べる中には実際に行われたこと、現実であったことがその象意の易象の文言となり占辞ともなる辞句が使われているものがある。

この卦・爻の象意を文言として表示しようとすればちょうど実際にあったこの事件で言い尽くすことができる。今後易占においてこの卦・爻を得た時はこの事件、この故事について述べている内容を考えてみることが占示となる、というものだ。

夏王朝の桀王が殷の湯王に滅ぼされ殷王朝となったその中期、武丁が即位、北方の異民族を征伐したことが『易経』経典〔水火既済・䷾〕三爻に記されている。

䷾　水火既済・三爻

◇高宗伐鬼方。三年克之。小人勿用。象曰。三年克之憊也。

◇高宗鬼方を伐つ。三年にして之に克つ。小人は用うるなかれ。象に曰く。三年にして

之に克つは憊《つか》るるなり。

高宗は殷王の武丁の廟号である。この〈爻辞・小象傳〉はその武丁が実際に行った北方異民族の征伐についてそのまま記述した形で、鬼方と言われた北方の異民族を征伐したがそれには三年かかった。武丁にしても三年もかかっただけでなく、疲労困憊の状態だった、誰にでもできることではないのだ、と言っているのである。

〔水火既濟・䷾〕の象意は『雜卦傳』に〈既濟定也＝既済は定なり〉とあるからその象意は「定」であり、「定」は定めること、乱れた物事を済《ととの》えること、即ち鬼方の異民族の乱を平定する象であり、その平定がどのようなものであったのかを第三爻の〈爻辞・小象傳〉が示す、と考えられる。

だが、〔水火既濟・䷾〕の「既済」という卦の名称を象意としてさらに深く考えてみると、この象意には平定する側の事情が謳い込まれていると見ることが可能だ。なぜなら既済は既《すで》に済うということであり、万事が既にできあがっている状態を言う。

即ち、既にできあがっている物事、既にできあがっている完成品であり、爻は第三爻であるからその状態における第三項〔陽・⚊〕の地位、その様相を〈爻辞・小象傳〉が述べているのである。

では、既にできあがっている物事、完成されている状態とは何か、である。即ちこれこそ禹によって作られ殷にも引き継がれた「王朝体制」であり、その制度、礼制ではないかと考えられる。

そこで第三爻の地位であるが、「繋辞傳」に〈三多凶……其柔危其剛勝邪＝三は凶多く……その柔（陰・⚋）は危うく其の剛（陽・⚊）は勝たんか〉とあるように、第三爻は危険な位置にあり、〔陰・⚋〕は駄目だが〔陽・⚊〕なら何とか凌げるかも知れない、という爻である。〔水火既濟・䷾〕三爻〔陽・⚊〕にはこのことがよく表れているのである。

こうして〔水火既濟・䷾〕第三爻の象意は、既にできあがっている既定の王朝体制を維持し存続する中での象意を示し、その危険な位置を示すものとなる。このことは即ち殷の武丁の王朝体制に危機が迫っていたことを告げてもいたと考えられることになる。

『後漢書』西羌伝などによると、殷の武丁の前の王朝は衰え、諸侯は皆王朝に叛いたという。王朝と諸侯によって体制が生まれ、その制度が存在したのである。体制が崩壊すればその制度の礼制も何もあり得ず、王朝も諸侯もなく解散して各々独立国となる。旧ソ連がそうであった。

想像するに、殷の盤庚《ばんこう》が周囲の反対を押し切って安陽へ遷都したのが武丁の五十年ほど前のことであったので、その反感と不信も手伝って諸侯は叛いたのであろうが、直接の原因は遷都をしたために王朝が財力を失い、本来の異民族に対する軍事的抑制の機能を果たす方に手が回らなかったからではなかろうか。諸侯としては止むを得ず異民族の外圧に対しては自力で戦うことになり、さらに王朝の面倒も見させられることになるのである。

こうした情況の中で武丁は諸侯を宥めて、十分とは言えなかったかもしれない王朝の体力で鬼方の異民族征伐に立ち上がり、勝利はしたが三年かかって疲労困憊でした、ということだったのではなかろうか。

本卦〔水火既済・䷾〕三爻の占考はここまでとし、武丁の戦闘の状態を示すことになる三爻変の之卦に移る。

䷂　水雷屯・三爻

この卦〔水雷屯・䷂〕は前に述べたことがある。

それは夏王朝・殷王朝の王朝体制の制度である礼制は〔火風鼎・䷱〕の象意が示しているのであり、その体制を生んだもの、特徴となるものの占考では、〔火風鼎・䷱〕の裏にあったもの即ち裏卦と考えて〔陰・⚋〕〔陽・⚊〕反転の裏卦〔水雷屯・䷂〕の象意の〝屯難〟があった。即ち北方異民族との間の対決の構図の〝屯難〟。この〝屯難〟に対処する方法が夏王朝・殷王朝の同盟体制を生んだのであり、逆さの首を旗印に原中国人が結束した。その体制内制度が〔火風鼎・䷱〕の象意となる、というものであった。

今、〔火風鼎・䷱〕の体制、夏王朝体制を引き継ぐ象意のある〔水火既済・䷾〕の殷の高宗武丁の王朝体制がしなければならなかったことは、離反してゆく諸侯の信頼を取り戻し、王朝本来の姿を再建することであったはずである。

そこで武丁は難敵の北方異民族征伐に向かった。

この〔水雷屯・䷂〕の上卦〔坎・☵〕は正北方の卦であるが、殷の王都は安陽であり王都は東方へ移っているので本卦〔水火既濟・䷾〕で言う〝鬼方〟ではなく鬼方と土方の中間あたりを指すが、ここは〔坎・☵〕の象意の〝陥（坎陥也。＝『說卦傳』）〟「陥険」と見る。既に本卦〔水火既濟・䷾〕で〝鬼方〟と言っているからである。

上卦〔坎・☵〕に対し武丁は下卦〔震・☳〕。〔震・☳〕は〝動（震動也＝說卦傳）〟だから〔水雷屯・䷂〕は〝陥〟の陥険に〝動〟。即ち陥険に立ち向かう象となる。

次の〈爻辞・小象傳〉に鬼方征伐の具体的状況が述べられている。

◇既鹿无虞。惟入于林中。君子幾不如舍。往吝。象曰。既鹿无虞。以従禽也。君子舍之。往吝。窮也。

◇鹿に即《つ》きて虞なし。ただ林中に入る。君子幾をみて舎つるに如かず。往けば吝。象に曰く。鹿に即《つ》きて虞なしは、禽に従うを以てなり。君子之《これ》を舎《す》つ。往けば吝。窮するなり。

〈既鹿无虞。惟入干林中。君子幾不如舎。往吝。＝鹿に即きて虞なし。ただ林中に入る。君子幾をみて舎つるに如かず。往けば吝〉

〝鹿〟……動物の鹿だけでなく含意がある。追い求めるもの、〝帝王の位〟である。これはおそらく牡鹿の角の風格からの連想であろうか、ヨーロッパでも鹿は帝位の象徴なのである。

してみれば〝鹿に即く〟というのは敵の王に即して、敵の王を求めて、ということであろう。相手が遊牧民族なのだから、山野に遊牧する個々の家族を捕えても敵の征伐とはならない。敵の首魁を征伐しなければならないのだが〝虞〟即ち山野をよく知る者、案内人、ガイドがいない。それが〈无虞＝虞なし〉という状況である。

このような状況ではただ山中に踏み込むのみ〈惟入干林中＝ただ林中に入る〉であるから途中で撤退する方がいい〈君子幾不如者。往吝＝君子幾をみて舎つるに如かず。往けば吝〉ということになる。

おそらくその場所は陰山山脈でありそこへ向かったのであろう。ここは古来北方異民族と漢民族との間で戦場となった地域として知られる。この地域が〝鬼方〟であったに相違ないと考えられる。

〈象曰。既鹿无虞。以従禽也。君子舎之。往吝。窮也。＝象に曰く。鹿に即きて虞なしは、禽に従うを以てなり。君子之を舎《す》つ。往けば吝。窮するなり〉

山野をよく知る者、案内人、ガイド、情報提供者などがいない状態で敵の首魁、王を求めて挙兵したことが〈既鹿无虞＝鹿に即《つ》きて虞なし〉である。その求め方を説明しているのが〈以従禽也＝禽に従うを以てなり〉で、どのような求め方をしたのかを示すものが〝禽〟となる。

〝禽〟の字、家禽の禽で「とりこにする、いけどりにする」意味だ。したがってここでは捕虜にしようとしたのである。捕虜にすれば人質にもなる。相手の敵に復讐された時は捕虜となった王や首魁を使って復讐を止めるよう懇願させる。捕虜は安全装置にも奴隷にもなるのである。

しかし、敵を滅ぼすだけでなく王を含めて捕虜にしてしまうということまでは難しい。そこまでやろうとすることは困難で、君子ならそれはやらない、之《これ》を舎《す》てる。之を舎てておく。往けば……「往」の字は立ち去る、が本義。〈往吝〉は立ち去るに吝。立ち去るにも未練があること。ここまでやったのに、もうこれ以上手のほどこしようがない。最後は〝窮〟するのみ。「窮」の字は、物事がぎりぎりのところまでいって行き詰まる。動きが取れない、やるにやれないところが〈窮〉。

通して占考すれば、殷の武丁は北方の異民族を征伐して王朝体制の挽回を図り、三年という長い間の戦争をしたのだが、戦いに勝利したとはいえ敵の首魁を捕虜にしなかったなどの点では未練のある部分があった。しかしそこは止むを得ない部分であったから舎ておくこととした。捕虜など得られなくても意図した勝利にほとんど近い戦況となった。そこを〈幾〉の意味の「ほとんど～にちかい」の字が示して〈君子幾不如舎。＝君子幾を見て舎つるに如かず〉と言ったのである。それにしてもこんな戦は誰にもできることではなく、武丁にしても疲労困憊で国力も使い果たした状態だった、ということなのであろう。

第二部　易者が考える「漢字」の成り立ち

～漢字の字源的考察

漢字の意識

易の筮法の略筮（三変筮）での占考法は〝辞占〟とも言われている。占筮によって卦と爻を求め、卦の象意を受けた爻の象意を占考するのだが、爻に繋《か》けられた占いの言葉である〝辞（『爻辞・小象傳』）〟の占考が中心となる。

しかし卦は六十四卦、爻は六爻であるから64×6で三八四爻となり、三八四パターンで万象を集約したことになって心許ない気もする。そこで卦の象を中心に占考する中筮や本筮という筮法があるのだが、これは〝辞〟が略筮のようには重視されない占法だ。

略筮でも卦の象意の占考は十分にできるのだから、〈辞〉を最大に活用しつつ辞占として経典の言葉を信じて占ってみれば、なるほど経典の言葉は今日でも生きているな、経典の文言も万古不易なのだろうな、と思われるだろう。

それでこれほどの文言を厳選した者の計り知ることのできない知を思えば、文言の漢字の一字一字にもその〝知〟はゆき届いているはずだ。このことが略筮の占考から始まった私流の漢字の成り立ちの研究の動機だった。

漢字の成り立ちについては後漢の許慎による六書の分類「象形、指示、会意、形声、転注、仮借」があり、今日では甲骨文・金文の資料によって研究されている。しかしそれはそれ、全体を俯瞰することや形式論は重要なことなのだが、個々の漢字については易占家の要求するレベルにあるとはいい難い。

易の占考は合理的でなければならず、その意味でも漢字の構造はそのもっている意味を描出するための合理的な仕組みが感じられるものである必要がある。

早い話、漢字一字であってもこれを重ねた二字熟語、四字熟語であってもそこには描出せんとする意味を作る合理的な仕組みがある。それは漢字にとどまらず俳句や短歌、あるいは絵画であってもそこで描かれているものには各所にそうでなくてはならない合理的な意識の構造があるのだ。推敲とか添削とかいうものは、そこにあって隠されている論理の整合性をよりよい表現の形にすること、仕立て上げることだ。漢字一字についてもその成り立ち、仕立てはどうなっているのか、隠された仕立ての論理をどう見るのか、その道筋によって漢字の意味が表現されていると見るべきだろう。

いずれにしても漢字を作った人が蒼頡《そうけつ》かどうか確かめようもないが、人が作ったものであり、人が作ったものなら心が作ったのであるから心に沿って成り立ちを考えればいい。問題はそこに説得性があるかどうか、心を評価するのも心なのだからそこは読者に委ねる部分だが、共感が得られれば幸いに思う。

取り上げた漢字は〈辞〉の占考をさらに掘り下げてみようとしたことから始まったことであるから、数量的には少ないかもしれない。直接占考に関わる漢字の成り立ちについては占例の中で示した。ここではそれらを補完するもの、特に気付いたもの、そして他の研究書、漢和辞典等にない解釈となるものを選んでみた。占考の中で個別に考察した漢字については該当する箇所の頁を付して説明の重複を避けることとした。

また、一部、二部ともに古い字形は研究書、漢和辞典の中から適宜選んでおり、そのため異形のものもあるが、字源イメージの方向に影響しないものと考えているので、異形の細部に構わずお読み下さい。

鼎・字源のすべて

漢字の「鼎」という字は現在使われている漢字を比べても似ているのだが、「県（縣）」の字からきているものであり、その「県（縣）」の字は「首」の字からきている。「首」の字を転倒させて逆さにした字が「県（縣）」の字なのだ。古代の中国では異民族など敵の首を切り落とし、敵との境界の地に切り落とした首を逆さにして吊るし、敵に恐怖心を与えて侵入を防ぐための脅しとしていた。

その境界の地の吊るされた逆さの首が「県（縣）」の字であり、「県（縣）」の字はそこから作られた字であった。逆さの吊るし首は敵に強烈な怨念のメッセージを伝えることができ、侵入を防ぐ絶大な効果があったので各地で広く行われていたと考えられ、境界を意味する「県（縣）」の字ともなったのであった。

この逆さの吊るし首に見立て、象って作られた器物、それが「鼎」なのである。「鼎」はシャーマンが敵の逆さの吊るし首に見立てた器であり、この器に呪いをかけることで敵を調伏しようとしたのである。

古代中国王朝の宝器である「鼎」は逆さの吊るし首を象って作られた呪いのための形代、呪器、即ち呪いのための藁人形と同様な役割を持つものであったのだ。

ではなぜ、呪いの器の鼎が王朝の宝器として貴ばれたかという疑問があるだろう。それは原中国人と異民族との間の長い抗争の歴史があったからである。異民族を脅し侵入を防ぐ必要から生まれた逆さの吊るし首は、異民族と戦う強固な決意を残虐な形で表明したものであった。原中国人が団結して異民族と対抗するのにこれ以上象徴的なメッセージとなるものはなかった。

この逆さの吊るし首をシンボルにして結束すれば、異民族に対する防衛機構としての王朝体制は盤石なものとなる。さらばどうするか。仲間を集めて逆さ首のシンボルを前にして祭ればいい。祭りといっても内容は呪詛である。呪詛に必要なものは敵の異民族の逆さ首に象った形代である。呪術師はこの形代に向けて呪いの言葉を浴びせかける。その形代が鼎だった。鼎は呪術師が逆さの吊るし首に見立てることができるような形に象られているのである。

鼎を祭ること即ち異民族調伏の祭りは、当初は必要に迫られた時代の流れの中で行われたに違いない。しかしその後は宮中行事として様式化され本来の意味も見失われがちになり、体制の護持の器、即ちその時の王朝の正当性を主張するための自己都合の〝宝〟として体制の宝器となってしまった。

その鼎こそ鼎中の鼎として貴ばれた「九鼎」だったのである。

鼎字の系統

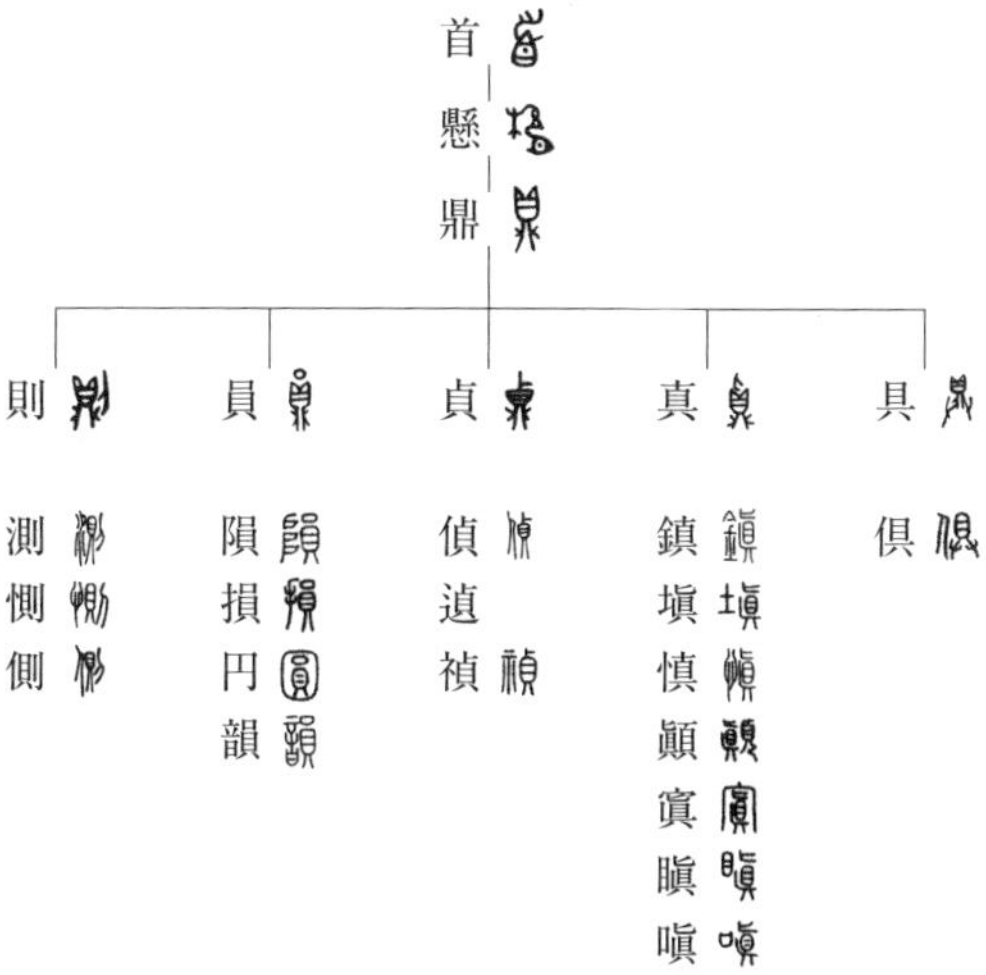

『鼎』を含む漢字

甲骨文、金文などの古い字形の中で鼎が含まれている上の漢字を調べてみよう。

具　甲骨文・、金文・、篆文・

字形は鼎を両手でささげる形。祭壇に鼎を供える仕草。ちなみに供える供の旁「共」の部分の字形、甲骨文は、金文で似ている。

「共」はともにする意味だが、「具」は「そなわる」「そなえる」「道具」。「具」の中心的イメージは「具備」「具有」「具足（完全にそろっている）」「具体（全体を完全にそなえている）」などの熟語で示される。
「共」も「具」も一体であるものを表現する漢字で、「具」にもともにする意味がある。
「共（金文・）」はささげるものが円形で不特定。「具（金文・）」は鼎が特定され、鼎が何かと一体であることを暗示する。

では鼎にそなわるものとは何か、何を隠し持っているのか、その外形に秘める内実たるもの、それこそ未開の異民族であり凶悪な者なのだ。なぜなら鼎は形代であり、形代というものは実物に見立てる役割をするものであり、呪術師、シャーマンが鼎をそなえる時、未開の異民族や凶悪な者と鼎とは同一視され、本来そこに具わるものとなり形代として呪術師の支配を受ける祭器となったからなのである。

このことから「具（甲骨文・）」の字の「そなえる、そなわる、全体を完全にそなえている」意味が生まれてくる。つまり形代として呪術師・シャーマンの支配を受けるすべての要素を〝完全にそなえている〟ということを言っているのである。

倶　金文・、篆文・

「倶」の字義は「みな、ともに、連れだつ、同じ、等しい」。金文の字形を「具」の字形とする字源事典もある。

字形は人偏に具。金文の字形は具（）も倶（）も鼎をささげる形。その意味も根本のところは同じ、別々のものでなく一体である、というところからきている。

倶の字は、すべての要素を取り込み、そなえている具の意味の、人に関する部分を表す漢字として人偏を加えて字義としたのであろう。

ところで、人が鼎をささげる時「全体を完全にそなえたもの」として念じたとすれば、そこに世界観、宇宙観が存在したはずだ。万物はここにあり斉しく動く〝萬物斉動〟であり、部分は亜全体であるとする〝ホロニズム〟の考え方、これは今日に続く古代中国の宇宙感なのだ。

次の「真」の字は呪術師《シャーマン》が鼎という形代を使った祈りの効果、真価を語っている。

真（眞）　金文・、篆文・

字義は「まこと、まことに、もと、本質」。起こったことが本当のこと、まことのこと、真実なのだという強い思いや驚きと共に、隠れて動いている実在する働きのあることを暗示する漢字が「真」だ。

字形「匕＋鼎」の上部、匕はスプーン説もあるが、「化（甲骨文・、篆文・）」

の右部分の省形で左部分は人の常態、右はその倒形で死を意味する。そこから化は生と死の組み合わせとなり、変化の意味となる。

匕は変化の意味「化」の左部分、生きている人の立ち姿を省略したことによって右側の転倒した人の部分の匕、即ち死を強く意識させ、死の方向へ導かれてゆく意味となり、鼎は敵を脅すために行われていた彼らの逆さにした吊るし首に象って作られた形代となる。

したがって「真・眞」の字は、呪いの鼎の上に死に向かう標識を立てた字形である。呪術師《シャーマン》がこれを形代とし、未開の異民族や凶悪な者に見立てて祈禱すれば、その効験は「まことに」嘘偽りなく立ち現れる。これは真実霊顕灼《あらた》かな事実なのだ、そう表明している字形なのである。

物理感覚のみが実在だと考えるのは、四〇〇〇年の昔も今日も全く同じである。その点、隠れて働くものの実在を訴えようとする字「真・眞」の字義「まことに」は、その効験の驚愕の思いが込められていると考えられる。

＊＊＊＊

今日、真の字は嘘偽りのない真実という意味から正しく美しいイメージの字として認知され、人名にも多く使われている。その成り立ちが……〝呪いの成就の真実〟ということになると、とても受け入れてもらえることはないであろう。私自身もその方がいいと思うほどだ。漢字が作られた、おそらく四〇〇〇年以上の昔のことであり、そんな大昔の悪いイメージを掘り起こして何たる所業かと思う。

　ただ一つ心に止めておきたい。漢字の一番大切なところは、作られた意味であり、その成り立ちではない。成り立ちは作られた意味のために仮借したまでのことなのだ。「真」の字は古代の中国人が、隠されて働くものの実在を感じてそれを「真（金文・）」と表記したのだが、これも「真」の意味を表すための仮の装い、時代の表現なのだ。今日、「真」を表現するものは何だろうか、$E=MC^2$（質料とエネルギーの等価性）なのだろうか、未だに本当の「真」は知られておらず、ただ「真」の面影を追って彷徨するのみだ。

　そのような意味からすれば「真」の意味は重大だ。なぜなら「真・真実」はそれほどに愛されているものでありながら杳《よう》として知られないのである。この意味からすれば大変ロマンチックな話である。これを「真」の字の本来のイメージと見て、古代中国の〝呪いの成就の真実〟という字形上の譬えに対するこだわりを卒業し、隠されて働くものの実在の真実、即ち「真」の字の本来の居場所と考えたいと思う。

＊＊＊＊＊

真を含んでいる漢字

（鎮　填　慎　顛　寘）

鎮（鎭）篆文・

字形は「金（篆文・）」＋「真（金文・、篆文・）＝化する鼎」。金偏は土器の鼎ではなく銅や青銅の鼎ということである。

これは「真」の字が、呪術という能力に隠された力があることを指摘し、「まこと」「うそいつわりがない」と主張する字であることを踏まえており、鋳造された鼎はその主張に見合う目的のもの（未開の異民族・凶悪な者）を鎮めるためのものであるから、字義は「鎮《しず》める」である。

字形の問題は別として春秋時代以降、金は今日の黄金、それ以前は青銅が金と呼ばれた。その青銅も夏王朝の初期は純銅に近いもので、その頃の遺跡（二里頭第一期）では簡単な小刀のみが出土し、鼎のような銅容器は二里頭第三期にならないと出土していない。技術的に難しかったとされている。

しかし、次の漢字とも関係するが、呪術師《シャーマン》が用具として使う呪器というようなものは、本来人に知られないよう秘匿するものなのだ。この時期銅容器が出土していないから作る技術がなかったとは言い切れない。作ることが憚られた、ということは十分あり得ることであり、作られても使用した後には隠されてしまうこともあり得る。

填（塡）　篆文・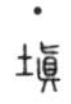

字形「土」＋「真」。土と変化と鼎。表現しようとする意味、字義は「ふさぐ」「うずめる」「しずめる＝鎮」。

「真」は化＋鼎、化する鼎、死の標識の鼎であるから呪術師によって形代として用いられ呪能を持つ鼎であり、土偏があって「ふさぐ、うずめる、しずめる」と読ませているところから実際に埋めたのである。その鼎が今日、中国の辺鄙な山の中からぞくぞくと出土している。

なぜ埋めたか。鼎は敵や異民族と同一視された器であるから、地中に埋めてしまうことで彼らが二度と地上に現れないようにと願ったこともあるだろう。しかし呪術の秘匿性が破られると効験が現れないと考えられていたことが大きい。様々な宗教が祈りは密室で行えと教えている。

祈りというものは、もしかしたら量子論的なエネルギーの運動状態なのかもしれない。

意識することで観測者効果によって存在状態が変わってしまうというのだ。そこはどうあれ、あばくという言葉、『広辞苑』では、「暴く・発く」で「土を掘って物をとり出す」、とある。

慎（愼）　篆文・

字形は立心偏（忄）の心に感応する対象となるものの旁、即ち「真」を示して表現しようとする字義を作った形である。

字義は「つつしむ」「まこと」で、おろそかにしない、注意深くする、気をつける、重んずる、大切にする（漢語林＝大修館書店）などが含まれる。

旁の「真（変化＋鼎）」は形代の鼎でその助けを借りて呪術師《シャーマン》が〝うそいつわりなく、まことに〟怨敵を退けるのである。その驚くべき効験に寄せる期待を考えた時、それを成就させるための祭りもそのための祈禱も慎重になる。

中でも重要なのは呪術師の心の使い方だ。呪術と言っては聞こえは悪いが、これは祈りの一つであるはずだ。その祈りには祈り方、心の使い方がある。それを端的に漢字の字義としたものが「慎」の字義の「つつしむ」「まこと」や「おろそかにしない、注意深くする、気をつける、大切にする」ということではなかろうか。鼎を使って慎み深く祈禱すること、これが字義を生んだのであろう。

顚　篆文・

顛（顚）の字形は「真＝眞（金文・）」＋「頁《おおがい》（甲骨文・、金文・、篆文・）」である。

「頁」は人体の中の頭部に関する状態や特徴のイメージで、旁として使われる漢字。頭、頂、頸、額、顔、須、頬などがその例である。

字義は「ひっくり返す」「逆さにする」「くつがえす」であり、顚倒の意味である。「顚」の字も人体の頭部に関する状態やその特長を表現しており、その状態や特長を字義としている。してみると「眞（金文・）」は人間の頭部であり、その状態が「ひっくり返えす、逆さにする、くつがえす」という顚倒の字義を作ることとなる。

鼎はもともと人間の首の倒形に擬《なぞら》えて作られているのだから、字形上は「顚」ではなく「鼎頁」でもいいはずだ。しかし「眞（）」の上部の匕は人の倒形、顚倒の形であるから、作字上、強意的に匕のある眞の字があてられたのであろう。

さらに想像を逞しくすれば「匕」の顚倒の意味は、呪術師が鼎を扱う呪術上の顚倒の動作を言うものかもしれない。呪術師が呪術を始める前の鼎は上下を逆にして伏せた形、即ち人間の首の通常の形に置いていた。そして祈禱が熟した時心を込めて鼎を通常の置かれ方に顚倒した。それが祈禱成就の形であり、異民族調伏の秘匿の形だったのではないか。「眞（）」の字の「匕」は呪術師が鼎をひっくり返す動作からきた顚倒であったのかも知れないのである。

そうすると、鼎を伏せた形にひっくり返せば呪力は戻り呪いは無効となるので、面白い考え方だがここまでくると観念の遊びと言われるかもしれない。

いずれにしろ呪術というものは、観念の遊びだと言ってしまえばそれは観念の遊びになる。しかし鼎は呪術師が思念を集中するための偶像として使われた、即ち呪いの道具である形代だったのである。

寘　篆文・

字形、宀＋眞。宀はうかんむり。屋根の形で家の表現だから家の中、即ち廟の中に祭った後の鼎を安置したという字形。字義は「おく」「止め置く」「おさめる」。
鼎は呪術的に用いられた後で塡められもしたが、味方の結束を意味するような重要な鼎となっては土中に塡めるわけにはいかず、廟に安置して守ったのである。それが九鼎のような宝器となった鼎の扱われ方となるのであろう。

貞と貞を含んでいる字

（貞　偵　遉　禎）

貞　甲骨文・、金文・、篆文・

貞の字形は「卜＋鼎」。字義は「ただしい、うらなう」とされる。「ただしい」と「うらなう」はこのままで関連を考えることは難しい。本当の意味は易の『文言傳』で知ることができる。易には四つの徳がある。「元」「亨」「利」「貞」だ。『文言傳』には次のように記されている。

元者善之長也。亨者嘉之會也。利者義之和也。貞者事之幹也。

元は善の長なり。亨は嘉の会なり。利は義の和なり。貞は事の幹なり。

「元」「亨」「利」「貞」は易の根源的な宇宙感、存在感を表明するキーワードであるから簡単な説明はできないが、今、貞の字の本来の意味を考えるとすれば、〈貞者事之幹＝貞とは事の幹なり〉以上のものはない。

貞正、貞節、貞操など熟語の「ただしい」の意味は事の幹であるからだ。この事の幹、物事の根幹のイメージであるが、少々言い方を変えると「体」の状態と言える。外に出た働きを用というのに対し、働きのもととなる実体を「体」と言うからである。「貞」の「うらなう」の意味は「体」と共通するところがあって「うらなう」の意味に使われるようになったのではないか。「うらなう」ということは実体を知るため、働きのもととなる実体を知るための方法なのである。

字形のトは占う意味だ。鼎はこれまで述べたように敵を放逐するための象徴的な器である。鼎の下に原中国人は結集したのであるから、鼎は敵と味方を峻別するものの象徴であり踏絵のようなものである。

遠方にいる相手が敵か味方かをどうしても知りたい。また味方の中に敵がいることほど危険なこともないのである。味方が結束していることが〈事の幹〉であり、組織として体を成すことになる。即ち組織としての「体」であり、体と用から言うところの「体」、働きのもととなる忠誠の実体なのである。

そこで遠方の仲間が本当の仲間なのかどうか知りたい、敵に寝返るようなことのない本当の仲間かどうか、その象徴となるものが「鼎」であったのであるから、彼らの真実の姿を「うらなう」行為が「貞（金文・）」の字で表現された。彼らの「体」を問うこと、占うことが「貞」の字を作ったと考えられるのである。

偵　篆文・

字形は「人偏＋貞（卜＋貞）」。字義は「うかがう」「さぐる」「とう」。偵察の偵、密偵の偵。内情を知ろうとして「うかがい、さぐり、問う」のである。相手は組織の場合もあるし個人の場合もあるが、偵は相手に気付かれないよう秘かに知ろうとすることだ。貞は「卜＋鼎」で占って敵か味方かを問うことであり、さぐることであった。偵の字は人偏だから、人の内情について様子をうかがったりさぐったりする字なのであろう。

王朝を取り巻くように封ぜられた諸侯の領地は異民族と接する境界を持つ地域であり、諸侯の仕事は彼ら異民族の動きを「さぐる」こと「うかがう」ことであった。敵の様子をうかがい、さぐる任務の人の偵候、斥候は「候」の「さぐる」意味の熟語であるが、「侯」も「候」も字源的には同じである。

侯　甲骨文・、金文・、篆文・

この字形は物陰に矢を隠して様子を「うかがう」字形。

遉

字形は辶+貞。辶はしんにゅう。字義は「うかがう」「さぐる」で偵と同じ。辶は行く意味であるが「みまわる」意味もある。

禎（禎）篆文・禎

字形は示+貞。字義は「めでたいしるし」「さいわい」「ただしい」。示偏は神の意《こころ》を表している。神の意がここにある、ということ、神の場に貞がある、事の幹であり体である「めでたいしるし」「ただしい」「さいわい」があるという字形。めでたいしるしは吉兆、瑞兆であり、それが現れていても気付かないので「貞」の字の密かにさぐる意味あいも含んでいるのであろう。

員と貟を含んでいる漢字

（貟　隕　損　円　韻）

員　甲骨文・、金文・、篆文・

員の字形は○《えん》＋鼎。鼎の上に○《えん》の標識を立てた字形。甲骨文では鼎の上が四角形の字形もあるが、これは甲骨に刻むためで甲骨に円は彫りにくいからである。

員の字義は「人やものの数、係の人、団体の構成者」とある（『現代漢語例解辞典』小学館）。本来の字義は「団体の構成者」即ち「成員」、英語の「メンバー（member）」である。員の字を熟語にしたものは、定員、欠員、教員等多数あるが、ほとんど「団体の構成者」としての意味と考えられる。

員の字を団体の構成者と決めてしまえば字形の理解は早い。

字形「○＋鼎」の「○」の意義は「サークル・circle（輪・仲間）」「リンク・link（連結・絆）」「リング・ring（輪・信頼）」である。「○」は「輪・仲間・連結・絆・信頼」を象徴にする意味を持っているのだ。

この意味はいつの時代でも国を超えてそうであったのである。今日でも仲間の輪を広げる、という言い方をするのであり、世界に平和を祈る「輪・仲間・連結・絆」の祭典、オリンピックも五輪の「輪」なのである。

古代中国の漢字の作者もそう思っていたに違いなく、「団体の構成者」である「員」の字を作るにあたって「○」をそのように考えた。「仲間・絆・信頼・連結」があるからこそ組織が生まれ、「団体の構成者」になり得るのだと思ったのである。

したがって「員」の「〇＋鼎」を要約して言ってしまえば、この字は「サークル・鼎」という漢字なのであり、「鼎というものを仲間の絆の象徴にしてできた団体の構成員」ということを表現しているのである。

そこで「仲間・絆・信頼・連結」によって組織化された団体の構成者、即ち成員・メンバーをどのような事柄の中から表現したらよいのか、漢字の作者は考えたのである。それが「〇＋鼎」の「員」の字であったのだ。

鼎とは何なのか。その昔、戦乱が常態化していた古代中国では、敵の異民族や凶悪な者を捕えた時、その首を切り落とし逆さにして吊るして敵への見せしめとしていた。逆さにした吊るし首は同族意識を持っていた仲間の原中国人にとって、異民族や凶悪な者に対する怨恨と敵愾心を極限の形で表現するものであったのである。

この怨恨と敵愾心の逆さ首に象って作られたのが「鼎」であった。なぜ鼎を逆さの吊るし首に象って作ったのか、理由は呪術師がこれによって敵を呪うための形代に使ったのである。呪術師は、恨みの籠る異民族や凶悪な者の逆さの吊るし首に見立てた鼎を形代として呪術的に使っていた。

この鼎を王朝は諸侯を集めた中で祭ったはずである。祭りが意図するところは敵の調伏であり鎮圧であったが、体制強化のためには敵に対抗するための組織の引き締めとなるから祭祀は重んぜられた。
夏王朝の始祖・禹王が九州から青銅を集めて作ったという「九鼎」も同じ意図で作られていたのであり、全土の結束を呼びかけ、敵の異民族や凶悪な者に対決して団結を促すものであった。鼎は外に向かっては敵を呪詛するための形代であり、内に向かっては団結の象徴となったのである。（本書二二四〜二二七頁関連）

このことから「員」の字は、鼎を象徴にした「輪・仲間・連結・絆・信頼」の「○」で団結した組織なのだと表現する字形となるのであり、漢字の作者は組織の中の各々のメンバー構成員を「○＋鼎」の「員（金文・）」の字で表したのである。

隕　篆文・

字形は「阝《こざとへん》」＋「員」。字義「おちる」。「員」の字は鼎を象徴にした「輪・仲間・連結・絆・信頼」のメンバーであり構成員であった。
「阝」はその全き構成員について何らかの状態を表すことで、その状態があるゆえに字義の「おちる」となる漢字であることが想像できる。
では「阝」はどのような状態を意味するのであろうか。一番いい方法は漢字自体に語らせることである。「阝」とはこのような状態なのだという漢字、「阝」を明らかにするという漢字によって知られるはずである。
「阝」を明らかにする、ということで字形を作れば「⿰阝明」という字になるが、このような漢字はない。

しかし明らかにする意味の「章」の字がある。してみれば「阝《こざとへん》」＋「章」は「障」の字となる。

「障」は障害の障で「さわり」のことだ。「障」は「さわり」が章《あき》らかになるという字形なのである。（詳細は阝の漢字三一五頁）

そこで「隕」の字を考えてみよう。「阝」は〝さわり〟のあることだから「隕」は「さわりのある仲間、さわりのある構成員」であり、完全な仲間と言うには少々問題のある仲間と言うことである。仲間であっても何らかの問題をかかえているのであるから、問題が表面化した時は〝仲間おち〟になる。これが「おちる」という意味を生んだのである。
「隕」の字はこの意味で「本来一体であったものからおちる」ということである。

ちなみに熟語の「隕石」であるが、これは落石ではない。本来一体であった天空から隕ちたという意味だ。「隕絶」、これは国運が滅び絶える意味。何らかの問題をかかえていて仲間おちし、見離されて国運が絶えるのだ。

ここで占考の中で述べたことのある『詩経』商頌長発（二四三頁）を見ていただきたい。

『幅隕既長＝幅隕既に長し』の〝幅隕〟。今日では道はばの意味で使われる〝幅員〟だが、これは「幅隕」とすれば障りのある仲間、辺境に問題を持っており、異民族等とのトラブルのありそうな地域の仲間のこととなり、「幅員」とすれば完全な構成員の仲間の領域の意味となる。『詩経』は「幅隕」が正当で、イメージ的に今日の状況になぞらえるなら、日本の周辺の領土問題である北方四島、竹島、尖閣諸島などだ。

『詩経』から用例を挙げるなら、衛風、氓《ぼう》。該当箇所のみだが「落」と「隕」の〝おちる〟が使い分けられている。……（桑之落矣。其黄而隕。＝桑の落つるや、それ黄ばみ隕つ）……。桑之落矣（桑の落つるや）は桑の葉が地に落ちることをそのまま言っているが、其黄而隕（それ黄ばみて隕つ）はその落ちる意味あいを言っており、桑の木と一体であった葉に障りとなる秋が来て葉は黄色になり、木との結びつきが弱まって「隕ちる」と言っているのである。

さらにもう一つ、中国の古典、他ならぬ『易経』の〔天風姤・䷫〕五爻の〈爻辞・小象傳〉（一九〇頁）に、〈有隕自天。＝天より隕つるあり〉とある。該当頁と合わせてお読みいただきたい。全文を再掲しよう。

◇以杞包瓜。含章。有隕自天。象曰。九五含章中正也。有隕自天。志不舍命也。

◇杞を以て瓜を包む。章を含む。天より隕《お》つるあり。象に曰く。九五章を含むは中正なり。天より隕つるありは、志命を舎《す》てざるなり。

ここで言う〈有隕自天＝天より隕《お》つるあり〉の「天」とは遍《あまね》くゆきわたる宇宙の働きである。存在するすべての物が生み出されそれらを統《す》べるものが天である。その天から隕ちたということは、かつてはその天の働きに所属していたのだが、何らかの障りがあってその働きがなくなった、脱落した、隕ちた、ということである。「隕石」はそういう星なのだ。

以上、「隕」の字が「阝《こざとへん》」の〃さわり〃と「員」の〃メンバー、構成するもの〃の二つをつき合わせて作られた字であり、さわりがあるゆえに一体であったものから抜け隕ちる意味が生ずることの説明である。

損　篆文・

字形は「扌《てへん》」＋「員」。字義は「へらす、へる、そこねる、そこなう」。完全なものを減損、破損する意味でこの字形は『易経』の〔山澤損・䷨〕の〃損〃であり、易象とも重なり合う。

〔山澤損・䷨〕は〔地天泰・䷊〕の卦から来ており、第三爻〔陽・⚊〕が上爻へ上り上爻の〔陰・⚋〕と入れ替わった形だ。完全なものは〔乾・☰〕であり、〈爲圜＝圜と為す〉（『說卦傳』）で「圜＝円」。その完全な円が破損した象が〔兌・☱〕で、これは〈爲毀折＝毀折と為す（說卦傳）〉。内卦の〔乾・☰〕が破損したのであり、それは何らかの手が加えられた。〝損〟の字の「扌《てへん》」に当たるものが上卦の〔艮・☶〕。その〔艮・☶〕は〈艮爲手＝艮を手と為す〉（『說卦傳』）とあるのである。

人間を全体として構成する身体のそれぞれの器官は完全な部品であり、組織内正会員であり全き成員である。これほど忠実な部下はいない。癌などの内乱等を起こす者を会員にしてはならない。人間はときどき本物と贋物を見誤り、贋物を持ち込んで自らを「そこねる」。それが手偏（扌）の意味だ。

円（圓）　篆文・

字形は「員＋囗」で、員を取り囲む円。字義「まる、まったし、えん」

員の字は組織された成員であり、組織内正会員の全きメンバーである。しかし組織内の自分たちに都合のよい仲間同士が一体となっているだけでは閉鎖的な環境の中にいるだけのことで、いずれは外部との接触が不可避になる。人体であっても各器官が健全に機能するためには外部との関係なしには内部も保たれない。
内部は員の字が全き内的調和を表し、外部はこれを取り囲む円（囗）によって内外とも全き調和を表すのが円の字であろう。

韻　篆文・

字形は「音」＋「員」。字義「ひびき、おもむき、いん（韻）（詩歌で重ねられる語、句の定まった部分に同じまたは類似の音形が繰り返されること）」。
「員」の字は「輪・仲間、連結、絆、信頼」で団結した組織の構成員である。してみれば「韻」の字は音の構成員、音を構成するものであり、音の仲間たち、音を組織し構成する意味となる。
熟語の押韻、韻律、韻文、慣用句の「韻を踏む」、などはこのような意味の音の調和であり構成ということである。

則と則を含んでいる漢字
（則　側　惻　測）

則　金文・、篆文・

字形は「鼎」＋「刂《りっとう》（刀）」。字義は「のり（法）、制度、のっとる」

鼎は凶悪な者、未開の異民族等の敵の逆さにした吊るし首を象った呪器の形代であり、彼らを相手に存亡を賭けた戦いの決意表明を形にした器でもある。生死を分かつことになる決断以上に重く厳しい決断はない。

「則」の字形はこの鼎の厳しい決意表明に照らして裁くことを示しており、旁の「刂（刀）」は「分（甲骨文・、金文・、篆文・）」の字に見るように鋭く区分し裁断するもののイメージであり、物事を分別し強い意志によって断行する恐ろしい力を持った権力を意味する。

「則」は、存亡を賭けた厳しい決意表明の象徴の鼎とその決意に見合うものかどうかを鋭く区分し、強い意志で断行する刀とを組み合わせて「法」「制度」「のっとる」の意味としたのである。この決意表明を基盤にしているのが王朝体制であり、その仲間が『貝（金文・）』の構成員となり、問題をかかえてはいるが一応仲間となる者が「隕（篆文・）」ということである。

側　金文・、篆文・

字形は「亻《にんべん》（人）」＋「則」。字義「そば、わき、かたわら」
字形のとおり、人のそば、わき、かたわらに「則」の字の法、制度がある。人には則るべき掟があり、人がかたわらに掟を携えているという字形。本来は君主に忠義を尽くす側近、君側ということであろう。

惻　篆文・

字形は「忄《りっしんべん》（心）」＋「則」。字義は「いたむ、あわれみいたむ」
字形のとおり「忄」の心と「則」の字の法・制度・のっとるべきもの、即ち制御するものとの間には字義の「あわれみ」が生ずることを示そうとしていると考えられる。
惻隠の心は仁の端（根源）なり、と孟子が言っている。してみれば「惻」の「忄（心）」は人の心の仁のこと、愛のことをさしているに違いない。「則」の字は制度であり制御するもの、支配するものである。「惻」の字は存在する根源の働きの良心や愛を法や制度によって支配しようとすると「あわれみいたむ」、惻隠の情が敢然と生じてくる、と言っている漢字なのである。
第二次大戦中、亡命を求めるユダヤ人難民に日本通過ビザを発給したのは杉浦千畝である。これが惻隠の情というものであろう。「惻」の字の人類愛と、則るべき法・制度との葛藤の末に生んだ決断だったのである。

漢字“鼎”の流れ図

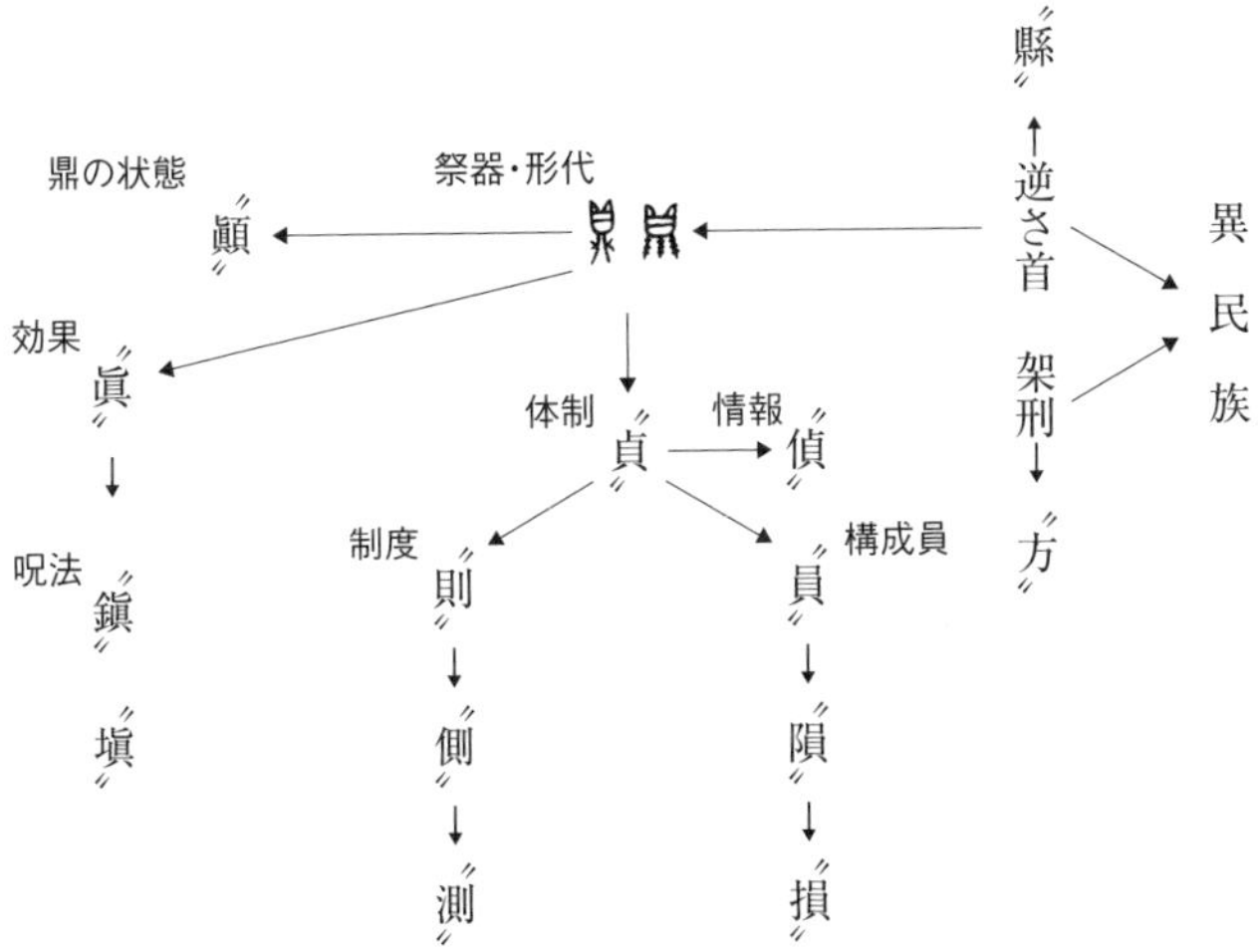

測　篆文・

字形は「氵《さんずい》（水）」＋「則」。字義「はかる、おしはかる」。

一般的には「水」と「則」の字ののっとる意味から字義の「はかる」を水の深さをはかることと解釈されている。「おしはかる」方は推測すること、おし広めて考えることであるから、単に水の深さをはかることではない。これは水の起こす現象によって証明できる事柄をおし広めて考え「おしはかった」のである。

つまり「水準器（水平器）」によって土地やその上の建物が水平になっていることを「おしはかった」に違いない。両端に目盛りを付けた容器とし、中間を竹などで繋ぐ水路を作れば水準器は簡単にできる。これなら厳しい測定が可能であり、字形「氵《さんずい》（水）」＋「則（厳しい規則）」の説明となるのだ。

者と物

者（者）（金文・、篆文・）

字義「もの」。助字として「……するもの……であるもの……とは」。これらの字義をまとめたものが字形イメージの中にある。

その字形イメージを簡潔にいえば、「選択されたもの」と考えることができる。

字形は「箕（甲骨文・、金文・、篆文・）」の上に「止（金文・）」、さらに「」の中に小点が二つ（）、あるいは四つの形（金文・）もある。さらに他異形もある。（箕の原字は其）

箕は農具。籾殻や茎のついた穀物などを上下にあおり、籾殻、茎、葉などを風で飛ばして穀物の種だけを残す道具。その道具の上に二つか四つかの点が止まっている字形が止の字の中の点「・」。即ち箕で選別された穀粒が残っています、これが目的の食べられる部分です、という字形である。

目的の穀粒を取り出すために上下にあおったり、ひっくり返して揺すったりする選別の作業は、実は様々な夾雑物のまざり合った物事の中から必要な目的物を取り出すこと、「選択」のイメージを作っており、ここで選択された穀粒が字義の「もの」にあたり、「もの」は選択された「もの」のことである。助字として「……するもの（用途）」「……であるもの（指定）」「……とは（意義）」となる時は選択されたものの側面と考えられ、字形としては「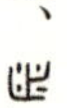、」で表現されているのだ。

著（篆文・）

字義「つく、あらわす、あらわれる、いちじるしい」。字形、草冠＋者。選別する箕の上の草。「着」は俗字。麦が籾殻を着けているイメージ。葉や茎は穀粒に比べていちじるしく多い。沈んだ穀粒は作業につれて姿をあらわす。

この穀粒、あおったり揺すったりしてあらわれるものは隠れていたものが選択されて価値をもった意味のある事柄」となる。著書はその価値を書にしたもの。

奢（篆文・）

字義「おごる、ぜいたくする」。字形、大＋者。選別する箕の上の大の文字。即ち大いに選んだということ。普通にはできない大きな立派なものを選んだということであるから、贅沢をしたことである。普段はレギュラーコーヒーを使っているが、奮発してブルーマウンテンにするようなもの……。

屠（篆文・）

字義「ほふる」。字形、尸＋者。尸はしかばね。しかばねを選別する字形。家畜の中から食べ頃になったものを選び、ほふること。体をばらばらにする意味もあるが、者の字の選別はばらばらにして選別することであるので、解体作業からもきているのであろう。

煮（篆文・）

字義「にる」。字形、者＋火。箕の中で選別された麦や雑穀など、即ち食のために選ばれたもの、字形の（・）に火を入れて煮る字形。直接火で焙る字形になっており、鍋の部分がほしい字形だが篆文（）の字形もある。鬲（篆文・）は蒸し器。

箸（篆文・）

字義は食物を皿や鍋などから取る「はし」。字形は竹冠＋者。箸で食物をつまむということは、選び取ったということ。選択の道具、箸は竹で作られていた。「箸」は者の字の〝選択〟のイメージをよく伝えている。

暑（篆文・）

字義「あつい」。字形、日+者。者の字の上に日。日中の選別作業。穀、ちりなどを穀粒から取り除くためには乾燥していないと取り除けない。雨天など全体が湿っていてはばらばらにして選別する作業は難しい。しかし日中の作業は「あつい」。あるいは天候の中から晴天を選んだ字形とも考えられる。

署（篆文・）

字義「わりあてる、てわけする、役所」。字形、罒+者。罒（篆文・）は罔頭《あみがしら》で網。網は網を編んだもので、綱は一本一本だが全体は繋がっている。天網、法網もそのイメージで、組織的繋がりを表現するもの。字形はその下に選別、ばらばらに分別する者の字がある。これが「わりあてる、てわけする、役所」となる。

闍《うてな》（篆文・）

字義「城門の物見台」。字形、門+者。この字は門での選別で怪しい者を入れないよう〝選別〟する所。それが闍である。

渚《なぎさ》（篆文・）

字義「なぎさ、水際、中州」。字形、氵《さんずい》（水）＋者。すなわち水の作用＋選別。渚《なぎさ》、水際、中州の土砂は水に運ばれ、ばらばらになって堆積するが、そこでは砂は均一になっている。川を流れる水の作用が土砂を選別して均一にするのである。渚とはその場所なのだ。

都（篆文・）

字義「都《みやこ》、都する」。字形、者＋阝《おおざとへん》（邑）。邑（篆文・）は、おおざと。邑は「むら、都、領地」。即ち選ばれた邑《みやこ》。箕の中で揺すったりひっくり返してみたり、今日ではそれを「篩《ふるい》にかける」という言い方で選ばれた邑《みやこ》。篩も箕も選別の道具。都としての場所の意義に適うか否かで選択されたのである。

緒（篆文・）

字義、「いとぐち、すじ、つながり」。字形は、糸＋者。偏が糸であり旁が者。者は選択され意味のある事柄となったもの、その意義、……とは、であるから、糸とは、糸その意義とは、という字形。糸のイメージとは何か？　答えが字義の「いとぐち、すじ、つながり」となる。即ち論理の筋道、繋がりである。

睹（篆文・）

字義「みる、見分ける」。字形、目＋者。偏が目、旁は者。目と者（意義）とで、「みる」。目は選択された意義に向かい、そこを〝見分ける〟。

賭（篆文・）

字義「かける、かけ」。字形、貝＋者。偏は貝、旁が者。貝の者（意義）であるから貝の通貨としての意義について言うものとなり、確実な物々交換からすれば貝（子安貝）は価値を見立てることであるので「かける」ことになる。普段は問題にしないだけであるが、今日の紙幣も事情は同じ。

堵（金文・、篆文・）

字義「かきね、ふせぐ、さえぎる」。篆文の偏は土だがより古い金文の字形は庸（）。庸はか《い、》き、城の垣。字形は城の垣（）＋者（意義）となり、垣根はふせぎ、さえぎる、というこの字の意味となる。

諸（金文・、、篆文・）

字義「もろもろ。……は、ものは（一つのものを特に取り出して述べる）、これ（語勢を強める）」。金文の字形は「者」の字とほとんど区別し難い。篆文の偏は言（）、旁が者。

篆文の言から、言（言うところの）＋者（意義）という読み方ができる。……は、ものは、これ、等は「言うところの意義」ということであり、それらは様々な物事に即して説かれる意義であるから、もろもろ、ということになる。

書（篆文・）

字義「かく、かいたもの」。字形、聿《ふで》＋者。者の字の上に聿。篆文では＋＝の字形即ち意義（者）の上に聿であるから、意義を聿に表した字形である。「かく、かいたもの」、書物というものは意義を筆に表したものである。

楮（篆文・）

字義「こうぞ、紙に書いた文書」。字形、木偏＋者。こうぞは桑科の木。紙の原料。紙は後漢に蔡倫が製法を大成したとされるが、前漢の宣帝から元帝期（ＢＣ七三～ＢＣ三三年）に麻繊維の紙が使われており、出土している。小篆の文字が秦代ＢＣ二〇八年、李斯によって作られており、紙（篆文・）の文字がある。

楮の字を木＋者（意義）と読んでは「こうぞ」に繋がらないが、箕によって葉や茎や夾雑物の中から穀粒を選別する作業は、紙漉き槽の中で簀《す》の子をゆり動かし、水を切りながら紙の層を漉き取る作業と似ている。一方は箕を使い目的の穀粒を取り出し、一方は簀の子を使って目的の紙を取り出す。動作のイメージからも、目的物を取り出す扱いからも道具の形状からも同様なのであり、楮の字の旁の者はこれらのイメージを受けて「こうぞ」を表記するため、その類似性を汲んで使われたのであろう。

……

物（甲骨文・、篆文・）

字義「天地間に存在するもの、万物、ものごと」。

ちなみに『広辞苑』には「形のある物体をはじめとして、存在の感知できる対象。また、対象を特定の言葉で指し示さず漠然ととらえて表現するのにも用いる」とある。この字義は感知すれど未だ適切な言葉にならない段階にある知の情態のとき、指示詞的に使われる、と考えられる。

字形は牛偏に勿《なし》。成り立ちについては、まだら牛説、生け贄の牛説、など。今日の字義とは懸け離れている。

どんな時代であれ、人間の心の働きとその表現された意味が不明だなどということは考えられない。大昔の人々の心は今日の我々の心と同様な感性で生きていたはずだ。「物」

という字についても今日の『広辞苑』の字義に見合うような理解のしかたを古代中国の漢字の作者もしていたに違いない。人間の心の働きについては精神分析に「心的決定論」というものがあり、心の自然な表出の中で人はでたらめを思い浮かべられないものである。では、莫然としている「物」の漢字表記はどう考えれば可能になるかである。

天地間に存在するもの、万物、そして『広辞苑』の字義にあるような存在の感知できる対象まで含めたもの一切をイメージすることだが、相手は無限の対象物であるから対象物として意識することは漠然としていてできないが、無限の対象物に向けたこちら側の意識の状態によってそれは表現され得ると思うのである。その漢字が「物」だった。字は牛偏に勿《なし》。ではその心はいかなるものか、その謎解きをしてみたい。

勿（甲骨文・、、金文・、篆文・）の字も諸説あるが、字義は「なし、なかれ」。では何がないのであろうか、何を否定したのであろうか。勿を含む漢字「刎」「歾」は、両方とも〝首をはねる〟意味だ。してみれば甲骨文（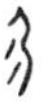・）は首を刎ねられた人（甲骨文・・）の字形だと考えられる。

首を刎ねられた人は胴と手足だけだからその人が誰であるか、その個人を特定できない。首がないということは個人を特定するための一番大切な部分を欠くということであるから、勿の字の「なし、なかれ」の否定は〝特定の人としては認識できない〟ということを言っているのだと思うのである。

この〝特定の人としては認識できない〟ということが「牛」と関わってくるのである。では「牛」とは何なのであろう。通説は「まだら牛」だが、例えばホルスタインから〝天地間に存在するもの、万物、形ある物体をはじめとして存在の感知できる対象〟を想像できるだろうか。とても無理だと思う。そこで思うのだが、そもそも〝天地間に存在するもの、万物……〟とは一体、人間にとってどのように存在しているのか。人間はその中にいてどのように感じているのか。今、万物を見渡してどこに佇んでいるというのであろうか。この不安と知的欲求の満たされない思いに答えるものはいまだにないのである。

科学は進歩し、様々な領域で成果を上げているが、今日でさえ宇宙の八割はダークマターと言われているのだ。そして万物は人間の知への欲求やその無力感に関わりなく人を招き、語り続けている。そうは思わないだろうか。いつまでもいつまでも語り続けながら特定した形の認知の情態「〜とは（者）」とならないのである。

この情況を表現したものが「牛」なのだ。あなたは牛を観察したことがありましょうか。牛の特徴といえば何ですか？　角か図体かミルクか。いやいや、漢字の作者が感じ取ったものはそうではなく、あの顔だった。あの反芻する顔、胃の中の未消化の草を口に戻して反芻しながらこちらをじっと見つめるあの顔は大変印象深いものがある。何かを告げたがっている。私はそう思う。

あの見つめる眸。「眸」という字にも牛がいる……。あの眸とあの反芻する表情、じっとこちらを見つめるあの顔は、何かを語っているようには思えないだろうか。何かを話したがっている、草を反芻する口の動きは何か大切なことを忘れているのではないのか、と私たちに呼びかけている趣がある。私はそう思うのだ。漢字の作者もそこを感じ取ったのだと思うのである。

もとより牛は草を反芻しているのであって、言葉を語っているわけではないから理解はできない。何を語ろうと認識はできない。しかしこの情況は万物に対する人知の情況の比喩ではないだろうか、万物に対する人知の情況も全く同じであり、知りたくもあり、また呼びかけられてもいるのだが、万物に対して未だ特定の認識状態、即ち「～とは（者）」ということにはなっていないのだ。

この情況、海辺で貝殻を拾っていると譬える科学者もいる。万物はどのように存在し、人はその中にあってどのように生きているのか、何か決定的なものを知りたい。牛が反芻して伝えようとするイメージは、情報伝達を妨げるものの向こう側に見え隠れしている知識の存在を訴えているのであり、知るべき実在なのだ。

このような閉ざされた知の情況を、漢字の作者が託したものが大切な情報を告げようとしている様子と見立てた牛の反芻に寄せる思いだったのである。

しからば「物」の字の牛偏は万物に対する人間の知的欲求が満たされない情況を示すものだとして、その隣にある旁の字「勿（甲骨文・）」はどうかといえば、これは首の

ない人であった。首のない人であるから、人であることは分かるが誰々であると個別には特定できない。首は人体の一番知りたい部分だから、知りたい知が知られないのである。「物」の字の牛偏が知られるべき隠された知をうったえている一方で、旁の勿の字も同様に知られるべき隠された知の存在をうったえている。「物」の字は、この両者を合わせ強めて作られたのであったに違いない。

　この知的欲求が閉ざされ妨げられている情況を、冒頭の字義「天地間に存在するもの、万物、ものごと」「形のある物体をはじめとして、存在の感知できる対象」、即ち万物万象としてみれば、万物万象の中に佇む人間の知の情況もまた満たされなく、隠されたままとなるのである。

　次の字は牛の反芻を直接表現したものだ。

告（告）甲骨文・、金文・、篆文・

〝告〟の字は「牛+口」でできている。字義は「つげる」だからやはり牛は喋っている。漢字の作者が牛の反芻する様子に強い印象を受け、そこに着目していることは明らかだ。「物」の字の牛偏は「告（篆文・）」の〝口〟を欠いたものだが、省略形であるか、または「物」の意味する万物には牛の口にも表れないものがあるからなのであろう。「告」の字こそが牛の反芻のイメージとなる字形そのものであり、牛の口の動きである反芻を牛が語るさまと見立て、これを感知すれども理解の及ばない隠された知に擬《なぞらえ》えて示したのである。「物」の字ではそこのところを「情報伝達を妨げるものの向こう側に見え隠れしている知識の存在を訴えているのであり、知るべきものなのだ」という考え方をしたのである。

「告」の基本的字義は「つげる」と「うったえる」だが、このことから、より意を酌んでいるのは「うったえる」である。なぜなら「うったえる」は、隠された知の存在を問題にしており、妨げられた情報があることを「うったえて」いるからである。即ち情報伝達を妨げるものの向こう側に見え隠れしている「知」の存在である。

　用例としては〝神のお告げ〟。神からくるものは知り難い妨げとなる壁がある。そのため神からの情報を人は理解するのが困難だ。また、見え隠れする春という情報を察知することから、ウグイスは〝春告鳥〟なのである。ウグイスは春が来たと「うったえ、告げて」いるのだが、未だ人の心に入ってはいかない。その情報は妨げられている情態にあるが、やがてその鳴き声を聞いた人は春の到来を察知し、理解し、悟る。春の情報として悟るのだ。そこに気付くまで春は妨げられた情報なのである。同じように熟語の「告諭」は、自覚に至らない隠された知識を呼び覚まそうとして諭すことであり、「告訴」は隠された言い分を訴えているのであり、「告白」は隠された思いをあからさまに打ち明けることである。「物」の字に戻した用例としては、「物化」とは他界した人のこと、「物故者」となればもはやあちら側の人、情報伝達を妨げる世界の人となったことなのである。

　このように「告」の字は「隠された知をうったえる」字なのであり、そこを牛が食べた草を反芻する様子に託して表現し「牛＋口」の字形としたのである。

「告」の字を受けた牛偏の「物」の字について言えば、「物」即ち万物万象は「隠された知をうったえて」いるのであり、牛が食べた草を反芻するように、いつまでもいつまでもうったえ続けるに違いないのである。それは人間の問いが終わることはなく、宇宙のすべてが「～と者《は》」とはならない人間の知的情況がそうさせているからなのである。古代の漢字作者もそのように感じていたに違いないと思うのである。

鵠　篆文・

鵠は白鳥ともこうのとりともされているが、字源的にはこうのとりと考えられる。この鵠の字も告が偏になっているからには、牛が食べた草を反芻するイメージを受けているはずだ。したがって鵠は告の「隠された知をうったえる」様子にも感じられる鳥、あるいは牛が草を反芻するさまそのものが感じられる鳥だということになる。
　こうのとり、鵠の特長は他の鳥と違って鳴かないことだ。そのかわり嘴を〝カタカタカタ〟と鳴らして雌雄が会話する。これをクラッターリングという。このクラッターリングが牛が草を反芻するさまに相当すると考えられるところから、「告」の字を偏にした「鵠」

の「こうのとり」の字が作られたに違いない。

酷（酷）篆文・

字形は酉（酒）＋告。『広辞苑』によると、酷は『①（本来、中国で穀物の熟したことをあらわしたところから）酒などの深みのある濃い味わい。「――がある」。②むごいこと、ひどいこと。「――な練習」』とある。

酒を飲んで酩酊すれば、言っている言葉はしどろもどろで何を言わんとしているのか分からない。舌嘗めずりして訳の分からないことを呟く姿は「告」の字の牛の反芻にあたる。そこで深酒で酩酊状態となった人を「酷」の字で表現したが、酩酊状態は苛酷な練習でも起こるし拷問でも起こることから、『広辞苑』②のむごいこと、ひどいこととして使われたのであろう。

次に『広辞苑』①の〝酒などの深みのある濃い味わい〟であるが、この味覚のコク（酷）を字源的に考えれば、「告」の字は「隠された知（情報）の存在をうったえる」意味であったことから、その意味でコク（酷）とは隠された味覚の存在をうったえているのであり、字形としては壺の中で熟成のため寝かされた酒（酉）、あるいは発酵食品などと、隠された味覚情報をうったえる（告）の字の組み合わせによって、それらの飲食物に発酵前にはなかったコク（酷）が生ずることを言っているのである。

造（造）金文・・・・ 篆文・

字形は舟（）か辶《しんにょう》（）に告の字を添えたもの。その上に宀《うかんむり》（屋根・家）のあるものとないものがあり、篆文は旧字の「造」と同じ字形。字義は「つくる、いたる、なす、なる（成就する）」。字義は創造することを含め、物事を生み出し表現するイメージの中にある。創造の出発点は具体的な形となって表現される前の心に描くスケッチあるいはひらめきであるから、言わば明確な知とはならない隠された知であり、「告」の字にあたる。この「告」を辶《しんにょう》が進めて育ててゆけば、やがて字義にある「つくる、いたる、なす、なる」となるのであり、字形の成り立ちが説明できると考えられるのである。

金文（）についていえば、「告」は未だ明らかにされていない隠された知の存在をうったえているのであるから、そこに創造の芽生えとなる意識があるはずである。「宀《うかんむり》」はおおう意味で屋根の象形。ここではおおいをかけて外部の干渉を遮断し問題に集中すること、となる。「（舟）」はめぐらす意味がある。水に浮き、荷を運ぶイメージもある。隠された知を浮かび上がらせて船《はこ》ぶのだ。すると「宀（おおう）、舟（めぐらす・浮かび上がらせる）、告（隠された知）」の三つの要素を組み合わせて「造（金文・）」の字が作られ、字義となっていると考えられるのである。

他の字形については派生的なものと見られることから、ここまでとしたい。

阝《こざとへん》（阜）の漢字

阝《こざとへん》＝阜（甲骨文・、金文・、篆文・）を部首にする漢字は多い。これらについて一貫性のある説明をしてみたい。

この字の通説は「阜《おか》」ということだ。ほかにも何とも近付き難い奇説がある。字形的には何らかの物事に象っているのか記号であるのかも定め難い。関連は不明だが仰韶文化半坡類型の土器には、似た形の文字とも記号とも分からないものが刻まれている。年代は前五〇〇〇年紀から前四〇〇〇年紀であり、大変古く新石器時代中期になる。

文字か記号かを問わず「阝＝阜」の意味を明らかにする方法はないだろうか。「阝」を含む漢字すべての意味から帰納的に推定することが考えられるが、これは十分なものとはならず、この考察で私は行き詰まってしまった。

そこで閃いたのは「阝」を明らかにする、という字形の漢字があれば「阝」は明らかにその意味を表すのではないか、ということであった。

心当たりもある。その昔、隠されたものを明らかなもの、知られるものにしていたものがあった。卜骨占である。卜骨占は、牛の肩胛骨や亀の甲にはりで穴をあけ、そこを火で炙った時に割れてできるひび割れの形状によって占的の隠された事柄を判断していたのだが、その正確さには相当なものがあり、殷墟から出土する卜骨は十万片に達するという。易の〈爻辞〉の中にも〈或益之十朋之龜弗克違＝或いは之を益す十朋の亀も違う克わず＝損六五・益六二〉とあり、亀の甲羅で占う正確さを伝えている。この正確さを伝える熟語が「亀鑑」なのだ。

この亀の甲羅が隠されたものを明らかなもの・知られるものにしていたのであるが、これをそのまま漢字の字形にした字が〝章〟という字なのである。

章　金文・、篆文・（本書一〇四頁関連）

この字は亀の甲羅に穴を穿つ道具のはりである「辛（金文・）」と、亀の甲羅の「甲（金文・十・、篆文・）」の字を上下に組み合わせた字形であるから、そのまま亀卜をするために辛（はり）で穴をあける状態を表現している、と考えられる。

章の字の字義は「あや、しるし、あきらか、明らかにする、あらわれる、あらわす」。即ち亀卜によってできたひびの状態の「あや、しるし」を卜兆と見て解読し、「明らかにする」ことを表現しているのが「章」の字だ。

してみれば新石器時代にでもありそうな記号か文字なのか分らない「阝《こざとへん》」に、この「章」の「明らかにする」字をぶつけてみたらどうだろうか。

字形上は「阝《こざとへん》」が章らかになるはずなのだ。

障　篆文・

「障」の字は「阝」+「章」。その字義は①へだてる。②さわる、さしつかえる。③ふさぐ（塞）。またふせぐ（防）。④さえぎる。はばむ。⑤ふせぎ。ふせぎ守るもの。㋐、つつみ。土手。㋑、とりで。まもり。要塞。㋒、かき（垣）。かきね。㋓、ついたて。幕。⑥さわり。じゃま。さしつかえ。（『漢語林』鎌田正、米山寅太郎／大修館書店）である。

意味の中心は②と⑥の「さわる、さしつかえる。さわり、じゃま、さしつかえ」であり、そこから①③④⑤のそのための対処となる意味が生じている。「さわり」があるから「へだて、ふさぎ、さえぎり、ふせぐ」ことになるからである。

この「さわり、さしつかえ」が「阝」の意味と考えられるのだが、「章」の字はもともと亀卜によって隠された物事を章《あき》らかにする意味であり、「さわり、さしつかえ」のある問題こそ知りたい物事のはずであり、亀卜の中心テーマとして章らかなものとしたかったのである。

それでは「阝」を「さわり、さしつかえ」と見てその従属的字義をも勘案しながら、「阝」の漢字の主なものを考えてみたい。

阡（篆文・）・陌

字義「あぜみち」。田畑の持ち分の争いを防ぐもの守るもの、かきねとなる境界が「阡《あぜ》・陌《みち》」であり、持ち主同士は「阡《あぜ》・陌《みち》」の境界が踏み越えられない障りの障害物となり持ち分の争いが防止される。旁の百・千は入り組んださま。

阨（篆文・）

字義「ふさがる、くるしむ」。字形、阝《こざとへん》＋厄（篆文・）。厄はわざわい。阝（障り・障害）と厄のわざわいの組み合わせ。傍の厄は戹（篆文・）と通じて見出しの字形になっている。

阪（篆文・）

字義「さか（坂）、つつみ（堤）」。字形、阝＋反。阝（障り）＋反（そりかえる）であるから、平地でないため通行にさしつかえる（坂）。つつみ（堤）は水の障りを防ぐための土塁・堤防である。

防（篆文・）

字義「ふせぐ」。字形、阝＋方。阝の字義にあたる「障」の字のすべてのイメージ「へ

だてる、さわる、さしつかえる、ふさぐ、ふせぐ、さえぎる、はばむ、ふせぎ守るもの、とりで、まもり、要塞、かきね、ついたて、さわり、じゃま、さしつかえ」などが阝のイメージ。この阝+方（礫）。方（甲骨文・）は敵を脅し侵入を阻止するための見せしめの礫である。敵は「さわる、さしつかえる、じゃま」な存在、障害のあることであり、その対策が「ふさぐ、ふせぐ、さえぎる、はばむ、ふせぎ守るもの、とりで、まもり、要塞、かきね、ついたて」となる方（甲骨文・）の字の見せしめの礫なのである。これが防衛の「防」の字の成り立ちなのだ。

阿（篆文・）

字義「おもねる、くま」。旁の「可（甲骨文・）」は、伸長する縦線が一定のレベルにあることを口で表明（）する字形。不満あれど許容の意。阿《おもね》る人にはその場の敵意はないから許容される。しかしその追従、へつらいは信じてはならず、問題があり、「さわり」となるので「阝」を付して阿る意味とした。

阻（篆文・）

字義「けわしい、へだてる、はばむ」。字形、阝+且。且（篆文・）は積み重ねた土（版築）の形象。字義かつ（助字）で、その上、さらにの意。したがって障《さわ》りの阝+積み重なる且《しょ》であるから、障害となるものがいく重も積み重なることになり、「けわしい、へだてる、はばむ」等の字義となる。

附（篆文・）

字義「つく、したがう、つきしたがう」。字形、阝＋付（）。阝《こざとへん》のイメージ、障るは問題があることである。本体だけでは不足があり、問題があるので本体に附け足して完全にする。本文だけでは障りがあるので但し書きを附けて十分なものにするということから「つく、したがう、つきしたがう」字義となる。

限（篆文・）

字義「かぎり、くぎり」。字形、阝＋艮。艮（金文・、篆文・）は人の背に目があり、心が後ろを見てそこに止まっている様子。易で〈艮止也＝艮は止なり（『說卦傳』）〉とあり「止」である。障りがあってさえぎり、はばむものの阝《こざとへん》があることと、止まって前へ進めない艮の字との組み合わせ、字義「かぎり、くぎり」の限度を意味する字となる。

院（篆文・）

字義「かきね、かこいのある大きな建物」。字形、阝《こざとへん》＋完。完は宀（家）の中の元。

元は一＋兀《こつ》（篆文・）。の横線は制限を表し、下はひとあし（儿）で足を折った形、即ち〝そこを動かない〟意味が「兀」。
「元」は一＋兀で、一点を動かないこと、変化のないこと、物事の出発点、基点、根源的要素の意味となる。この元の変化のない出発点が家の中にある字形が「完」。家の中にいて外に出ず、そこにそのまま居続けるので即ち字義の「まっとうする、おわる」意味を生む。

その上さらに外部との間にこれをへだて、さえぎり、かきねを張り巡らす意味の字、阝をつけた形が「院」。病院、寺院はよくその意を伝えていると考えられる。

陥（陷）（篆文・）

字義「おちいる、おとしいれる」。字形、阝＋臽。臽の篆文・は臼《うす》状の穴に人が落ち込んだ字形。人をへだて、さえぎる、障りの阝と落とし穴に嵌った人の組み合わせで「おちいる、おとしいれる」字義となる。
易の「説卦傳」に〈坎陥也＝坎は陥なり〉。〔坎・☵〕は〔陽・⚊〕が〔陰・⚋〕に挟まれ苦しむ象。

陝（篆文・）

字義「せまい＝狭、やまあい」。字形、阝＋夾。阝の障害物に夾まれるのであるから、字義は「せまい、やまあい」。

降（甲骨文・、金文・、篆文・）
字義「くだる、おりる」。字形、阝《こざとへん》＋夅（下向きの足二歩）。地位・場所等、障りのある高い位置から安全な所へ「くだる」字形。

除（篆文・）
字義「のぞく、とりのける」。字形、阝＋余。余はあまる意味だから、さしさわりのあるものである阝の余分なところを本体から「のぞく、とりのける」意味となる。なお余（甲骨文・、、金文・、、篆文・）は一体化して組み入れ閉じ込める字形の亼と木の組み合わせ。亼は部分の一体化を意味する記号と考えられるので、家屋等建造物を作った木材の余材のイメージ。建材となる木材の末端、枝葉の部分とも見られる。

陟（甲骨文・、篆文・）
字義「のぼる、すすむ」。字形、阝＋歩。阝《こざとへん》は前進を阻み立ちはだかる障害のさわり。

障害物があっても乗り越えてのぼりすすむ。陟降は対義。

険（險）（篆文・）

字義「けわしい、あぶない」。字形、阝＋僉（僉の異体字）。僉（篆文・）は二人の人が口を揃えて同じことを言う字形。障りは障害物であり問題とすべきもののあることだが、そのハードルの高さの評価は人による。ある人は安心できるといい、ある人は危険だという。この険の字は二人が同じ意見だということで、その障りが字義の「けわしい、あぶない」を表現している〔険阻の阻で阻（三二一頁）参照〕。

陳（金文・、篆文・）

字義「つらねる、ならぶ」。字形、阝＋東。東は袋の形とされる。金文に土がある。土の袋とは土嚢《どのう》。流れをさえぎるための障害物となる阝の土嚢《どのう》を敷き並べた治水の様子から、「つらねる、ならぶ」となる。

陶（篆文・）

字義「すえ、土をこねて焼いたもの」。字形、阝＋匋（勹《つつみがまえ》＋缶《ほとぎ》）。勹であるから容器が空間を分け、包（）むように内と外を分かちさえぎり、へだつ形の（阝）缶。金文

に土をこねる字形（）のものもある。

陸（金文・、篆文・陸）

字義「おか、くが（陸）」。字形、阝+坴《ろく》。坴は（草木）+兀（高い、そこを動かない）+土。屼《はげやま》に草木のある土地、陸地。阝《こざとへん》によって海陸を分かち、海が陸を、陸が海を互いにへだて、はばみ、さえぎる、その陸の部分。

隆（隆）（篆文・隆）

字義「たかい、高める、さかん、さかんになる」。字形、降（金文・）+生（篆文・生）。降は阝の障害物にさえぎられて下る字形。しかしながら生命の勢いがそこに負けずに障害物を克服することで示されるものが字義の「たかめる、さかんになる」ことだという字形。

陵（甲骨文・、金文・、篆文・陵）

字義「おか、しのぐ、あなどる」。甲骨文では「阝《こざとへん》」即ち障害物のさえぎりははむものを人が足で踏みつけており、しのぐ、あなどる等、十分な説明のつく字形になっている。

階（篆文・）

字義「階段、物事の段階、地位」。字形、阝＋皆。さえぎり、はばむ障害物の阝が皆、一様に並んでいます、という字形。人は段階を踏まずに上位には至れず、上下を隔つそれぞれの階は上位に至るハードルとなって、さえぎり、はばむ階段なのである。

隅（篆文・）

字義「すみ、湾曲して入りくんだ所、奥まって隠れた所、くま」。字形、阝＋禺。禺は愚に通じはっきりしない意味。尾長猿とも見られている。障害物の阝があってはっきりしない意味から字義が生まれたと考えられる。

随（隨）（篆文・）

字義「したがう、ついていく、いいなりになる」。字形、問題を含んだ障りの阝と、進めて行くことを意味する辶《しんにゅう》（篆文・）、そして月《にくづき》の上に左の「⿱左月」の字。左は右を補佐する手。右に比べて劣位の手とされる。その意味で「左」は位を下げる熟語の左遷があり、もとる、よこしま、反対する意味もある。「月」は堕落、堕胎の「墮（篆文・）」の字との関連から、肉欲と考えられる。してみれば「⿱左月」はもとる、よこしまな肉欲という字形。

「随」は「阝」の「障り」があり問題のあるよこしまな肉欲を進めて行く（辶）字形で、字義の「したがう、ついていく、いいなりになる」を表している。

隊（隊）（甲骨文・、金文・、篆文・）

字義「おちる、おとす、むれ（群）」。字形、阝《こざとへん》＋人の倒形（甲骨文）。障害物の阝にさえぎられ、阻まれて転倒し落下する字形。「墜」に同じ。（詳細は別項「豕《し》の字の消息」）

隘（篆文・）

字義「せまい、場所がせまい、度量がせまい」。字形、阝《こざとへん》＋益（甲骨文・、金文・、篆文・）。益は水が溢れる字形。意味は「ます・ふえる・加える」。字形はさしさわりのある「阝」の状況の中で「益」の皿の上に水が溢れており、そのさしさわりが何であるかを字義として「せまい、度量がせまい」として表現していると考えられる。「益（篆文・）」の字は「水（篆文・）」が横になった字形があり、これは多分水が溢れる手前の表面張力を意味している。

隔（隔）（篆文・）

字義「へだてる、間に物を置いてしきる、ひきはなす」。字形、阝＋鬲《れき》（鼎の一種で蒸し器）。鬲は蒸し器、蒸すためには湯と蒸す食物を分けなければならない。字義の「へだてるもの、間に物を置いてしきるもの、ひきはなすもの」の形があるものだ。湯と食物がまざり合わないよう〝塞ぐもの、防ぐもの、さえぎるもの、はばむもの、とりで、かきね、ついたてとなって邪魔をするもの〟、これら『障』の字が章《あき》らかにした全部の字義に対応する障害物となる器具、それこそ鬲という蒸し器の特長となっている〝こしき〟なのである。

隔の字の「へだてる、間に物を置いてしきる、ひきはなす」という意味は、鬲のこしきから生み出された意味だったのだ。

隙（篆文・隙）

字義「すきま、ひま、あいだ」。字形、阝＋（篆文・𡭴）。𡭴は日の上下に小の字。陽光が扉や戸に遮《さえ》ぎられ（阝）、その隙間から入ってくることで「すきま」間隙を表現する字形となっている。

隠（隱）（篆文・隱）

字義「かくす、かくれる」。字形、阝＋𢀖＋心。𢀖（篆文・𢀖）は、両手で〝工〟を包む形。この字を心（篆文・心）が支える字形が旁の㥯（篆文・㥯）。〝工〟は呪具（白川静説）が頷ける。呪具といえばうさん臭いかもしれない。金剛杵や如意宝珠などの密教の法具はこの流れのものであろう。〝工〟は工作の工、作り出す、工夫する意味、創造するものの意味がある。㥯（篆文・）の字形は心を基盤にして両手で創造するもの〝工〟を包み隠している。さらに外部の干渉をはばみ、さえぎる意味の阝を付けたことによって、字義の「かくす、かくれる」意味が重くなる。密教では〝工〟にあたる手印を隠すのだ。何故隠すのか、理由を問われればこれは推測だが、「観測者効果」（量子論）によって誰かに見られると呪術は破られるからだ。古代の中国人はそれを知っていたのではないかと思われる。

『隠』の字は呪術の方法からきていることを教えている漢字なのだと思う。

際（篆文・）

字義「きわ、二つの物事の交わる所、まじわり」。字形、阝《こざとへん》＋祭。阝は障害のあること。その障害を取り除き平安を祈る祭りを行う字形。障害の起こる場所は自他の接点、特に国境などの境界である。境界の祭り、結界の祭りで平安を祈ったのであるから、字義の「きわ、二つの物事の交わる場所、まじわり」を指すことになる。交際とか国際という熟語は、避けることのできない利害関係や緊張状態など障りとなるものはあるが、何とか平安を祈って交わる場なのだという意味の熟語である。

隣（鄰）（金文・、篆文・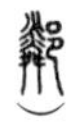）

字義「となり」。字形は阝・邑の変化がある。阝《こざとへん》＋粦（炎・舛《まいあし》）。炎は二つの火。舛（篆文・）は方向の異なる足の字形で、粦（篆文・）は炎があちこちに仄めく様子。闇が障りとなり見えるものをさえぎり、はばむ意味の阝《こざとへん》にあたる障害物。闇の中であちこちに仄めく家の明かりだけが見える光景によって、となり合う家々を感じ取ることができ、「となり」の字義となる。

陰（金文・、篆文・）

字義「かげ、物におおわれている所、おおい」。字形、阝＋今。篆文では今の下に云（＝雲）が加えられる。

「阝」は障害があります、障りがあります、ということである。その障りの状態を「旁」がイメージして示していると考えられる。旁の「今（甲骨文・、金文・、篆文・）」という字、おおいかぶせて閉じ込める字形の「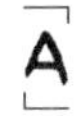」と下部横線（甲骨文）。下部横線をどう見るかだが、これは横たわるものであるから現象するもの、存在するものの単純な表現であろう。金文の「今」の字は横線は縦線となり屈曲形、篆文の縦線は長くなる。即ち字形「」におおいかぶせられ閉じ込められたために存在しようとするものの伸長が抑えられたことを意味している。

時の観念の「今」を表現するためには今、立ち現れている現象そのままをおおいかぶせて閉じ込め、どこにも洩れ出さないようにするイメージなのであり、「今」の字形はそこを表現しているのである。
「陰（）」の字は「阝《こざとへん》」の妨げのために今現在は覆い被せて閉じ込められ表現する力をもたない潜在性を示す「今」の字を用い、さらに篆文（）では、今の下に雲＝字を加えてそのイメージを雲のようなものと見て、定かな形を持たずぼんやりと知られるもの、力不足で確かな表現に至らないもの、としたのであろう。

陽（甲骨文・、金文・、篆文・）
字義「ひ（日）、ひなた、あらわれる、うわべ、昜の用語（陰陽）」。字形、阝《こざとへん》＋昜（甲骨文・、金文・、篆文・）。甲骨文・はまっすぐ昇った太陽が輝いている字形。昜の字の金文篆文に見られる斜線は光線の降りそそぐさまと見られる。陽光は闇に隠されたものすべてを明らかなもの、知ることのできるものにする。
　陰・陽はもともと二元的観念が先にあって作り出された漢字、と考えられる。その指標となっているのが、日が当たるか当たらないかということで、陽は日が当たるのだが陰は日が遮られおおわれていて日は当たらない。日の当たるところでは物事はよく認知されるが、日の当たらない夜は認知が難しい。よく認知されるものは日が当たっているのであり、認知されていないものは日が当たっていないのである。

陽の字に「阝」のさわり、問題があることを付けているのは、この世の存在物は日の当たっているもの、よく認知されたものばかりで作られているわけではないのだ、という警鐘を障りとして表したものであろう。

陰陽は二元化であり相対概念である。昼夜、男女、夫婦、大小、動静、表裏、真偽など、はっきり区分される事物もあれば、その区分が明確でなく莫然としていて程度、状況に応じて区分されることもある。

この区分を作るもの、その境界にあって仕分けをするものが状況による「障り」となるのであり、陰陽の「阝」はそこを表現する符号なのである。

豕《し》の字の消息

豕《し》は、イノシシ、またその家畜となった豚として考えられている。

豕　甲骨文・、金文・、、篆文・

「豕」の上に宀《うかんむり》を載せると「家」になる。宀は屋根の意味だから「家」は豚小屋になり、豚小屋を「家」の字にあてたと言われている。

しかし、少々安直に過ぎないだろうか。「家」の字には「家」らしい成り立ちがあっていいはずだ。でないと膨大な数の漢字はただのあてこすり集のようなものになり、漢字の存在意義さえ疑われるようなことになる。

ならば「家」という字は何を表現すべきかということになる。それは〝生活の拠点〟であってほしい。古代中国の生活を反映した〝生活の拠点〟の「家」であるべきだと思う。

家　甲骨文・・・、金文・・、篆文・

字形の異説もあって「豖」は豚ではなく犬であって、昔、家には犬を犠牲に埋めたので家という字はそこからきている、というのである。

それならば犬は犠牲にするべきでない。犬は家を守り、そこに住む人を守る動物である。古代中国の野獣や異民族や、様々な危害に取り囲まれた人々の生活の中で安心して夜を迎えられるのは犬がいるからである。番犬がいるからこそ危険をいちはやく察知して対応できた。犬こそ家の守り神だった。犬を犠牲にして奠基《てんき》としたとすれば家の守り神を祭ることにはなるのだが、しかし「家」に犬がいるのはそのまま生きて生活を共にしている犬の方が現実的なのだ。そして犬がいるということは家が安心して住める場所だということを示している。安心安全こそが「家」なのだ。

というわけで筆者も、「家」の字の中の「豖」は豚よりも犬を支持する。甲骨文・金文の「家」の字の中には「又」（甲骨文、金文）字が含まれていて、省略された犬との合字と見られる字形となっており、「又」字は助け、かばう意味だから、家には住んでいる人を助け、かばう犬がいて「家」（甲骨文・、金文・）の字として表現されているようである。

ちなみに家の犬が人を助け、かばうということは、言葉を替えれば「守る」ことである。

守　金文・・、篆文・

金文では宀《うかんむり》に寸と又とが混在しているが、寸は少しの意味で少し助ける、即ち宀の家の修繕、メンテナンスを示して守る意味を表現していると考えられ、又であれば宀の家全体を助け、かばうことが守るということなのだと言っている字形となる。

安心して住める場所こそが「家」なのであり、「安」の字には女がいるが、ここでは「家」と同じ意味のある「宅」の字に触れてみたい。「宅」には「犬」はいないが安心して住み続けられる意味がある。

宅　甲骨文・、金文・、篆文・

乇《たく》は地表に芽、地下に根が出た字形。蒔いた種が根付いて芽が出た形。「宅」には定着する、場所に落ち着く意味がある。古代中国の地政学的状況がそうさせたのであろう、夏王朝の首都は十ヵ所、殷王朝でも開祖の成湯まで八度、その後盤庚まで五度都を遷している。

成湯の都を「亳《はく》」といった。

亳　甲骨文・、金文・、篆文・

字形は高＋乇だから、この場所が都として根付く、定着する、落ち着くための高いレベルにある、いい条件を持っていることとなり、さらに「高」の字は大きく成長していく意味もあるから、夏を滅ぼした殷の成湯の都の今後を考えるならば、夏王朝に代わって強大な殷の国を作るための首都としてふさわしいと考えられ命名された都だった、ということではないかと思うのである。

「家」の字に戻る。犬が家畜化されたのは一万五〇〇〇年前。猫は古代のエジプトとか。犬と人間は〝共生〟といっていい関係で、家にいる時は住む人を守り、狩りの時には欠かせない相棒だった。今日、圧倒的に人間の方が優位に見えるが、しかし犬は不思議な動物だ。人間との間に新たな共生関係を築いている。番犬は愛犬となって家に溶け込み、家族の一員として扱われているのである。

そこでこれまで「家」の字も、「豕」をイノシシ（豚）でなく、犬と見る説を支持してきたのだが、実はそれでも全面支持とはならない部分がある。

その部分を「豕」を含む他の漢字によって考えてみたい。例えば、追うという意味の「逐」の字。

逐（逐）甲骨文・、、金文・、篆文・

鹿を追う字形がある。あるいは犬が字形に表れていない獣を追っていると考えられる字形もあり、「豕」は特定の動物ではない。

自説を交えて言うことになるが、「者（金文・）」という字は、箕で穀粒と籾とを選り分ける字形で、〝選択〟を意味している。そこから選択されたものが特定の意味をもつ物事となることから、「者」は〝〜とは〟と読まれる。（別項・者と物・参照）。イノシシは「猪」と書かれるが「豬」とも書かれ、「豬」が本字とされる。

豬　篆文・

すると「豕」の中から選べば「イノシシ」だよ、「犭《けものへん》」の中から選べば「イノシシ」だよ、と言っているのが「豬」「猪」である。選んだ、というのは食の対象として選んだのであり、そうすれば「豕」も「犭」も毛物であり動物は特定したものではない。

「豕」が猪でも鹿でも犬でもないとすれば、「豕」を毛物として字形上の見方を変えて考えてみたい。

「豕（篆文・）」の字は「毛（篆文・）」がその地肌から下に向かって生えている

字形と見られる。とすれば「豕」は動物の毛皮に着目して生まれた字となる。「豕（金文・）」は毛皮を開いた字形という見方もできるのである。

〝毛皮〟のイメージは「動物の身をおおい、雨露や寒さからその身を保護するためのバリア」となっているものだ。人間では衣服にあたり、植物なら〝樹皮〟にあたるもの。おおう意味の漢字で同じ字音の漢音ボウ、呉音モウの漢字がある。

冡《もう》　篆文・（おおう）

「おおう」という字義、漢字の意味を作っているのは「冖（冂）」のおおう字形（注1）＋「豕」の毛皮である。動物の毛皮というものはその身体をおおうもの、と説明されている字形なのだ。

この字形にとてもよく似ていて「おおう」という記号「冖（冂）」の代わりに宀《うかんむり》、即ち屋根の記号にした漢字が「家」なのである。

「家」の字を再掲する。

家　甲骨文・・・、金文・・、篆文・

篆文の字形は宀（屋根）＋豕（毛皮）、即ち家の屋根が動物の毛皮となって全体をおおっている。そんな光景を写した漢字が「家」の字形であって、「家」の字の字源だと言うことになる。私はそう考え、そして主張したい。

ちなみに今日でさえそのような家はあるのだが、BC五〇〇〇年～BC三〇〇〇年の仰韶文化期にも既に茅葺き屋根の家が作られている。その家も茅や藁を使って、おおいかぶせるような形で屋根にして雨露風雪を凌いでいた。円錐型の竪穴住居を思い浮かべればいいと思う。家は大きな動物で屋根となっておおっている茅や藁は、ちょうど毛皮の毛のように見えるはずだ。

参考のため孔子の旧宅から見つかったとされる古文の字形では、「家」の字は「冡《もう》」と区別のつき難い字形「」であり、「家」と「冡」とは同じか、ごく近い関係なのであろう。

というわけで「家」という字は円錐の竪穴住居を外側から見た印象によって生まれた字で、茅葺きの屋根が毛皮をおおいかぶせたかのようにして作られている、と言っているのだと考えられるのである。

では「家」という字の成り立ちは「豕」が犬なのか、または毛皮のおおいなのか、ということだが、犬にもそれなりの首肯すべきところがある。甲骨文では豕も犬も「」と

表記される漢和辞典もあるので明確にはならないが、甲骨文・金文などは篆文で整えられたであろうこと、「豕」を含む他の漢字群との整合性というところから「豕」を毛皮のおおい、と見てその流れを俯瞰してみたい。

「家」の字の続きの話をしたい。

蒙　篆文・（くらい、おおう、蒙古）

この字も毛皮のおおいからくる家の字のように、蒙古の家を外側から見た印象で作られたと見られる。字形は「艹《くさかんむり》」＋「冡」で、草でおおわれた場所・ステップ地帯を指すとも考えられるが、草原の中だけでは「くらい」意味が出ない。家ならその中は暗いはずだ。草原の家、ゲル、中国語でパオ（包）。今日でもこの移動式の家屋は羊毛等の毛を圧力を加えて加工し布状にしたフェルトで包まれている。字形上は「豕」の毛皮のおおいにあたる。

動物の体をおおう毛の状態から生まれたと見られる漢字もある。

毅　篆文・（つよい、いかる）

豙の部分は篆文では辛《はり》と豕。今日では立《りつ》と豕で表記される。殳《るまた》はうつ、たたく意味、犬を打ったり叩いたりしたのだろう、犬は背中の毛を逆立て牙を剝いて怒る。この時肩から背中にかけて犬の毛は針のようになって逆立つ。その毛を見て辛《はり》があてられ、辛と豕で豙となり、その後立《りつ》と豕となった。背中の毛が逆立つ動物は犬だけではないと思う。字義は「つよい、猛し、大いにおこる」である。

　背中の毛が逆立つのは体を大きく見せることになり、相手を怖がらせることもあるだろうが、もっと桁外れの働きをする毛を持つ動物がいる。

豪　篆文・（ヤマアラシ）

字形は「高＋豕」。毛皮の性能が高い動物だといっている。「高」は「毫」の字でも述べたとおりでレベルの高いこと。ヤマアラシの毛は超凄いんだよ、と言っている字形だ。

　実際、あのような毛を持つ動物はいない。ヤマアラシが毛を逆立てると毛は槍になって、攻撃して来る肉食獣は撃退されてしまう。

「高」の字は、その下にある「豕」の持っている意味を際立ててはっきり目立つようにする意味となるが、その意味は毛皮が動物の身を保護するバリアであること、ヤマアラシの毛は槍になり身を守る。その槍になる毛が全身をおおっているのであるから防禦の体制はほぼ完璧なのである。

そこで、ヤマアラシは完璧な防禦を意味する漢字として使われる。

濠・壕（ほり）

古い字形は確認していないが、氵《さんずい》または土《つちへん》に豪と書き「ほり」と読む。これは水を張った「濠《ほり》」であり、土を掘った「壕《ほり》」であることに間違いはないであろう。

古代の中国人は家の周囲に〝濠・壕〟を作った。家を安全な場所とし安心して住めるようにするために、外敵の侵入を防げるための高度な防禦機能を持つバリアとして〝濠・壕〟を作った。茅葺きの家に住み、犬もいたであろうけれど、さらに一層安全安心を求め、防禦を完璧にしたかったのである。これが〝ほり〟を氵（水）のヤマアラシ、あるいは土偏で土のヤマアラシと表記して、侵入して来る敵を撃退させる防禦の意味を持つ「濠・壕」の字となるのである。

ヤマアラシほどの防禦の仕方はできないにしろ、毛皮は身をおおい守っている。毛皮はケラチンでできているので食べられない。その部分を剝ぎ落として肉の塊にしてから料理は始まる。狩りをして獲物の鹿や猪を仕留めてもまだ仕事は残るのだ。
この残った仕事から作られた漢字が「遂」で、追う意味の「逐」に少し手が加えられた字形である。

遂（遂）金文・、、篆文・

「遂」の字義は「やり遂げる」。字形は辶《しんにゅう》に「家（金文・、篆文・）」で、「家」は「おちる・おとす」意味。「家」は一般の漢和辞典には載らないことが多い。「家」の字形は篆文では「八＋豕」。八の部分は「半・篆文・」「分・篆文・」の八と同じ字形で、二つに分ける、分かつ意味の記号だ。してみれば「」は「」の毛皮をおとす意味で、毛皮と肉を分け、肉を取り毛皮の部分は食べられないから、剝ぎ落としたのである。
この「家」に「辶」を加えた字が「遂」で、「辶《しんにゅう》」は行動する意味、進めてゆく意味であるから、動物の毛皮を剝ぎ落とす作業を進めてゆくと「やりとげる」ことになるのだ、といっている字形になる。ここには仕事に取り組む思いがある。
獲物を仕留めるのは最も大変なことだが、それで仕事は終わらない。仕留めた後に残る作業において一連の仕事は終わる。そこで「成し遂げられる」のである。即ち、獲物をおおっている毛皮を剝ぎ取って目的の〝肉〟を直接見届けるに至るまでが、仕事なのだ。

「遂」の字義は「やり遂げる」である。「やり遂げる」とは「不足のない、完成の形、仕上げの状態」についていうことである。そこを〝美味な肉を見届ける〟イメージによって作った漢字が、毛皮を剝ぎ落とす「豕」の字と、それを進めてゆく「辶」の字を組み合わせて作った「遂」の字であったのである。このことから「遂」の字は、一連の作業を成し遂げたという達成感からきている、ということが言えると思う。達成感というものは、達成した物事に美味な肉を見届けているのである。肉はゴールの味わいなのだ。

「遂」の字形の話に戻るが、金文「遂（）」の「豕」部分の字形は「又（金文・、篆文・）」字の周囲に、点の表現である。「又」字は手を加える意味だから〝点〟は鳥の羽毛か獣毛と見られ、羽毛か獣毛を毟《むし》っている字形で、〝点〟は毟られて飛び散った羽毛か獣毛として表現されているのであろう。漢字にはこのような絵画的な要素が用いられるのである。

「豕」の字を含むこんな漢字がある。

隊（隊）　甲骨文・　金文・　篆文・

墜（墜）　甲骨文・　篆文・

「隊」も「墜」も甲骨文は「」で同じ字形。これは人の倒形（）＋阝《こざとへん》（甲骨文・）。人の倒形（）が人が逆さになって落ちるイメージとなる。篆文では倒形は「」に改まって「おちる・おとす」意味を作っている。「阝（甲骨文・）」は別項で詳しく説明したが、〝障りのあること、問題をかえていること〟を意味する符号。「隊」「墜」は字源的には同じで「おちる・おとす」意味。「墜」はさらに土を加えて地に落ちる。地に落ちれば墜落であり、墜落する意味が強くなる。

両方の漢字に「阝《こざとへん》」が共通だが、「阝」の障害のある状況、危険な状況が大きくなる中では単独で行動は起こせない。チームワークは障害物を取り除くために有効であるのでそのチームワークを「隊」の字が表現していると考えられる。

これが兵隊、軍隊などの熟語に使われる「隊」の字の意味「同じ目的のために組織されたあつまり、特に兵士の組織」となった。その目的は敵の防備の濠、壕などを剝ぎ落とし丸裸の状態にすること、「家（篆文・）」のおおうもののない裸の肉の塊として見ることなのであった。

ここで少し振り返ってみる意味もあって「猪＝豬」のイノシシを思い出してみたい。「豬」は毛物を食の対象として選べばイノシシだという字形と見た。それではイノシシの家畜化された「豚」という字はどうだろうか。

農耕を主とした定住化に伴い、「豚」は家畜となって改良され体形も変化している。豚は豚らしくなったはずである。

豚　甲骨文・、金文・、篆文・

偏が「月《にくづき》」、旁は「豕」で〝豚〟。そこから「月（肉）」用の「豕」。豕をイノシシと見ても毛物と見ても〝豚〟を指していると考えられる。

金文・篆文では「月」の〝肉〟は豕の腹の中にある。この点に注目して腹の中に子供がいる、と言っている学者もいる。ではなぜ腹の中の子供が〝豚〟になるのか、そこは明確ではない。

これまで述べてきたように私説を言えば、「豕」は毛物でありまたその体をおおい保護しバリアとなる毛皮であった。〝豚〟の字形はその毛皮の中に〝月〟が入り込んでいる。さらにその右側には「又（ヨ）」字がある。これは一体何を言いたいのだろうか。

毛皮の主成分はケラチンだ。これは食べられない。猪と豚の違いは牙のあるなしということのほか、猪には剛毛があるが豚は柔毛だ。このことは豚のケラチンは少なく、かなり昔から既に食用として改良されて皮まで食べられるようになっていたのではないか、と考えるのである。今日、多くの国々そして日本では、沖縄で豚皮は肉の一部として食されている。
　そこで「豚（金文・、篆文・）」の字を見てみよう。「豕（篆文・）」の左脇に「月」、右脇に「又（篆文・）」がある。「豕」は毛皮でありその中心部に向かって左右から説明する字形と見れば、「又」の意味は〝～もまた〟であるから字形全体としては「皮もまた肉である」と言っていることになり、ほかに皮まで食べられるような毛物はいないのであるから「豚」という漢字は、豚肉の特長をとらえて字形にしている、ということが言えると思う。

　自然の動植物の恵み、おいしい食べ物のほとんどすべての物は「豕」の字の〝毛皮〟としてイメージされる内部を保護するバリアにおおわれており、おいしい物はその中に隠されている。

　古代中国の新石器時代の遺跡から出土するタニシ、スッポン、ドブガイ、オニグルミなどもそれぞれの形でバリアを形成しており、穀物も〝殻・から〟に守られている。栗の毬《いが》は、さながら植物のヤマアラシ（豪）のようだし、貝やクルミも堅固な殻におおわれている。栗は熟せば毬は自然にはじけて実が取れるがオニグルミや貝、スッポン等はその殻を壊さなければ中味を食べることが難しい。動物の場合の「豕」の字のバリアとしての〝毛皮〟を剝ぎ落とした「㒸《すい》（彖）」の字の方法とは別の方法で〝殻〟を取り除かなければならない。

その別の方法、〝殻〟を取り除く別の方法はただ叩いて壊せばいい。壊し方もあるのだがオニグルミの場合、核は二枚貝と同じで両面が合わさって球状になっている。その尖った部分を上から叩けばきれいに二つに割れ、種子はほとんどそのまま壊れず取り出せる。尖った部分を金槌等で上から叩くことが肝心だ。この方法によらないと核は二つに割れず、種子は潰れて粉々になる。

いずれにしろ〝殻〟を取り除くには叩いて壊すのが手っ取り早い方法で、壊れれば殻のおおいはなくなり食物となる中味が取り出せる。そこを表現した漢字が「豕」に斜線を入れた「豖（ちょく、ちく）」の字である。これは食物などをおおっている殻にひび割れの線が入って、殻が破壊される感じのする字形として考えられる。

豖　篆文・（ちょく・ちく・たく）

この字も「豙（篆文・）」と同様にほとんどの漢和辞典で単独の字として掲載はなく、偏や旁として使われて多くの漢字がある。そのほとんどの字の意味が「うつ・たたく」を共通の意味としており、「堅固な殻におおわれているバリアを壊して取り除くこと」という「豖」の字の意味するところを前提にして考えることで理解できるものである。

「うつ・たたく」意味をもち、「豖」を偏・旁にした漢字には「啄」「涿」「琢」「椓」「掾」「硺」「剢」「豛」がある。これらの字は一応全体を見渡す程度に止め、補足的な観点で他の「豖」を含む漢字を見てみよう。

人に知られたくない、内密にしておきたいことは、おおわれた殻に閉じ込めた情態で、その思いは「豖」の毛皮というバリアにおおわれた様相となる。そこを「豖」の字で暴く漢字が「諑《たく》」。「諑《たく》」の意味は「欠点をつついて悪口を言う。きずを暴きたてて訴える、痛いところを突く（『学研新漢和大字典』）」。この字は言《ごんべん》に豖であるから、おおい隠しているところを言葉で突く、叩き出してあからさまに詰《なじ》るという意味だ。

「瘃《ちょく》」は疒《やまいだれ》であるから病んだ情態。「しもやけ、凍瘡、凍傷」の意味。「豖《し》」の壊れた状態が「豖」ならば、病んだ「豖」は「瘃（篆文・）」でもある。「豖」の〝毛皮〟は、人間では毛はほとんどないのだが皮膚にあたる。しもやけは皮膚のひび割れで、細く切れて見た感じも毛のような線上の傷の筋となる。また皮膚のバリアも壊れて水が浸みると痛い。病んでいるので本来の皮膚のバリア機能が動かない状態ということを表現している。

「豖」の字は「豖」の〝毛皮〟の動物の身体をおおい、保護しているイメージを受けて他の動植物にあて、そのおおいを〝殻〟と見て、「堅固な殻におおわれているバリアを壊す」意味なのである。キツツキは堅固な殻である木に穴をあけてその中にいる虫を食べる。キツツキは啄木鳥（略して「啄木」）と書く。「啄《つつく》（篆文・）」は木を「啄く」。キツツキの嘴のようにとんとんと穿つ道具があり、その漢字は「剢《とく》」。「豖」＋「刂（刀）」だ。
十分ではなかったかも知れないが、「豖」→「㒸《すい》」→「豕」とその流れを見てきた。最後に見落とすことのできない「豖」の字を含む漢字がある。「堅固な殻におおわれているバリアを壊す」ことが「豖」の意味だった。ではバリアを壊した後はどうしたか、といえば、その中味はキツツキと同じで食べたのである。食べたものは何であれ消えてなくなるが、壊された堅固な殻はなくならない。それは遺跡として残る。貝塚がその遺跡だ。その貝塚の「塚」の字に「豖」がある。

塚　金文・、篆文・、隷辯・冢

旧字「塚」。原字「冢」。字義は「つか・墓」。篆文の字形に包む字形の「」と、隷辯にはおおう字形の「冡」がある。「冡」の方はおおう意味の「冡《もう》」と字形は殆んど変わらない。「塚」の字の篆文に「」としている書もあり、混同もあるようだ。
ここではバリアを壊す切れ込みのあるなしから考えることができるので、切れ込みのない方の「冡（篆文・）」は動物を保護し、おおっている毛皮を見て漢字が作られており、切れ込みのある「塚（篆文・、隷辯・冢）」の方は食物をおおう殻の部分、バリアの

部分が残骸として捨てられた堆積の場所のイメージから作字されたと思われる。
金文の字形「」については、今は触れることができない。

彖……易の彖辞

易の六十四卦の各々の卦には、「経文」といわれる文章が附されており、その各々の卦が一卦ごとにどのような象意を持っているのかを説明している。

その文章を手がかりに占った事柄を当て嵌め、解釈するのが占考という作業である。そして経文の中で六十四卦の説明の最初に、この卦を総論として言えばこのようなものだ、としているのが「卦辞」もしくは「彖辞《たんじ》」といわれている短い文章である。短い文章なのでその説明をしているのが「彖傳」である。これは説明だから少し長文だ。

私にはこの『彖《たん》』の文字が気になった。しかし字形が単純なのでその分、分かりにくかった。「豕」→「豙」→「豖」と見てきた中で「彖」に躓いていた。しかし易の卦の総論として使われているからには「彖」には〝総括〟の意味があるだろうことは推測できる。関連する字形をどこかで見かけた気もするが、「彖」の字形は篆文でしか知られない。

彖　篆文・　たん

「家」は宀《うかんむり》で宀は屋根の形。「彖」は彑（けいがしら・彑・⺕）で「家」も「彖」も「豕」の字の上の記号で字形とその意味を変えている。

屋根の宀の上端に突き出た部分は屋根の棟にあたるだろう。ところが家の字のイメージは半坡遺跡や卡呂《かろ》遺跡の復元図を見て分かるように円錐形であって、上端最上部は水平の棟ではない。ただ垂木を組み合わせて上端を縛る形で固定させたものである。そのために垂木の先端部分は屋根から突き出た形になっている。

垂木の先端の交差部分は蔓性植物の蔦とか縄で括られたのであろう。この作業は家という形で構造物全体を決定し統御する意味、統べるという重い意味があることに気付いたはずだ。そこが漢字に反映されたのではないかと思ったのである。

字形の「彑・けいがしら」は、双方がたがいにかかわり合う意味の「互（篆文・）」の字形と大変よく似ている。上の横線があれば「互」であり、なければ「彑《けいがしら》」である。してみれば円錐形の屋根を形造る垂木は上部ではそれぞれの垂木をたがえて、その部分を縛ったのであるから、たがえて組み合わせ、括ることで家全体を統御したのである。組み合わせるのは家の骨組を作っている垂木なのであり、垂木が家をデザインしているのだが、垂木はこの字ばかりではない。丸い材の垂木の漢字は「木+彖」だ。

椽　篆文・　たるき

円錐形の家の椽《たるき》は家全体をかたどり、統べる骨組みであった。家の屋根はこの骨組みの上に茅や藁を載せ、全体をおおっていたのである。おおうという漢字は「冡」で既に述べたとおりであるが、そのイメージは動物の身体をおおう毛皮であり植物では殻だったのだが、内側をおおうということは内側を「ふちどる」こととほぼ同じである。

縁（緣）　篆文・　えん・ふち

額縁の縁は、ふちどる意味。血縁は血でふちどられた縁。縁側（椽側）は家の中をふちどる位置にある。これらを、おおう意味でイメージすることもできるが、「冡」の字のおおう意味のほかに「縁」の字は、おおわせる主体となるものが考えられており、それが何かの縁で結ばれました、という時の何か、即ち全体を統制するもの、統べる意味の「彖」ではないかと考えるのである。

さらに考えを進めてゆくと、何かの「縁」で結ばれる何か。「縁」の字の場合は〝糸〟であるが、糸はつながりを意味している。何かつながるものがあって結ばれる。俗にこうした場合は「赤い糸」だと言って人は笑って答えているのだが、その「赤い糸」は言い方を変えれば〝支配するもの〟なのだ。

「彖」の字は円錐形の家を建てる時、柱となる垂木（椽）を組み合わせて骨組みを作り、

頂上を蔦や縄で縛って固定したのである。そこから全体を統制する意味、統べるものの意味を作ったと考えた。

そのイメージは全体を統制するということなのだが、言い方を変えれば〝支配すること〟でもある。垂木（椽）の統制支配をしている蔦や縄が緩んだり、切れたりしてしまえば全体の家自体も壊れてしまうのである。

糸のつながりの意味を重ねて、つながりに強意的な意義をもたせた字がある。

彝《い》　甲骨文・　金文・　篆文・　古文・

彝は①宗廟にそなえる祭器、②つね、③のり（規準）の意味のある漢字（『学研新漢和大字典』）。

古代中国は祭政一致の社会である。宗廟では彝の祭器によって全体の統制・支配を祈ったのである。それは漢字のもともとのイメージから言えば、垂木（椽）の縛りが緩んで、構造物の家が壊れてしまわないように、というその一点の思いであった。

その思いは、そのまま中国社会に向けられた思いであった。なぜなら古代中国は多くの異民族に取り囲まれ、驚異にさらされていた。どうしても団結が必要だったのである。

「彝」の字は古文の「」が二本の糸となっているが、篆文に見るように「」であるから、一方が〝米〟、一方が〝糸〟で、これは米が細かいもの、小さなものを表現しており、小さなものまでつなげてまとめ、総べる意味を作っている、と考えられる。
「彝」の字の中には「彖」の字はないものの、統べるものが「豕」ではなく、「米と糸」となっており、抽象的観念となっているのだが、彑《けいがしら》の統制・支配の意味、統べる、という意義のあることは汲み取れる。

篆　篆文・

篆文《てんぶん》の〝篆〟であり、字義は「書体の名」ということになっている。字形的意味から説明する漢和辞典や研究書は見当たらない。
だが、これまでの説明の流れから、ほぼ理解されると思う。
この字は「竹」＋「彑」＋「豕」でできている。竹はこれは「竹簡」だ。彑は「統べる」意味だった。「豕」は毛皮でもあったが「おおう」意味だった。
してみれば〝篆文〟とは、文（漢字）を統べる竹簡のこと、即ち漢字を網羅し統一して記述した竹簡だ、と言っているのである。竹簡に総括した、という漢字が〝篆〟なのだ。

易の「彖辞」は六十四卦の一卦ごとに附せられており、その卦を総括する言葉である。卦の象意を理解するための代表的なイメージであるから、考えに考え、煮つめに煮つめたエッセンスということになる。

六十四卦の各々を構造物として見れば、六本の〔陰・⚋〕〔陽・⚊〕であり、これは六本の「椽《たるき》」にあたる。その「椽」を括っているのが卦を総括する「彖辞＝卦辞」なのである。

象　甲骨文・、金文・、篆文・

字義は「ぞう・ようす・ありさま・かたどる・まねる・のり、易の爻または卦の解釈」（現代漢語例解辞典）。甲骨文・金文の字形から、動物の象の象形であることは明らかだが、鼻が大きく描かれている。篆文では「豕」の字のイメージの含意がある。

象の目は悪く、やっとシルエット状に見える程度と言われるが、鼻は凄い。嗅覚遺伝子は犬の二倍、筋肉は十万本もあるから触角が優れているはずだ。触角は視覚・聴覚とは異なる実感のセンサーで、触れたものの振動が脳に伝えられる。象の知覚の主体はシュノーケルの鼻だと考えられる。

象の鼻に〝手〟を書き添えた漢字が「為（爲）（甲骨文・）」である。為すの〝爲〟

は象の鼻のように巧みに働くもののイメージと、同様に働く〝手〟を加えて「為す」意味を表現しているのだ。

象が鼻で物を撫で回し、弄ぶようにしている様子、またはなぞるような様子は、鼻で「未だはっきりしないものを確かめようとしている」ような感じがある。この「はっきりしないものを撫で回す」は、心の中で撫で回し、思案することで、心理的な撫で回しである。そこが象を動物の象と読んだ時以外の字義に繋がり、また「象《しょう》」と読まれた時の熟語「象徴・気象・印象・形象・心象・万象・現象」になると考えられる。いずれも、未だはっきりしないものを心理的に撫で回す情況があるのである。

易の爻または卦の解釈も同様で、陰陽に象られた象は占った事柄を含めて、未だはっきりしないものを撫で回し思案する情況があるのである。この陰陽六画の卦と爻の解釈の手助けとなるのが彖辞・象傳・大象傳、そして爻辞、小象傳ということである。

予（豫）篆文 

豫は、あらかじめ予測する時の情況、物事を計画段階で想定する時の心理的情況を字源的にイメージしており、その情況は「たのしみ」「よろこび」「あらかじめ」であり、また「ためらい」（漢語林）の字義となる。

字形は予（杼）に象。「杼《ひ》（篆文・）」は織物の横糸を織り込む道具。織り物の縦糸は想定される時間の流れで、杼を使う横糸は時間の流れに織り込むもの、即ち想定される物事を織り込んでいくことを喩えている。

字形は象を加えて補強している。象のイメージは前項のとおりで、鼻で「撫で回す」こと、これも喩えで心の中で撫で回すこと、思案することである。そして象ることである。象るとは全体を実際の形に近いものに仕立て上げ、見立てること、想定の形である。

以上があらかじめ予測する時の情況となり、その時人は「たのしみ」「よろこび」そしてまた織り込んだ想定の事項に確信がもてず「ためらう」こともあるはずである。

完

注

おおう意味の「冃《ぼう》・篆文」は横線が二本ある。わかんむり「冖・篆文」がすでにおおう字体なのでの横線は一つが物をおおう意味を作り、一つはおおっている何かの物を表現しているとも思われる。「冢」の場合はがおおう意味で、おおっている物が「豕」となる。

占考の中で考慮した漢字

「十戒の石板」

夙

「兵庫県南部地震で安否を問う占例など」

莫　祟　幕

「赤紱の刺」

赤　赦　遇　陥　直　維

「民主党本部盗聴事件」

章　商　亦　可　國　次

「夏王朝・殷王朝の礼制」

包　章　商　黄　侯　員　貞　偵

隕　則　方　芳　県　鼎

参考文献

〈『易経』関連〉
『易経』上下巻　鈴木由次郎　昭和四十九年　集英社
『易経』上下巻　高田真治・後藤基己　昭和四十四年　岩波文庫
『易』上下巻　本田済　昭和五十三年　朝日新聞社
『易占の神秘』　熊崎健翁　昭和四十一年　紀元書房
『高島易講釈』　高島嘉右衛門　平成二十一年復刻版　八幡書店
『易學通變』　加藤大岳　昭和四十年　紀元書房
『易と日本人』　服部龍太郎　昭和五十年　雄山閣
『恐るべき周易』　中橋慶　平成十六年　文芸社

著者プロフィール

中橋 慶（なかはし けい）

1940年、岐阜県生まれ。

1993年、NTT退社。

易占の不思議さと深淵な知に魅了され、若年より周易を学ぶ。実際の占例で現実との照合、検証をめざし、2004年『恐るべき周易』（文芸社）を出版。今回の作品はその続篇で、検証範囲の視野に漢字の成り立ちを含める。

瞑想にも興味があり、マハリシ・マヘーシュ・ヨーギーのＴＭ瞑想（1980年シディコース四回生）、ほかロバート・モンローのヘミシンク瞑想、各種コース体験。

愛読書は『ヒマラヤ聖者の生活探究』『新約聖書』など。

続・恐るべき周易 占例と漢字字源の研究

2017年11月15日 初版第１刷発行

著　者 中橋 慶
発行者 瓜谷 綱延
発行所 株式会社文芸社
〒160-0022 東京都新宿区新宿1－10－1
電話 03-5369-3060（代表）
03-5369-2299（販売）

印刷所 株式会社フクイン

ISBN978-4-286-18275-9